中共山东省委党校（山东行政学院）精品文库

中共山东省委党校（山东行政学院）
获奖文集

HUOJIANGWENJI

■ 中共山东省委党校（山东行政学院） 编

上

山东大学出版社
SHANDONG UNIVERSITY PRESS
·济南·

图书在版编目(CIP)数据

中共山东省委党校(山东行政学院)获奖文集:上、中、下/中共山东省委党校(山东行政学院)编.—济南:山东大学出版社,2023.12
(中共山东省委党校(山东行政学院)精品文库)
ISBN 978-7-5607-7922-5

Ⅰ.①中… Ⅱ.①中… Ⅲ.①社会科学—文集Ⅳ.①C53

中国国家版本馆 CIP 数据核字(2023)第 177486 号

策划编辑 刘 彤
责任编辑 刘 彤 霍馨莹
封面设计 杨 波

中共山东省委党校(山东行政学院)获奖文集:上、中、下
ZHONGGONG SHANDONG SHENGWEI DANGXIAO(SHANDONG XINGZHENG XUEYUAN)HUOJIANG WENJI:SHANG ZHONG XIA

出版发行 山东大学出版社
社　　址 山东省济南市山大南路 20 号
邮政编码 250100
发行热线 (0531)88363008
经　　销 新华书店
印　　刷 河北虎彩印刷有限公司
规　　格 720 毫米×1000 毫米 1/16
　　　　 64.25 印张 1109 千字
版　　次 2023 年 12 月第 1 版
印　　次 2023 年 12 月第 1 次印刷
定　　价 300.00 元

“中共山东省委党校(山东行政学院)精品文库”出版说明

党的十八大以来,以习近平同志为核心的党中央高度重视智库建设和哲学社会科学工作,就建设中国特色新型智库、加快构建中国特色哲学社会科学作出了顶层设计和战略部署。对于党校(行政学院)如何发挥哲学社会科学研究机构和新型智库功能,习近平总书记在2015年全国党校工作会议上提出明确要求和殷切期望,希望党校根据时代变化和实践发展加强理论总结和理论创新,为发展21世纪马克思主义、当代中国马克思主义作出努力。2019年颁布的《中国共产党党校(行政学院)工作条例》在总则第二条中明确指出,党校(行政学院)是党的思想理论建设的重要阵地,是党和国家的哲学社会科学研究机构和重要智库。习近平总书记系列重要论述和国家战略规划为党校(行政学院)加快构建新时代中国特色哲学社会科学,在学习研究宣传贯彻党的创新理论中走在前列提供了根本遵循,指明了前进方向;为充分发挥科研工作基础支撑作用,促进科研智库工作高质量发展带来了崭新历史机遇。

多年来,在中共山东省委的坚强领导下,在中共中央党校(国家行政学院)的关心指导下,中共山东省委党校(山东行政学院)始终将学习研究宣传习近平新时代中国特色社会主义思想、推进党的思想理论建设作为自身重要职责,着力构建高水平哲学社会科学研究机构和新型智库。全体教研人员秉持“实事求是”的党校校训和党性原则,坚定马克思主义信仰和“党校姓党、对党忠诚”的政治思想境界,勇担新时代理论研究创新的学术使命,以“立时代潮头、发思想先声”的学术担当、“严谨踏实、诚实笃信”的学术风范和“初心如磐、勤耕不辍”的学术情怀,深入研究哲学社会科学领域的理论和实践问题,持续深化对马克思主义基本理论和中国特色社会主义理论体系的研究阐释，科研能力水平不断加强，科研成果数量质量持续提升，为推动党的理论创新和哲学社会科学繁荣发展发挥了重要作用，为推动山东经济社会发展作出了重要贡献。

为充分展示中共山东省委党校（山东行政学院）在哲学社会科学研究和思想智库建设方面取得的重要成果，根据中共山东省委党校（山东行政学院）与山东大学战略合作协议，由山东大学出版社出版"中共山东省委党校（山东行政学院）精品文库"（以下简称"文库"）。"文库"主要收录中共山东省委党校（山东行政学院）获省部级一等奖以上专著和获省部级奖励论文。首批出版的"文库"收录了迟树功、衣芳、钟丽娟、贾英健、王巨新等知名专家的研究专著5部，获奖论文集1部。"文库"成果涉及哲学、历史学、政治学、经济学、法学等领域，皆为作者在长期、扎实的理论研究基础上打造的精品力作，充分展现了中共山东省委党校（山东行政学院）科研工作者深邃的历史思考、执着的学术追求、敏锐的创新意识和严谨的治学态度，这也正是不断推动新时代党校（行政学院）事业高质量发展，深入推进中共山东省委党校（山东行政学院）哲学社会科学研究和思想智库建设的不竭动力源泉。

"文库"作为中共山东省委党校（山东行政学院）重大项目攻关创新的重要组成部分，是一个动态的、开放的系统。在首批出版成果的基础上，中共山东省委党校（山东行政学院）将根据后续成果情况，适时分批推出。"文库"的出版在编委会的领导下组织开展，得到了作者、相关部室研究人员、山东大学出版社的大力配合和支持帮助，在此一并表达最诚挚的谢意。

"文库"出版的组织、联络等事宜，由中共山东省委党校（山东行政学院）科研和智库工作处负责。因水平所限，出版工作难免会有不足之处，恳请读者及有关专家学者批评指正。

面向新时代，阔步新征程。中共山东省委党校（山东行政学院）将坚持以习近平新时代中国特色社会主义思想为指导，坚定不移贯彻落实习近平总书记关于党校办学治校系列重要指示精神和对山东工作的重要指示要求，锚定"走在前、开新局"，以终身为党立言、为人民做学问、为民族复兴增添思想动力为己任，围绕中心、服务大局，发挥干部培训、思想引领、理论建设、决策咨询作用，着力构建出思想、出成果、出人才的重要阵地，努力打造全国一流省级党校（行政学院），为奋力开创新时代社会主义现代化强省建设新局面作出更大贡献。

"中共山东省委党校（山东行政学院）精品文库"编委会

2022年10月31日

目　录

（上　册）

·一等奖·

·二等奖·

一等奖

正确而深刻的理解：邓小平通向马克思主义的桥梁

商志晓

在马克思、恩格斯之后，不管是在理论研究方面还是在实践行为方面，马克思主义的追随者可谓浩浩荡荡、不可胜数。然而，并非所有的追随者都怀有真诚的愿望，亦非所有怀有真诚愿望的追随者都能够成为马克思主义者。究其原因，固然是多方面的，但其中一个重要原因则是对马克思主义是否真正理解。可以说，理解马克思主义是通向马克思主义的桥梁。现代解释学重视并突出对“本文”（包括由书面文字记载和口头语言表达的科学与历史等）的理解，并把理解与解释、应用联系起来，揭示了“理解”作为人类存在方式和活动形式、作为人类与历史的联系中介所具有和蕴含的哲学价值和方法意义。撇开现代解释学理论中的主观倾向和非科学因素，就其对“理解”的阐释和说明来看，无疑是有启迪作用的。联系到对马克思主义的理解问题，我们可以这样断言：邓小平同志所以能够为创立中国特色社会主义理论作出巨大贡献而成为当代马克思主义者，与他对马克思主义正确而深刻的理解密切相关。

一、邓小平十分重视对马克思主义的理解问题

邓小平曾在多种场合下严肃地提出过两个紧密相连的重要问题，一是什么是马克思主义，二是什么是社会主义。邓小平认为：“多年来，存在一个对马克思主义、社会主义的理解问题。”[①]之所以如此，是因为我们在长时期

① 《邓小平文选》第3卷，人民出版社1993年版，第291页。

内对什么是马克思主义、什么是社会主义，“没有完全搞清楚”[①]，“认识不是完全清醒”[②]，特别是“马克思去世以后一百多年，究竟发生了什么变化，在变化了的条件下，如何认识和发展马克思主义，没有搞清楚”[③]。

邓小平把搞清楚什么是马克思主义问题明确提了出来，体现了他对正确理解马克思主义的重视和渴望，透现出他对国际共产主义运动经验教训的科学总结和深刻反思。自从马克思主义创立并成为无产阶级和各国共产党的指导思想之后，国际共产主义运动有了长足的发展，同时也遇到了严重的挫折。国际共产主义运动中的一切成败得失，固然与变化了的条件及诸多因素有关，但不能不说与各个社会主义国家及其无产阶级政党对马克思主义的理解及实践有密切的联系。就我国的历史发展来看，情况同样如此。在新民主主义革命时期，王明等人教条主义地理解马克思主义，结果招致革命事业的重大损失；毛泽东等人正确地理解马克思主义并使之与中国具体实际相结合，从而找到了夺取新民主主义革命胜利的正确道路，建立了新中国。在社会主义建设时期，我们党对马克思主义、对社会主义的理解和实践，走了一条曲折坎坷的道路。从反右派斗争扩大化，到“大跃进”“人民公社”运动，直到“文化大革命”，我党在指导思想上背离了马克思主义的基本精神，背离了社会主义的本质，因而使社会主义事业遭受了重大损失。不仅如此，我们还误将假马克思主义视为真马克思主义，误将对马克思主义的背离视为对马克思主义的坚持。其结果，不仅败坏了马克思主义的声誉，而且给我们重新回到马克思主义立场上造成了困难。正是在这种背景下，邓小平同志洞察历史、展望未来，把“什么是马克思主义”“什么是社会主义”这样重大的问题提到全党同志面前去思考，把长期以来被人们视为确凿无误、不可怀疑并严加信守的准则和观念带入问题的领域，要求人们重新理解，这不啻一声惊雷，对人们转变认识、更新思维、重新审视原有的理论和实践，起到了振聋发聩的重大作用。

搞清楚什么是马克思主义，正确理解马克思主义，作为一项重要任务，不仅有深厚的历史根据，而且有急迫的现实需要。从现实情况来看，我们要建设有中国特色的社会主义，要走出一条崭新而成功的社会主义发展道路，必须坚持马克思主义的指导，必须在马克思主义指导下，“根据它的基本原

① 《邓小平文选》第3卷，人民出版社1993年版，第137页。
② 《邓小平文选》第3卷，人民出版社1993年版，第63页。
③ 《邓小平文选》第3卷，人民出版社1993年版，第291页。

则和基本方法，不断结合变化着的实际，探索解决新问题的答案”①。而要做到这一点，必然要求我们对马克思主义要有正确的理解，要掌握马克思主义的精髓和基本原则。这是因为：在对马克思主义理解上产生失误，势必会带来实践中的重大损失；而要避免实践中的损失和挫折，就必须从正确理解马克思主义开始做起。凡是正确理解马克思主义的，都能够在学习、掌握、运用、发展马克思主义方面做出成绩、取得成功；相反，如果对马克思主义不能正确理解或有意歪曲，就不能真正了解和掌握马克思主义，更谈不上用它去指导实践、指导行动了。一个人是这样，一个政党是这样，一个国家和民族也是这样。正是因为邓小平清晰地认识到这一点，他才对理解马克思主义问题给予极大关注，并从关乎党和国家前途与命运的高度要求全党同志给予充分重视。

二、邓小平对马克思主义的理解既正确又深刻

问题的提出包含着对问题的解决。邓小平同志所以能在常人看来不存在问题的地方发现问题并提出问题，所以能在“什么是马克思主义”问题上敢于对过去的某些理论和实践表示怀疑和否定，这本身就意味着他对马克思主义的理解已经有了新的角度、新的视野，已经超出了旧的范围、超越了过去的误区。实际情况也的确如此。邓小平对马克思主义的理解，可以从他对马克思主义精神实质、方法功能、历史命运几方面的论述中展现出来。

首先来看邓小平对马克思主义精神实质的理解。

马克思主义的精神实质，亦即马克思主义的精髓、根本和核心。马克思主义是一个庞大完整的理论体系，包含极其丰富的内容。对这样一个理论体系的把握和理解，必须在全面系统的基础上，着力抓住其精神实质。邓小平直接讲马克思主义理论内容的论述不是很多，但每当提到却从来不是空泛议论、面面俱到，而总能抓住根本，着眼于其中最核心的东西，用简短凝练的语言（甚或只是一个命题）将马克思主义的精神实质昭示出来，启发人们从精神实质上去领会马克思主义。有关马克思主义的精神实质，邓小平主要讲过三个方面：一是共产主义。邓小平多次提到马克思主义的另一个名

① 《邓小平文选》第3卷，人民出版社1993年版，第146页。

称是共产主义，这看起来只是谈了个名称问题，其本意却是强调共产主义是马克思主义的实质，是马克思主义的核心内容和理解追求。二是实事求是。邓小平把实事求是原则看作是“马克思主义的精髓”[①]，视之为我们一切思想和行为的出发点，这同样是抓住了马克思主义的根本。三是发展生产力。邓小平指出：“马克思主义的基本原则就是要发展生产力”，“马克思主义最注重发展生产力”。[②] 邓小平将发展生产力问题突出出来，这依然是抓住了马克思主义有关社会发展诸多理论中的核心和本质内容。

其次来看邓小平对马克思主义方法功能的理解。

马克思主义既是一种理论，又是一种方法；既能够给予我们关于外部世界的正确认识，又能够对我们改造世界以科学的指导。马克思在理论创立之初，就强调他的理论不仅要“解释世界”，更重要的是“改变世界”[③]。恩格斯也曾告诫人们说：马克思主义“提供的不是现成的教条，而是进一步研究的出发点和供这种研究使用的方法”[④]。马克思主义的这种方法功能，是马克思主义保持永不衰竭生命力的源泉。邓小平深谙此中道理，曾多次强调不要把马克思主义当作教条，指出：“马克思主义理论从来不是教条，而是行动的指南。”[⑤]在如何发挥马克思主义方法功能问题上，邓小平强调说：“主要的是要用马克思主义的立场、观点、方法来分析问题，解决问题。马克思主义的活的灵魂，就是具体地分析具体情况。”[⑥]在这里，邓小平要求我们既不能教条主义地理解马克思主义理论，也不能教条主义地运用马克思主义方法。在运用马克思主义去指导实践、解决实际问题时，必须分析事物的特殊性，必须结合具体条件。邓小平对马克思主义方法功能的理解和重视，为我们正确运用马克思主义、充分发挥马克思主义的威力指明了方向和途径。

最后来看邓小平对马克思主义历史命运的理解。

马克思主义问世已有一个半世纪的时间了。从它诞生那天起，迎接它的并不尽是笑脸，也有仇视的目光；并不尽是鲜花，也有飞来的毒箭。在它发展的道路上，既有艰难困苦之时，亦有高歌猛进之日。直到今天，马克思

---

① 《邓小平文选》第 3 卷，人民出版社 1993 年版，第 382 页。

② 《邓小平文选》第 3 卷，人民出版社 1993 年版，第 116、63 页。

③ 《马克思恩格斯选集》第 1 卷，人民出版社 1972 年版，第 19 页。

④ 《马克思恩格斯全集》第 39 卷，人民出版社 1974 年版，第 406 页。

⑤ 《邓小平文选》第 3 卷，人民出版社 1993 年版，第 146 页。

⑥ 《邓小平文选》第 2 卷，人民出版社 1994 年版，第 118 页。

主义已经由在欧洲大地上徘徊的一个“幽灵”成长壮大为磅礴于全球、具有无比威力的伟大思想，但尽管如此，在国际国内风云变幻的斗争形势下，马克思主义的历史命运怎样，仍是人们常常关注的一个问题。对此，邓小平始终以一个无产阶级革命家和战略家的姿态，展示着他对马克思主义未来前途和历史命运的无限信心。他赞同“马克思主义是打不倒的”这一论断，坚信“世界上赞成马克思主义的人会多起来的”[①]。邓小平所以对马克思主义的前途和命运信心百倍，并不是他作为马克思主义者的自我陶醉和盲目乐观，而是以马克思主义内在本性和基本特征为根据的。邓小平一再指明的“马克思主义是科学”、“马克思主义的真理颠扑不破”、“马克思主义是很朴实的东西，很朴实的道理”[②]、马克思主义比其他思想优越[③]等论断，就是他从不同角度对马克思主义内在本性和基本特征的揭示和概括。

上述邓小平对马克思主义精神实质、方法功能和历史命运的理解，展现出他对马克思主义全面而系统的把握。这种理解既正确又深刻。说它正确，是因为邓小平能够准确地把握马克思主义基本理论，能够合乎实际而不是主观臆断地去说明马克思主义，还马克思主义以本来面目。说它深刻，是因为邓小平不是局限于马克思主义的一般词句，而是着眼其中的精髓；不是局限于理论原则上，而是延伸到方法功能中；不是局限于马克思主义的过去和现在，而是合理地推断出它的未来前景。特别是邓小平能从新的视角阐发新的道理，用“朴实”来概括马克思主义的理论特征，更显现出他对马克思主义理解的独到和新颖。由此我们可以看出：邓小平对马克思主义不仅有着深厚的阶级感情，而且有着超乎寻常的感悟能力和理解能力。

三、邓小平由正确而深刻的理解架设起通向马克思主义的桥梁

有了对马克思主义正确而深刻的理解，并不意味着邓小平必然会成为一位马克思主义者；但邓小平能够成为一位马克思主义者，却正是从对马克思主义正确而深刻的理解开始起步，继续前行。对于深谙马克思主义本质

① 《邓小平文选》第 3 卷，人民出版社 1993 年版，第 382 页。
② 《邓小平文选》第 3 卷，人民出版社 1993 年版，第 382 页。
③ 参见《邓小平文选》第 2 卷，人民出版社 1994 年版，第 191 页。

和要义的邓小平来说，他不会也没有停留在对马克思主义的理解上面裹足不前，他不会也没有满足于对马克思主义正确、深刻的理解而就此止步，而是以此为起点，用巨大的政治勇气去开辟着社会主义建设的新道路；以此为依托，用巨大的理论勇气去开拓着马克思主义的新境界。也就是说，邓小平以对马克思主义正确而深刻的理解，架起了通向马克思主义的桥梁，踏上了坚持和发展马克思主义的征程。

第一，赖有对马克思主义正确而深刻的理解，邓小平才树立起对马克思主义辩证而科学的态度。

理解与态度是相伴而生的。就对马克思主义而言，怎样理解与怎样对待既有区别又有联系。前者是“怎样看它”，以马克思主义为中心；后者是“我应怎样”，以当事人为中心。怎样理解是怎样对待的依据和前提，而怎样对待又是怎样理解的展开和延伸。立足于对马克思主义正确而深刻的理解基础上，邓小平对马克思主义的态度是辩证而科学的。这表现在他对马克思主义既重视学习又重视信仰、既强调坚持又强调发展等方面。他不仅要求自己而且要求全党同志，要把对马克思主义的学习与信仰、坚持与发展统一起来、结合起来。进入改革开放新时期之后，邓小平多次告诫全党同志特别是领导同志，要努力学习马克思主义，要坚定对马克思主义的信仰，认为我们搞改革开放，把工作重心放在经济建设上，不能丢马克思、列宁、毛泽东，“老祖宗不能丢啊！”[①]不仅如此，邓小平还把发展马克思主义看作是自己的责任，指出：“不以新的思想、观点去继承、发展马克思主义，不是真正的马克思主义者。”[②]为此，我们就要在坚持马克思主义的前提下，注重研究新情况，发现新问题，概括新结论。邓小平对马克思主义这种辩证而科学的态度，是合乎马克思主义本质要求的，是一种真正的马克思主义态度。恩格斯曾就如何对待马克思主义指出过：“社会主义自从成为科学以来，就要求人们把它当做科学看待。”[③]实际上，邓小平正是这么做的。

第二，赖有对马克思主义正确而深刻的理解，邓小平才勇于在实践中把马克思主义推向前进。

马克思主义不是一个封闭的理论体系，而是一个不断向社会实践、向科学技术、向当代思想文化开放的理论体系。马克思主义要获得长久的生命

---

① 《邓小平文选》第3卷，人民出版社1993年版，第369页。

② 《邓小平文选》第3卷，人民出版社1993年版，第292页。

③ 《马克思恩格斯选集》第2卷，人民出版社1972年版，第301页。

力，必须不断从生活和实践中汲取养料，在总结、概括实践经验的过程中向前发展。邓小平以其对马克思主义正确而深刻的理解，深深懂得这一点。因此，邓小平从来不是只在言论中倡导和信仰马克思主义，而是更注重在行动中坚持和发展马克思主义；从来不是只在理论上去丰富马克思主义思想宝库，而是更注重在实践中把马克思主义推向前进。这是因为："在中国建设社会主义这样的事，马克思的本本上找不出来，列宁的本本上也找不出来"[①]，而我们又"绝不能要求马克思为解决他去世之后上百年、几百年所产生的问题提供现成答案"[②]。为此，我们必须面对现实，敢于突破思维框框，不拘泥于已有的结论，在与中国实际相结合的实践中去发挥马克思主义的威力，去发展马克思主义。正是在把马克思主义与中国具体实际相结合的过程中，邓小平领导我们党正确制定了党的基本路线，初步弄清了我国社会主义所处阶段、基本特征、主要矛盾和中心任务，正确地提出和解决了中国社会主义改革和建设中所遇到的一系列重大问题。可以说，邓小平毕生致力于在实践中把马克思主义推向前进，特别是在他成为中国共产党第二代领导集体的核心、成为当代中国改革开放伟大事业的总设计师之后，他在这方面的成就是很大的。

第三，赖有对马克思主义正确而深刻的理解，邓小平才创立了建设有中国特色社会主义理论。

一切以马克思主义为理论基础和指导思想的阶级、政党和领袖，都是通过对马克思主义的理解而达到对马克思主义丰富和发展的。列宁、毛泽东等人，正是因为正确理解和科学对待马克思主义，故而能够领导本国革命政党和人民，分别获得了俄国十月革命的胜利和中国新民主主义革命的成功，进而把马克思主义发展到新的阶段。邓小平对马克思主义正确而深刻的理解与他所创立的建设有中国特色社会主义理论之间，同样存在着这么一种关系。正是因为邓小平对马克思主义有着正确而深刻的理解，进而树立起辩证而科学的态度，并且将这种理解和态度灵活地运用于当代中国的社会主义实践，邓小平才能够在成功的社会主义实践中抽象概括出一系列新的观点和理论原则，最终提出并创立了当代中国的马克思主义——建设有中国特色社会主义理论。这一科学理论，虽然不是直接谈马克思主义如何如

① 《邓小平文选》第3卷，人民出版社1993年版，第260页。

② 《邓小平文选》第3卷，人民出版社1993年版，第291页。

何，实际上却包含着并展示着邓小平对马克思主义的理解、态度以及如何运用、运用什么等方面的内容。邓小平以无产阶级革命家的非凡胆略和气魄，以总设计师的特有思维和智慧，将对马克思主义的理解、态度与坚持、发展马克思主义紧紧地结合在一起，既推进了实践，又深化了理论。他对马克思主义正确而深刻的理解在其建设有中国特色社会主义理论中凝结和深化，他的建设有中国特色社会主义理论则进一步检验和印证了他对马克思主义理解的正确与深刻。邓小平以其对马克思主义的正确理解、科学态度和理论创新，站在了马克思主义者的行列中，将自己的名字刻在了马克思主义的丰碑上。

当年，马克思主义创始人对他们的理论能否得到正确理解，曾表现出极大的关注。因为当他们还在世时，他们的理论就遭受过种种误解和曲解。而对种种误解和曲解，马克思曾严正声明“我自己不是马克思主义者”①，恩格斯也说过：“在这方面，我是可以责备许多最新的‘马克思主义者’的；这的确也引起过惊人的混乱……”②情况的确如此。马克思主义在其一个半世纪的发展过程中，曾经遭受过种种误解、曲解和不公正的对待，遭受过数不胜数的谩骂、责难和攻击。然而，这一切，并没有使马克思主义销声匿迹，并没有置马克思主义于死地，马克思主义反而声名愈振、威力愈大。其根本的原因，就在于马克思主义是科学，是真理，科学和真理总会得到人民群众的支持，总会得到正义力量的拥戴的。在支持、信仰马克思主义的这个庞大群体中，站立着列宁、毛泽东、邓小平等杰出代表。他们抵御着种种非难和歪曲，以其正确理解、科学态度和积极贡献，守护和培植了马克思主义这朵最灿烂、最有生命力的“思维之花”，使其不断结出累累硕果，永葆其勃勃生机。对此，马克思、恩格斯足可以放心长眠。

本文原载于《马克思主义研究》1996 年第 2 期，1997 年 12 月获山东省第十二次社会科学优秀成果一等奖。

① 《马克思恩格斯选集》第 4 卷，人民出版社 1972 年版，第 474 页。

② 《马克思恩格斯选集》第 4 卷，人民出版社 1972 年版，第 479 页。

党的建设深化发展的几个问题

商志晓

促进党的建设进一步深化发展，我们需要做好两项工作。一项是“回头看”的工作，即“总结提炼提升”的工作，意在使十六大以来党的建设的理论创新成果得以科学概括、巩固完善并发扬光大，使十六大以来党的建设的实践经验得到系统归纳、提高升华并指导现实。另一项是“向前看”的工作，即“思考预见设计”的工作，是在现有基础上进一步明确和制定党的建设的基本任务、重点工作和重大举措，系统规划和全面部署党的建设新的伟大工程，形成面向未来的总的蓝图。这两项工作紧密相连、有机统一。做好这两项工作，需要我们结合党的建设的历史实践和现实要求，结合党的建设的主要目标和努力方向，结合党的建设取得的成就与面对的困难，结合党的建设既有机遇又有挑战的现实，综合分析，全面考察，系统把握。特别是“向前看”的工作，涉及党的建设的战略、实践、理论、思路等，尤须高度重视、认真对待、深入思考、潜心研究。本文融合理论总结与实践操作两方面要求，就党的建设进一步深化发展的几个大的问题，着重是党的各方面建设的地位、关系及结构等，谈点认识和建议。

第一，要突出先进性建设在党的建设中的主线地位，用以统领和带动党的各方面建设协调发展。

党的建设是一个包含着多种要素和多方面内容的整体。其中，党的先进性建设从被提出之始，就备受瞩目，处于“我们党生存、发展、壮大的根本性建设”的重要地位。之所以如此，是因为：先进性建设贯穿于党的建设的各个方面，是党的建设坚定不移的追求；引导着党的建设的基本方向，是党的建设始终不渝的目标；衡量着党的建设的是非得失，是党的建设优劣强弱的标志；展示着党的建设的效果效能，是党的建设发挥作用的关键。胡锦涛总书记在建党85周年讲话中指出："提出加强党的先进性建设的重大战略思想，就是要更加鲜明地强调党的先进性建设这一重大课题，更加深入地认识共产党执政规律和党自身建设规律，更加全面地认识党的先进性建设的科学内涵和目标要求，更加突出地把党的先进性建设作为党的各方面建设的主线，从而使党的建设的努力方向和检验标准更加鲜明，使我们能够更好、更全面、更有成效地推进党的建设新的伟大工程。"

党的先进性建设的主线地位，不仅要进一步明确，而且要切实得到加强。因为我们党当前要着力解决的根本问题是执好政、长期执政问题，而执好政、长期执政的关键则是保持和发挥好先进性。党的先进性建设所努力的，是在新的历史条件下怎样把党的先进性贯彻到底、坚持始终、发扬光大，使党的执政地位因先进性的支撑而更加稳固。进一步明确并加强党的先进性建设的主线地位，必须把先进性建设置放于新时期党的建设的中心位置，使党的各项建设按照保持先进性的基本要求去开展，以是否促进和有助于党的先进性的发挥和实现来衡量优劣得失；必须把先进性建设作为新时期党的建设的根本任务，使党的各项工作紧紧围绕保持先进性这个主题、朝向保持先进性这个大目标去努力。只有突出先进性建设在党的建设中的主线地位，才能真正创造和实现以先进性建设统领和带动党的各方面建设协调发展的局面。

第二，要准确把握党的执政能力建设的价值和意义，科学阐明执政能力建设与先进性建设的基本关系。

我们党高度重视党的执政能力建设，强调"执政能力建设是党执政后的一项根本建设"，昭示出执政能力建设的非凡价值和重大意义。的确，处于执政地位的党，执政能力是不可或缺的。我们党能不能不断提高驾驭社会主义市场经济的能力、发展社会主义民主政治的能力、建设社会主义先进文化的能力、构建社会主义和谐社会的能力、应对国际局势和处理国际事务的能力，关系到我们党能不能在世界形势深刻变化的历史进程中始终走在时代前列，在应对国内外各种风险和考验的历史进程中始终成为全国人民的主心骨，在建设中国特色社会主义的历史进程中始终成为坚强的领导核心。

明确党的执政能力建设的价值和意义，需要我们进一步揭示执政能力建设与先进性建设的基本关系。其一，二者源于共同的现实要求，有着共同的目标追求，其提出背景、理论价值、战略意义及目标指向都是根本一致的。其二，二者各有特点、各有侧重，各有独特作用和存在意义，它们在内涵内容、地位价值、方法途径上存在差异和区别。其三，二者互为作用、渗透融合、你中有我、我中有你，在实际操作过程中往往凝结为同一个过程。

从根本上说，执政能力建设与先进性建设是一种有机结合、相互促进的辩证统一关系。其一，保持党的先进性，内在地蕴含着对党提高执政能力的明确要求；党的执政能力的提高，会极大地促进党的先进性的保持、实现和发展。其二，先进性建设是执政能力建设的深厚基础，是党提高执政能力的根本取向；执政能力建设是党在执政条件下先进性建设的重要内容，是党的先进性的现实体现。其三，党的先进性要依赖执政能力建设才能使自身获得强有力的支持并赢得更加充分的发展，党的执政能力又依靠先进性建设的引领使自身的功能和价值得到有效发挥和充足实现。对此，已有的重要文献和相关研究成果中虽有所触及，但还不够充分，有待深入揭示和阐明。

第三，要把制度建设作为一项关系党的建设全局的综合性建设来对待，予以高度重视，使之得到进一步强化。

党的各方面建设，因各自的内涵、内容、目标、任务的不同，在党的建设全局中发挥的作用、产生的影响、所处的地位是有区别的。单就涉及领域和适用范围来看，有的具有综合性、全局性的特征，如党的先进性建设；有的具有专项性、具体性的特征，如党的思想建设、组织建设、作风建设等。对于党的制度建设，我们目前虽然把它与思想、组织、作风等项建设并列看待，但就其现实影响和涉及范围而言，应该视为党的建设中的一项综合性建设。一是因为制度建设关切的不在于制度本身，而是制度所约束规范的内容，制度建设总是涉及党的思想、组织、作风建设，涉及党的先进性建设、执政能力建设等。二是因为制度建设不是单独推进的，它需要结合并渗透于党的各方面建设之中，而党的各方面建设又必须通过制度的制定和完善来巩固已有的成果并进一步深化。三是因为制度建设的成果形式，即制度化的规范、规则、程序或原则，需要共同遵守，具有刚性特征和普遍适用特点，带有根本性、稳定性和长期性。

作为关系党的建设全局的一项综合性建设，制度建设应当得到进一步突出和强化。健全的制度是正确路线形成的基础，是正确路线得以贯彻的重要保证。改革开放初期，邓小平同志特别强调指出：制度好可以使坏人无法任意横行,制度不好可以使好人无法充分做好事,甚至会走向反面。进入新世纪,我们党把制度建设纳入党的基本建设之中。党的十六大在规划党的建设时,强调制度建设的重要性。党的十六届六中全会的《决定》,把制度视为社会公平正义的根本保证,从六个方面强调要加强制度建设,确保社会和谐。这一切,为我们认识制度建设的作用并搞好党的制度建设打下了坚实的基础。

从当前党的建设的实际看,制度建设的重要地位越来越突出。制度建党,既是党的建设的经验总结,又是党的建设的现实要求。进一步加强党的制度建设,要从我国的历史和现实出发,全面把握党所处的历史方位,适应新的形势和要求,走综合创新之路;要紧密结合党的性质、目标和任务,确保制度的内容更加民主,制度的要求更加科学,制度的实施更加具有权威性。只有通过制度建设并加强制度建设,我们才能建立起结构合理、配置科学、程序严密、制约有效的权力运行机制,真正做到用制度管权、用制度管事、用制度管人。

第四,有必要把"廉政建设"从作风建设中剥离出来,作为一项独立的建设内容纳入党的基础建设序列之中。

在谈到反腐败斗争时,我们经常提到"党风廉政建设"。1998 年 11 月,我们党专门作出了《关于实行党风廉政建设责任制的规定》。从目前党风廉政的情况和反腐败斗争的形势看,党风廉政建设愈显重要、愈加突出。而在由各方面建设构成的党的建设的整体序列中,党风廉政建设的地位却并不显著。因为直至现在,我们把党风廉政建设、反腐败斗争问题总体上纳入党的作风建设之中。这种情况值得思考。

党的作风建设内容宽泛,有很大的包容性,这是我们把党风廉政建设归入其中的基本前提。然而,我们在界定作风建设的内涵和外延时,不能不考虑到它原初的意义及人们习惯上的看法。通常在讲到党的作风建设时,一般是强调继承和发扬三大优良作风,保持党与人民群众的血肉联系,坚持走群众路线,深入基层,联系实际,求真务实,真抓实干,牢记"两个务必",倡导艰苦奋斗,克服主观主义、官僚主义、形式主义等。这些要求,主要涉及领导方法、工作方式、处事行为问题,与人的品质是优是劣、道德是高是低尚无紧密联系。而一旦把党风廉政的要求和内容、反腐败斗争的要求和内容都作为作风建设来对待,情况就有了很大不同,在一定意义上甚至可以说超出了作风建设的领域和范围,使作风建设原初的要求和内容发生了较大的变化。

鉴于作风建设不适宜附加更多的超出“作风”(即思想上、工作中特别是领导活动中表现出的态度、行为)以外的东西(如人的品质、道德),鉴于党风廉政建设、反腐败斗争的艰巨性、长期性、复杂性及广受国内外、党内外关注这一现实,应当考虑把党风廉政建设和反腐败斗争的要求和内容用“廉政建设”来表述,把“廉政建设”从作风建设中剥离出来,作为一项独立的建设内容纳入党的基础建设序列之中。这里的“廉政建设”,是廉洁执政建设(针对执政党而言)而非廉洁行政建设;归于党的建设整体序列中,宜称为“党的廉政建设”(避免了“党的党风廉政建设”这种不顺畅的称谓);纳入党的基础建设序列之中,则与党的思想建设、组织建设、作风建设并列。这样做,顺应了廉政建设已成为党的建设中一项具有独立特征的重要建设内容的现实要求,起码解决了两个问题:一是作风建设已难以把有关党风廉政建设、反腐败斗争的许多要求和内容囊括其中;二是继续把党风廉政建设、反腐败斗争作为作风建设来对待,在某种程度上(起码在认识上)会影响到我们对人民群众关注的腐败问题的重视和解决,而党内存在的腐败问题则关系到我们党的生死存亡。

第五,需要总体把握并厘清党的各方面建设的内在联系,明确提出“党的建设新布局”问题并予以科学概括。

自我们党提出先进性建设、执政能力建设以来,党的建设在原有的思想建设、组织建设、作风建设、制度建设基础上,增加了新内容,加入了新要素。为此,胡锦涛总书记在建党 85 周年讲话中提出了“党的各方面建设”这一概念,用以统括党的建设中的多方面内容和要素,是非常必要和及时的。在这样一个前提下,我们思考和研究有关党的建设的一些问题,必须注意从总体上把握党的各方面建设,必须注意厘清党的各方面建设的内在联系。这样一来,呈现在我们面前的,必然是党的建设的一种新布局。

如同中国特色社会主义事业已发展为经济建设、政治建设、文化建设、社会建设四位一体的总体布局一样,党的建设目前已由党的先进性建设、党的执政能力建设、党的思想建设、党的组织建设、党的作风建设、党的制度建设等,构成为一个整体。对党的建设这样一个整体的构成要素、内在关系、基本结构的更深入、更细致、更具体的考察,我们会获得这样的基本认识:党的建设新的伟大工程,要以先进性建设为主线(核心),以执政能力建设为重点,以思想建设、组织建设、作风建设、制度建设为基础(保障)。这就是对党的建设新布局的基本概括。

党的建设新布局，是客观形成而非人为设计，是现实存在而非主观臆造，是十六大以来党的建设理论创新与实践创新的必然。胡锦涛总书记指出："加强党的执政能力建设和先进性建设是紧密相关、相辅相成的，要贯穿于党的思想建设、组织建设、作风建设和制度建设之中，统一于党的建设新的伟大工程。""党的建设新布局"问题，强调的是党的建设体系的发展，说明的是党的建设内容的丰富，描述的是党的建设结构的调整。对"党的建设新布局"予以准确概括和科学表述，是根据胡锦涛总书记的有关论述和中央的有关决定作出的，是对客观存在着的党的建设新布局的观念反映，有助于我们在厘清党的各方面建设相互关系和内在结构的基础上，自觉把握党的建设新的伟大工程，有针对性地制定和实施各项举措。

党的建设新布局表明：在由党的先进性建设、执政能力建设、党的思想建设、组织建设、作风建设、制度建设等构成的完整体系中，保持和发展党的先进性，是其主线（或核心、灵魂、主题），党的各方面建设都必须体现先进性的要求；巩固党的执政地位、完成党的执政使命，是其重点（或归宿、着眼点、落脚点），党的各方面建设都必须致力于提高党的执政能力；全面加强和改进党的思想、组织、作风、制度建设，是其基础（或保障、支撑、前提），无论是先进性建设还是执政能力建设，都不能孤立地进行，都要贯穿于党的思想建设、组织建设、作风建设和制度建设之中。这个新布局，包括了党的各方面建设内容，昭示出其内在联系，展示出各自的地位和作用，呈现出党的建设新的伟大工程的完整结构。

党的建设新布局还表明：新时期党的建设伟大工程的推进，既要靠党的先进性建设，又要靠党的执政能力建设，同时还要靠党的思想建设、组织建设、作风建设、制度建设。党的建设的这些方面或内容，不是截然分开的，而是浑然一体的，不是各不相干的，而是相互渗透的，我们不可人为地将它们割裂开来，更不能分而治之、各自独立操作。要在保持党的先进性的实践过程中，始终把党的执政能力建设放在重要地位并使之不断得到加强，要把提高党的执政能力作为保持党的先进性的重要内容，寓于党的先进性保持之中；要在加强党的先进性建设和执政能力建设的同时，不断深化党的思想建设、组织建设、作风建设、制度建设。先进性建设和执政能力建设有赖于思想建设、组织建设、作风建设、制度建设得以落到实处，取得实质性效果；思想建设、组织建设、作风建设、制度建设又必须以先进性为主题、围绕先进性建设展开，以执政能力建设为重点、致力于执政能力的提高。

到这里，应当说，对党的建设新布局问题已经讲清楚了。但是，联系到上面所提出的问题和建议，如强化制度建设、单列廉政建设等，这一新布局似乎应当做一些调整。如果说对新布局调整是可行和必须的话，那么调整后的结果会是：以先进性建设（在执政条件下集中表现为执政能力的提高）为主线，以制度建设为重点，以思想建设、组织建设、作风建设、廉政建设为基础。客观地看，调整后的新布局，更合乎党的建设的实际和内在要求，但因涉及如何看待执政能力建设、制度建设何以成为“重点”、廉政建设能否作为一项基础建设单列等问题，涉及对这些问题需要深化研究并统一认识，本文只是作为一种研究思路、作为一种思考提出来。对此，我们应当这么看：只要是从我们党执政、建设、发展的实际出发，本着实事求是而又认真负责的态度思考问题并提出问题，以资党的建设认识的深化，以助党的建设实践的发展，总比缺乏建设性的反复重复已有的论述要有意义得多。即便所思考和提出的问题还不够完善，那也不要紧，正确的认识、创新的思想就是在推敲、打磨过程中成长起来的。

本文原载于《中国党政干部论坛》2007 年第 6 期，2009 年 11 月获山东省第二十三次社会科学优秀成果一等奖，2008 年 11 月获全国党校系统第七届优秀科研成果二等奖。

儒学经世传统的复兴与近代中国的中学和西学观

孙占元

鸦片战争以来，伴随着西力东侵的撞击和西学东渐的影响，步入近代社会的中国发生了前所未有的巨大变化，作为在中国古代思想界居统治地位长达2000余年的儒家思想亦随之呈现出急遽嬗变的态势：儒学的经世传统被广泛地提倡且予以升华，儒学在近代中国形成了以追求经世致用为嚆矢的学术转向；同时国人不得不正视西方近代学说纷纷涌入华夏的现实，在中学与西学之间如何定位的问题需要作出解答，中西文化在冲突与交融中建构起新的文化氛围；还有儒学中的保守成分被守旧者奉为圭臬，在闭关锁国已成为过去的近代社会中，依然以传统儒学的华贵神胄来阻止西学输入。当然，儒学在晚清的嬗变与经世传统在近代的复兴及西学东渐的影响，都给近代中国的文化演进增添了新的色彩。

一、儒学经世致用学风的新转向

经世致用，乃儒家思想的一大传统。从孔子创立儒家学说始，就在收徒授学中强调了以六经治世的道理。但在儒学发展史中，曾有宋明理学的空谈义理背离了儒学的经世趣旨，也有清乾嘉汉学“为考证而考证，为经学而治经学”误入“万马齐喑”的泥潭。然而，在嘉庆末到道光年间社会危机不断加深的情况下，特别是自1840年鸦片战争爆发之后，急速变化着的中国社会促使诸多有识之士重新审视儒学经世的内在价值，主张冲破汉学脱离实际、烦琐考证的樊篱。于是，在道光至咸丰年间出现了用今文经学抨击汉学以经世的学术转向，其代表人物为龚自珍和魏源。在咸丰、同治年间则有以复兴宋学来反对“汉学专制”从而振兴经世实学的倾向，曾国藩、左宗棠大体沿顺这条路径走上经世之途。此后，学术思想界在颇似戏剧性的变化中出现了以古文经学经世的趋向。光绪年间，张之洞力辟今文公羊学，以古文经学为主，又兼采汉宋，以谋经世。而康有为则从今文经学批判古文经学的角度力图复兴今文公羊学，并以此阐发了变法维新的理论。章太炎宗师古文经学，却能够摆脱汉学的空疏与迂腐，回归到清初顾炎武“崇实致用”的道路上去。这样，儒家学术思想在近代中国呈现出丰富多彩的新景象，而能够把不同的学术流变贯穿起来的一条基本脉络正是经世致用。

经世致用的学风得以提倡，给儒学在近代中国的命运曾带来了生机，这种新的学术转向固然继承了儒学经世的传统，但它又不是古代儒学思想的简单重复，而是在近代社会面临着外患日蹙、国势日衰的情况下，为了反对外国资本主义的侵略以争取民族独立，或者为了反对清王朝的专制腐败统治以谋求社会进步，或者为了追赶世界近代化的进程以推动中国的近代化步伐，与时代发展的脉搏相适应的一种新的经世思潮。

这种经世致用的社会思潮始于龚自珍和魏源。龚自珍于经通《公羊春秋》，于史长西北舆地，但他未能就“师夷长技”的问题有所述及。魏源治学以今文经学为主，同时涉及汉学、宋学，并对先秦诸子的学说有所涉猎。他批评“治诂训音声，爪剖钔析”的汉学家们“锢天下聪明智慧使尽出于无用之一途”，诘问那些“论虚之理”而宣言心性的理学家们“心性迂谈可治天下乎？”力主以公羊学的“弘通精淼，内圣而外王，蟠天而际地”[①]，达到儒学经世内圣与外王的和谐统一。为此，他强调“通经致用”，于道光五六年间代江苏布政使贺长龄辑纂了旨在“备蒙诵，知民务，集群虑，研几微，究中极”的《皇朝经世文编》。该书分为学、治、吏、户、礼、兵、刑、工八纲，共 120 卷，“鸠聚本朝以来硕公、庞儒、俊士、畸民之言”，是一部集中反映清代前中期经世实学的论文结集。该书的特点是“经世以表全编，则学术乃其纲领”，表明了魏源具有强烈的儒学经世愿望。对此，后人曾评述说：“此书大旨欲救儒之不适于用。”[②]也恰是缘于魏源学术思想的精髓贯以经世致用的主流，所以当英国发动侵略中国的鸦片战争后，他作为一代名儒，洞察着时局的变迁，寻找着御敌之方，于 1842 年写下了《圣武记》和《海国图志》(50 卷本)。魏源写

① 中华书局编辑部编：《魏源集》上册，中华书局 1976 年版，第 37、39、135 页。

② (清)李慈铭：《越缦堂读书记》，中华书局 1963 年版，第 620 页。

《圣武记》是有感于鸦片战争的刺激，如他所说："晚侨江、淮，海警飙忽，军问沓至，忾然触其中之所积，乃尽发其椟藏，排比经纬，驰骋往复，先取其涉兵事及所论议若干篇，为十有四卷，统四十余万言，告成于海夷就款江宁之月。"[①]如果说该书的写作还在为清朝开国的"圣武"歌功颂德和为抗击英军提供历史的借鉴，即"以后圣师前圣，后王师前王"，那么，《海国图志》则以"师夷长技以制夷"的主题，为"悉夷情"和筹措御敌之方开辟了新的研究领域。魏源编写《海国图志》的目的非常明确，他在该书增补为 60 卷本的叙言中称："是书何以作？曰：为以夷攻夷而作，为师夷长技以制夷而作"，并认为是书具有"创榛辟莽，前驱先路"的特点。[②] 魏源反对封建士人那种闭目塞听、不"悉夷情"的做法，认为"儒者著书，惟知九州以内，至塞外诸藩，则若疑若昧，荒外诸服，则若有所无"，"徒知侈张中华，未睹寰瀛之大"，以至于"一旦有事，则或询英夷国都与俄罗斯国都相去远近，或询英夷何路可通回部"。因此，他强调说："欲制外夷者，必先悉夷情始；欲悉夷情者，必先立译馆翻夷书始。"[③]他把战舰、火器和养兵练兵之法视为"夷之长技"，主张加以学习。

魏源之后，洋务派人物曾国藩、左宗棠等从宗师宋学的角度走上了通经致用之路。曾国藩初从桐城派经学家姚鼐"必义理为质而后文辞有所附，考据有所归"的言论中悟出义理之学的重要性，进而又阐述了义理、词章、经济、考据之学各自的特点。以"一宗宋儒"自诩的曾国藩对儒学"济世"是抱有希望的，他指出要"以义理之学为先，以立志为本"，"其事始于修身，终于济世"。曾国藩正是由于能够把以义理为核心的宋学同经世致用联系在一起，于是有了办洋务的思想。另一洋务派要员左宗棠自诩"一介寒儒"，主张"恪以程朱为宗"，"宗程朱以探原孔孟"，同时又对汉学予以抨击。他指出："近世士大夫专尚考证、训诂、书数之学，以窥隙攻难为功，至标立汉学名字号召后进，于书之言身心性命者相戒为空疏迂阔之谭，弃置不一顾。"[④]为此，左宗棠主张"箴汉学之膏肓，而一以朱子为归"，实现"入宋儒之堂奥"的目的。在学术流派上，左宗棠几乎是独奉宋学为圭臬，但他并没有停留在宋学与汉学之争的水平上，而是把经世致用的思想建构在对乾嘉汉学进行批评

---

① 中华书局编辑部编：《魏源集》上册，中华书局 1976 年版，第 166～167 页。

② 中华书局编辑部编：《魏源集》上册，中华书局 1976 年版，第 207 页。

③ （清）魏源：《海国图志·筹海篇三》，清光绪二年重刻本。

④ （清）左宗棠撰，林鸣凤等整理：《左宗棠全集·诗文·家书》，岳麓书社 1987 年版，第 251～278 页。

的基础上。他说:“穷经将以致用也,而或泥于章句训诂之学,捃摭遗义,苏索经余,前人所弃,后复拾之,纵华辨之有余,究身心之何补?”[①]这样,左宗棠对儒术的经世功能非常重视,他指出:“吾儒读书,天地民物,莫非己任。宇宙古今事理,均须融澈于心,然后施为有本。”“读书明理,讲求做人及经世有用之学。”[②]所以,左宗棠从顾炎武和魏源那里继承并发展了通经致用的思想。他于1866年创办福州船政局,更是对魏源设厂造船主张的实践。

曾国藩、左宗棠试图从复兴宋学的角度转向经世致用,与他们不同的是,后起的洋务派大员张之洞却从主张汉学的角度活跃于思想界。张之洞面对着清代经学今古文之争的局面,站到了古文经学的一面,痛诋今文经学。他说:“平生学术最恶公羊之学,每与学人言,必力诋之。”[③]他针对儒家学派的汉学与宋学之争,却又以汉学为主,兼通宋学,试图调和两者之间的关系。他认为:“汉学者何,汉人注经讲经之说是也。……必须以汉学为本而推阐之,乃能有合。……傥不知本源,即读宋儒书,亦不解也。”[④]他主张通经致用,认为:“一切学术……要其终也,归于有用。”[⑤]正是在这种读书明理、讲求实际思想指导下,张之洞从一个讥切弊政的清流要角,转化成一位举办洋务事业的大员,在振兴工商业以促进近代化方面颇有建树。诚如他自己所说:“今日中国救贫之计,惟有振兴农工商实业,劝导民间仿用机器制造,以外塞漏卮,内开民智,尚是一线生机。”[⑥]

在近代中国,通经致用即精于儒术、讲求实际的务实思想,不仅为魏源、曾国藩、左宗棠、张之洞等地主阶级思想家所提倡,而且还为资产阶级维新思想的代表人物康有为以及资产阶级革命派的思想家章太炎所奉行。

19世纪90年代,维新变法取代洋务运动,已是大势所趋。康有为在发动和领导维新运动之际,依然从儒家学说中汲取了养分。他早年受到儒学思想的熏陶,对古文、今文经以及宋明理学均有涉猎。但从1876年师从广东名儒朱次琦并受其“济人经世”之学的影响后,他便“日有所思,思考据家著书满家,究复何用?”三年后,他游历香港,初读“西书”,“乃始知西人治国

---

① (清)左宗棠撰,林鸣凤等整理:《左宗棠全集·诗文·家书》,岳麓书社1987年版,第406～407页。

② (清)左宗棠撰,林鸣凤等整理:《左宗棠全集·诗文·家书》,岳麓书社1987年版,第9～21页。

③ (清)张之洞撰:《张文襄公全集》,文华斋1928年刻本,卷228。

④ (清)张之洞撰:《张文襄公全集》,文华斋1928年刻本,卷204。

⑤ (清)张之洞撰:《张文襄公全集》,文华斋1928年刻本,卷204。

⑥ (清)张之洞撰:《张文襄公全集》,文华斋1928年刻本,卷219。

有法度,不得以古旧之夷狄视之"。1888 年,康有为在第一次上书清光绪帝不达后,在广东晤见了今文经学家廖平,可以说是他致力于今文经以寻找变法理论之始。康有为于 1891 年所撰的《新学伪经考》,就发挥了廖平在《今古学考》中提出的今文经学乃孔子真学、古文经学为刘歆等人伪作的论点。《新学伪经考》的核心内容是考证西汉末年王莽的"新莽"一朝之学乃刘歆的伪造,认为古文经学"托于孔壁,自以古为尊,此新歆所以售其欺伪者也"。"始作伪乱圣制者自刘歆,布行伪经篡孔统者成于郑玄。……于是夺孔子之经以与周公,而抑孔子为传;于是扫孔子改制之圣法,而目为断烂朝报。"①这样,康有为得出了西汉时盛行之今文经乃孔子的"真传",而自东汉以后被历朝奉为经典的古文经乃刘歆伪造的结论。尽管康氏的考证不乏偏颇之处,但他否定了古文经学派在学术上认为孔子删订"六经"述而不作的传统看法,进而为打着孔子改制的旗号倡言变法维新寻找到了理论的依据,这恰是其"通经致用"的一个新颖表现形式。此后,康有为又编写了《孔子改制考》,于 1898 年刊行。其要旨在于阐述六经乃孔子所作,孔子改制的精义,体现于《春秋》一书,而《公羊传》则是学《春秋》的关键,《公羊传》中"通三统""张三世"的说法,正是"通经致用"以"托古改制"的"微言大义"。康有为不同意古文经学认为"《诗》《书》《礼》《乐》《易》皆周公作,孔子仅在删赞之列"的说法,指出:"六经皆孔子所作也,汉以前之说莫不然也。……孔子所作谓之经,弟子所述谓之传,又谓之记,弟子后学展转所口传谓之说,凡汉前传经者无异论。故惟《诗》《书》《礼》《乐》《易》《春秋》'六艺'为孔子所手作,故得谓之经。"②康有为推崇公羊今文学,是要从其"通三统""张三世"的微言大义中摸索用以变法维新的理论依据。"三统说"中的"三统",原为古历法,指夏、商、周三代正朔。西汉董仲舒在此基础上加以发挥,提出"三代改制,必以三统"的观点,谓夏为黑统,商为白统,周为赤统,阐述了历史循环论。"三世说"源自《公羊传》对《春秋》中"公子益师卒"一句话的解释,经董仲舒提出了"所见世""所闻世""所传闻世"的划分历史阶段的概念,又经东汉何休解诂,推阐"所传闻世"为"衰乱","所闻世"为"升平","所见世"为"太平",形成了"三世说"。康有为附会了公羊学的这种进化观点,又把孔子描绘为"托古改制"的"素王",认为"三世为孔子非常大义",着重强调孔子以"布衣改制,事

① 《康有为全集》第 1 集,上海人民出版社 1987 年版,第 572 页。

② 《康有为全集》第 3 集,上海人民出版社 1987 年版,第 285 页。

大骇人，故不如与之先主，既不惊人，自可避祸”①。这样，康有为就把公羊今文学的“张三世说”发挥为“据乱世”，就是君主专制时代，“升平世”即为君主立宪时代，“太平世”乃民主共和时代，把孔子的“托古改制”与维新派的变法要求紧密地联系起来。对此，梁启超评价说：“有为政治上‘变法维新’之主张，实本于此。”②于是，《新学伪经考》《孔子改制考》成为康有为借助今文经学以入世而倡言变法的理论著作。他在发动和领导维新变法运动的过程中，借助孔子的招牌，联系救亡图存的现实，阐述了其变法的主张。1895年，他有感于甲午战败的惨痛教训，在上清帝第二书中指出：“窃以为今之为治，当以开创之势治天下，不当以守成之势治天下；当以列国并立之势治天下，不当以一统垂裳之势治天下。”接着，他又在上清帝第四书中说：“窃惟为治之道，在审理势，势本无强弱，大小对较而后分，理难定美恶，是非随时而易义。昔孔子既作《春秋》以明三统，又作《易》以言变通，黑白子丑相反而皆可行，进退消息变通而后可久，所以法后王而为圣师也。不穷经义而酌古今，考势变而通中外，是刻舟求剑之愚，非阖辟乾坤之治也。”③经康有为的宣传鼓动，于是有维新运动的兴起。

当康有为附会今文经学倡言变法之际，以治古文经学见长的章太炎却在探索着另一条经世之途。章太炎早年入杭州“诂经精舍”师从古文经学大师俞樾后，对经学探究颇深，尤对《左传》予以重视，著有《春秋左传读》。他指出：“《左氏》古义最微，非极引周、秦、西汉先师之说，则其术不崇；非极为论难辨析，则其义不明。”④《春秋左传》为古文经学派所推崇，《春秋公羊传》被今文经学派所奉行，章太炎的学术趣旨重在古文经学。当然，他在治学中并不完全排斥今文经学。戊戌变法时期，章太炎曾加入强学会，参撰《时务报》，主张变法维新。但他在学术上与康有为依托“孔子改制”的观念不同，而是以顾炎武的实学思想为依托，因此当康有为主张立孔教为国教之时，他说：“变法维新为当世之急务，惟尊孔设教有煽动教祸之虞，不能轻于附和。”⑤这是他同康有为分道扬镳的重要原因之一。古文经学不同意今文经

---

① 康有为：《孔子改制考》，中华书局1958年版，第267页。

② 梁启超：《清代学术概论》，朱维铮校注：《梁启超论清学史二种》，复旦大学出版社1985年版，第65页。

③ 汤志钧编：《康有为政论集》上册，中华书局1981年版，第108页。

④ 《章太炎全集》第2卷，上海人民出版社1985年版，第808页。

⑤ 李剑农：《中国近百年政治史》上册，复旦大学出版社2002年版，第4页。

学认为六经皆孔子所撰的观点，因而不像今文经那样“特尊孔子”，所以章太炎在1899年所撰《今古文辨义》中说：“欲以尊崇孔子而适为绝灭儒术之渐，可不惧与？”[①]三年后，章太炎重订《訄书》。他在《订孔》文中指出：“孔氏，古良史也，辅以丘明而次《春秋》，料比百家，若旋机玉斗矣。谈、迁嗣之，后有《七略》。孔子死，名实足以伉者，汉之刘歆。”[②]这表明章太炎是立足于古文经学的角度肯定了刘歆的贡献，反驳了廖平、康有为直斥刘歆之学为伪经的说法。

戊戌变法失败后，康有为由维新派转化为保皇派，章太炎则由倾向维新而变为革命派。康有为仍然在政治上主张君主立宪，在学术上尊奉孔子，以“公羊三世说”论证中国只可行立宪而不可行革命。对此，章太炎于1903年发表了《驳康有为论革命书》，指出康有为“徒以尊事孔子，奉行儒术，崇饰观听，斯乃不得已而为之，而即以便其南面之术，愚民之计”。章太炎不同意康有为认为中国只能以“升平世”而行立宪以抵制革命的观点，指出在当前“民族主义之时代”，康氏乃“自悖其三世之说”。因此，章太炎论述了革命的必要性：“公理之未明，即以革命明之；旧俗之俱在，即以革命去之。革命非天雄大黄之猛剂，而实补泻兼备之良药也。”[③]1914年，章太炎在被袁世凯软禁的环境中，手定《章氏丛书》，把《訄书》改为《检论》，把《订孔》析为上与下，其中既肯定了孔子“洋洋美德乎，诚非孟、荀所逮闻也”，又强调了“不学《春秋》，则不能解辫发，削左袵”，同时强调以“通经致用”来改造社会的主张，丰富了其革命思想的内涵。章太炎还把清末民初的“通经致用”回归到清初顾炎武所倡导的经世实学那里，自认为“今之经学，渊源在顾宁人”[④]。

对于清末“经世致用观念之复活”问题，梁启超曾作过精辟论析：“欲破壁以自拔于此黑暗，不得不先对于旧政治而试奋斗，于是以其极幼稚之‘西学’知识，与清初启蒙期所谓‘经世之学’者相合，另树一派，向于正统派公然举叛旗矣。此则清学分裂之主要原因也。”[⑤]儒学经世致用学风的转向，反映的正是这一历史趋势。

---

① 汤志钧编：《章太炎政论选集》上册，中华书局1977年版，第115页。

② 汤志钧编：《章太炎政论选集》上册，中华书局1977年版，第180页。

③ 汤志钧编：《章太炎政论选集》上册，中华书局1977年版，第195～204页。

④ 章炳麟：《太炎先生自定年谱》，《近代史资料》1957年第1期。

⑤ 梁启超：《清代学术概论》，朱维铮校注：《梁启超论清学史二种》，复旦大学出版社1985年版，第59页。

二、西学东渐与中西文化的冲合

西学之名，在明末即已出现，耶稣会传教士艾儒略编有一本西方的教科书纲要，书名为《西学凡》。尽管在明末清初西学传入中国的规模还很小，但国人已开始在典籍中对其作了介绍。清乾隆年间所编《四库全书总目提要》的《子部·杂家类·存目二》中论及《西学凡》一书，认为："其致力亦以格物穷理为本，以明体达用为功，与儒学次序略似，特所格之物皆器数之末，而所穷之理又支离神怪而不可诘，是所以为异学耳。"[①]视西学有体有用与儒学"略似"，却又视西学的格物即重科学技术为"器数之末"而称其为"异学"，这可以说是国人对西学东渐的最初心态。然而，经鸦片战争，清朝闭关自守的大门被西方的坚船利炮打开，西学涌入中国已成为不可遏抑之势。面对如此变局，对世界大势还很生疏的国人必须正视现实。林则徐组织翻译了《四洲志》草稿，魏源编撰成《海国图志》，梁廷楠编有《海国四说》，徐继畬写下《瀛寰志略》，姚莹著有《康輶纪行》，表现出了鸦片战后勇于开眼看世界的又一学术转向。但是，林则徐、魏源等人并未就中学与西学的关系作出新的阐释，他们"师夷长技以制夷"的主张主要适用于怎样御敌方面。

在近代中国，第一位系统阐述中学与西学的关系者是冯桂芬。他于1861年写成《校邠庐抗议》，其中《采西学议》一文明确提出了"采西学""诚今日论学一要务"的主张。他认为西学的范围包括"算学、重学、视学、光学、化学等，皆格物至理"。又因"一切西学皆从算学出"，"今欲采西学，自不可不学算"，强调须"以经、史等学兼习算学"。其目的在于"以中国之伦常名教为原本，辅以诸国富强之术"[②]。这样，冯桂芬提出了中学与西学之间的"本"与"辅"的关系，从而为西学在中国的传播提出了一套理论依据。

冯桂芬的"中本西辅"论在19世纪60～90年代的洋务运动时期被一些洋务派官员或早期维新思想家所发挥。

在洋务派官员中，左宗棠、李鸿章的见解具有一定的代表性。左宗棠针对顽固派人物视引进西学为"失体"的论调，列举西洋各国"互相师法"的事实并从本末观上论证中学同西学的关系。他指出："均是人也，聪明睿知，相

① 《四库全书总目提要》卷一二五，清乾隆年间刊本。

② （清）冯桂芬：《校邠庐抗议》下卷，清光绪二十四年重刻本。

近者性，而所习不能无殊。中国之睿知运于虚，外国之聪明寄于实；中国以义理为本，艺事为末；外国以艺事为重，义理为轻。彼此各是其是，两不相喻，姑置弗论可耳；谓执艺事者舍其精，讲义理者必遗其粗，不可也。谓我之长不如外国，藉外国导其先，可也；谓我之长不如外国，让外国擅其能，不可也。此事理之较著者也。”[①]此言切中了迂腐士子空言义理、将智慧运于“虚”的要害。左氏的目的正在于反对传统的把义理和艺事完全割裂开来的观念，强调讲义理者不应遗弃艺事，同时也主张执艺事者不能舍弃义理之学。显然，左宗棠的主张乃“本末兼顾”论。李鸿章对西学的看法有一个不断深化的过程，他曾认为“中国文武制度，事事远出于西人之上，独火器万不能及”[②]，通过多年办洋务的实践又进一步认识到“西洋水陆兵法及学堂造就人才之道，条理精严，迥非中土所及”[③]。

早期维新派的代表人物郭嵩焘、薛福成、王韬、郑观应对中学与西学的联系亦有一番论述。郭嵩焘在1875年条陈海防事宜时指出：“西洋立国有本有末，其本在朝廷政教，其末在商贾、造船、制器相辅以益其强，又末中之一节也。故欲先通商贾之气，以立循用西法之基，所谓其本未遑而始务其末也。”[④]第二年他出使英国时又指出：“西洋立国自有本末，诚得其道，则相辅以致富强。”[⑤]薛福成1885年在《变法》一文中进一步指出：“降及今日，泰西诸国，以其器数之学，勃兴海外，履垓埏若户庭，御风霆如指臂，环大地九万里，罔不通使互市。虽以尧、舜当之，终不能闭关独治。而今之去秦、汉也，亦二千年，于是华夷隔绝之天下，一变为中外联属之天下。”鉴于“今天下之变亟矣”，必须以变法来除“积数百年末流之弊”，并针对列强环伺、“恃智力以相竞”的情况，“取西人器数之学，以卫吾尧、舜、禹、汤、文、武、周、孔之道，俾西人不敢蔑视中华”[⑥]。薛福成用“道”“器”观论述了中学与西学的关系。王韬在为郑观应《易言》作《跋》中指出：“今则创三千年来未有之局，一切西法西学，皆为吾人目之所未睹，耳之所未闻。夫形而上者道也，形而下者器也。……器则取诸西国，道则备自当躬。盖万世而不变者，孔子之道也。孔

① 《左宗棠全集·奏稿三》，岳麓书社1985年版，第63页。

② 《筹办夷务始末》（同治朝），北京：故宫博物院1930年影印本，卷25。

③ （清）李鸿章撰，吴汝纶编：《李文忠公全书·朋僚函稿》，清光绪三十一年刻本，卷17。

④ 中国史学会主编：《洋务运动》第1册，上海人民出版社1961年版，第143页。

⑤ 《郭嵩焘日记》第3卷，岳麓书社1983年版，第137页。

⑥ 丁凤麟、王欣之编：《薛福成选集》，上海人民出版社1987年版，第555～556页。

子之道，儒道也，亦人道也。”[①]他还指出：“形而上者，中国也，以道胜；形而下者，西人也，以器胜。如徒颂西人，而贬己所守，未窥为治之本原者也。”[②]王韬立论的角度仍取自儒学《易经》中的“道”“器”观。郑观应在《盛世危言》中专列《西学》一文，抨击了“今之自命正人者，动以不谈洋务为高，见有讲求西学者，则斥之曰名教罪人，士林败类”的守旧学风，认为：“所贵乎通儒者，博古通今，审时度势。不薄待他人，亦不至震骇他人；不务匿已长，亦不敢回护已短，而后能建非常之业，为非常之人。”他还指出：“自学者骛虚而避实，遂以浮华无实之八股，与小楷试帖之专工，汩没性灵，虚费时日，率天下而入于无用之地，而中学日见其荒，西学遂莫窥其蕴矣。”要改变这种状况，“善学者必先明本末，更明所谓大本末而后可。以西学言之：如格致制造等学其本也，语言文字其末也。合而言之，则中学其本也，西学其末也。主以中学，辅以西学”[③]。郑观应的结论是“中本西末”。

诚如郑观应所言，在洋务运动时期反对引进西学者大有人在。洋务派认为天文算学为西学的重点，主张在同文馆内设天文算学馆以招收科甲正途人员入馆学习，使“儒者明其理”，“治经之儒兼治数”[④]。对此，以治宋学见长的文渊阁大学士倭仁提出了反对意见。他认为：“立国之道，尚礼义不尚权谋；根本之图，在人心不在技艺。今求之一艺之末，而又奉夷人为师，无论夷人诡谲未必传其精巧，即使教者诚教，学者诚学，所成就者不过术数之士。古今来未闻有恃术数而能起衰振弱者也。天下之大，不患无才。如以天文、算学必须讲习，博采旁求，必有精其术者，何必夷人，何必师事夷人？”如科甲正途人员“变而从夷，正气为之不伸，邪氛因而弥炽，数年之后，不尽驱中国之众咸归于夷不止”[⑤]。许多顽固派士人以“华夷之辨不得不严，尊卑之分不得不定”为由，反对“师事仇敌”，认为“圣贤之大道不修，士林之节概不讲，无一非西学阶之厉也”[⑥]。正鉴于此，无论是洋务派官员，还是早期维新思想家，均从“本”与“末”或“道”与“器”的关系上论述中学与西学的联系，形成了中西学合璧的学术观，从而为中学与西学的最初融合寻找到一条能为朝野

① (清)郑观应著，夏东元编：《郑观应集》上册，上海人民出版社1982年版，第166～167页。

② (清)王韬：《弢园尺牍》，中华书局1959年版，第30页。

③ (清)郑观应著，夏东元编：《郑观应集》上册，上海人民出版社1982年版，第272～276页。

④ 《筹办夷务始末》(同治朝)，卷46。

⑤ 《筹办夷务始末》(同治朝)，卷47。

⑥ 朱有瓛主编：《中国近代学制史料》第1辑上册，华东师范大学出版社1983年版，第566～567页。

基本接受的通路。这样，被顽固派视为“奇技淫巧”“雕虫小技”的西方科学技术成了一门正当的学问，以儒家思想为正统的中学需要西学的辅助，这在中国儒学发展史上是前所未有的事情。

戊戌维新时期，康有为、梁启超、谭嗣同、严复等人对西学东渐均持欢迎的态度，就中学与西学的地位和作用提出了他们的看法。康有为不仅主张“托古改制”，而且还饱读西方有关政治、经济、文化等方面的书籍，“大讲西学”，试图“仿洋改制”。他既主张仿照西方资本主义的君主立宪政体进行变法维新，要求光绪帝采法日本明治维新之政，以俄国彼得大帝为楷模厉行新政，又不断强调对“讲明孔子之道”的“讲学大儒”予以重用①，甚至主张设立孔教会，“令衍圣公为孔教会总理”②，培养能尊崇孔教并能任国事的人才。他还认为：“中国人才衰弱之由，皆缘中西两学不能会通之故，故由科举出身者，于西学辄无所闻知，由学堂出身者，于中学亦茫然不解。夫中学体也，西学用也，无体不立，无用不行，二者相需，缺一不可。”③康有为视中学为体，西学为用，但又强调二者“会通”和“相需”，比洋务派和早期维新派的“本末观”与“道器论”仅以西学为辅的主张前进了一步。康有为对西方的励学开新表示赞赏，认为：“吾人民极多，倍于欧洲十六国，而国势极弱，由无鼓励新艺、新法、新书、新器、新学致之也。”④他将西学冠以“新”字，在一定程度上表示出其认为西学（新学）优于中学（旧学）的倾向。梁启超于 1896 年所写《西学书目表后序》一文，系统地阐述了西学东渐后“中学将亡为之患”的问题，反映出他既容纳西学而又试图拯救中学的学术新见解。梁启超说：“今日非西学不兴之为患，而中学将亡之为患。风气渐开，敌氛渐逼，我而知西学之为急，我将兴之；我而不知，人将兴之；事机之动，在十年之间而已。今夫守旧之不敌开新，天之理也。……要之，舍西学而言中学者，其中学必为无用；舍中学而言西学者，其西学必为无本。无用无本，皆不足以治天下，虽庠序如林，逢掖如鲫，适以蠹国，无救危亡。方今四彝交侵，中国微矣，数万万之种族，有为奴之病；三千年之宗教，有坠地之惧。存亡绝续，在此数年，学者不以此自任，则颠覆惨毒，宁有幸乎？”⑤梁启超此言道出了中学弃实就虚而濒

① 参见中国史学会主编：《戊戌变法》第 2 册，上海人民出版社 1961 年版，第 150 页。

② 中国第一历史档案馆藏内抄本：《杰士上书汇录》卷二。

③ 汤志钧编：《康有为政论集》上册，中华书局 1981 年版，第 294 页。

④ 中国第一历史档案馆藏内抄本：《杰士上书汇录》卷二。

⑤ 李华兴、吴嘉勋编：《梁启超选集》，上海人民出版社 1984 年版，第 209 页。

于坠地的危机感，强调了儒者应知西学为急的紧迫感，同时也透出了中国儒学正统地位已发生动摇的信息。谭嗣同则对封建统治者利用儒学进行专制统治表示不满，对三纲五常进行了抨击。他指出："二千年来君臣一伦，尤为黑暗否塞，无复人理，沿及今兹，方愈剧矣。"[①]"二千年来之政，秦政也，皆大盗也；二千年来之学，荀学也，皆乡愿也。惟大盗利用乡愿，惟乡愿工媚大盗。二者交相资，而罔不托之于孔。"[②]可见，汲取了西方近代平等思想的谭嗣同，敢于就儒学的黑暗面予以痛斥，这对于长期作为封建专制统治思想支柱的儒学来说，可谓是一次不小的冲击。严复于1895年在天津《直报》上发表了《论世变之亟》《原强》《救亡决论》等文章，提出了他对中学与西学的看法。他对比了中西方在文化、思想方面的一些差异："中国最重三纲，而西人首明平等；中国亲亲，而西人尚贤；中国以孝治天下，而西人以公治天下；中国尊主，而西人隆民；中国贵一道而同风，而西人喜党居而州处；中国多忌讳，而西人众讥评……其于为学也，中国多夸识，而西人尊新知。"[③]他又指出："然而西学格致，则其道与是适相反。一理之明，一法之立，必验之物物事事而皆然，而后定之为不易。""方其治之也，成见必不可居，饰词必不可用，不敢丝毫主张，不得稍行武断，必勤必耐，必公必虚，而后有以造其至精之域，践其至实之途。"[④]严复以其高深的西学造诣和国学功底提出了这些见解，的确高人一筹。他于1898年出版了翻译名著《天演论》，向国人介绍了西方近代的进化论学说，更加开阔了人们的视野。

但是，就在维新变法运动趋于高涨、传播西学之风日益强劲之际，张之洞于1898年抛出《劝学篇》以图维护儒学的正统地位。他在《劝学篇·序》中称："今日之世变，岂特春秋所未有，抑秦汉以至元明所未有也。……于是图救时者言新学，虑害道者守旧学，莫衷于一。旧者因噎而食废，新者歧多而羊亡。旧者不知通，新者不知本。不知通则无应敌制变之术，不知本则有薄名教之心。夫如是，则旧者愈病新，新者愈厌旧，交相为愈，而恢诡倾危乱名改作之流遂杂出其说以荡众心。学者摇摇，中无所主，邪说暴行，横流天下。"救中学于摇摇无主，正是张之洞撰《劝学篇》的目的。于是，他试图以《劝学篇》的"内篇务本，以正人心；外篇务通，以开风气"来保全儒学的统治

① （清）谭嗣同：《仁学》，中华书局1981年版，第337页。
② （清）谭嗣同：《仁学》，中华书局1981年版，第337页。
③ 王栻主编：《严复集》第1册，中华书局1986年版，第3页。
④ 王栻主编：《严复集》第1册，中华书局1986年版，第43～45页。

位置不至于动摇。他说："中学为内学，西学为外学；中学治身心，西学应世事。不必尽索之于经文，而必无悖于经义。"[①]还称："新旧兼学，四书五经、中国史事、政书、地图为旧学，西政、西艺、西史为新学。旧学为体，新学为用，不使偏废。"[②]他所主张的"正人心"的要旨在于维护"圣教"。1898 年的"百日维新"被以慈禧太后为首的守旧势力镇压下去之际，一些以治宋学相标榜的守旧派编成《翼教丛编》一书，集中了顽固的封建士人反对维新变法的言论。该书编者苏舆在《翼教丛编·序》中称："群辈昏愍，舍正趋歧，自速灭亡，良可怪叹！二三君子，当淫辞沸羹之日，能倡明大义，攘臂而争，固其志趋卓立，笃信好学致然，抑非国家二百年来培植教养之恩无以臻此。此编断自七月以前，专以明教正学为义。至康、梁等造逆之谋，乱政之罪，载在史成，昭示环宇，所不赘焉。呜呼！世岂有学术不正而足与言经世者乎？后之论人者，可以鉴矣。"其"明教正学"的目的无非是贬斥西学，固守中学，反对变法维新。叶德辉说："宋儒之学"以"朱子为宗"，"今日康门之士，既伪六经矣，又诋君父矣，且并拜跪之礼亦欲废之，以法西人矣。"朱一新称："西人之说至谬，其国必不能久存。"[③]守旧派仍要固守儒学的"正学"阵地。

但是，世纪之交中国学术思想界的新变化，已经不以顽固守旧势力的意志为转移了。1899 年，以宣传维新思想而著名的何启、胡礼垣提出了这样的看法："经自为经，人自为人，以人用经，非以经用人，因事成经，非因经成事。是故古有古之经，今有今之经。……古之经有善者焉，吾则取而用之；古之经有不善者焉，吾则弃而去之，今之经亦然。一弃一取，皆由于我。是则经之宗我，而非我之宗经也。"[④]此言透出了不囿于经学束缚而改变以往"我之宗经"为"经之宗我"的生动气息。梁启超在 1902 年致康有为函中称："弟子实见夫欧洲所以有今日者，皆由脱教主之羁轭"，"弟子以为欲救今日之中国，莫急于以新学说变其思想"，"孔学之不适于新世界者多矣，而更提倡保之，是北行南辕也"。[⑤] 这表明曾协助康氏撰写《孔子改制考》的梁启超在更多地接受了西方的新思想后，试图挣脱儒学的羁绊。

1905 年，清政府下令废除科举考试、国学保存会在上海创立、中国同盟

---

① (清)张之洞撰：《张文襄公全集》，文华斋 1928 年刻本，卷 203。

② (清)张之洞撰：《张文襄公全集》，文华斋 1928 年刻本，卷 203。

③ 《翼教丛编》清光绪二十八年版，卷一、卷四。

④ 何启、胡礼垣：《新政真诠·前总序》，清光绪二十七年版。

⑤ 李华兴、吴嘉勋编：《梁启超选集》，人民出版社 1984 年版，第 323 页。

会在日本东京成立三件大事的接连出现，对中国社会产生了较大的影响。

20世纪初，清政府迫于革命形势的高涨和立宪运动的兴起，颁布了“新政”措施，其中教育改革的一个成效是宣布废除科举制。以往饱读四书五经、热衷于科举进第的文人只得投身新式学堂，或留学他国。尽管清政府在有关兴办学堂的章程中仍规定“无论何等学堂，均以忠孝为本，以中国经史之学为基”[1]，但许多青年学子一旦接触到新式学堂讲习的西方近代知识，其思想日益倾向开新而反对守旧就是必然的了。尤其是延续了1000多年的以儒家学说为考试必考科目的科举制的废止，对于儒学在思想领域的统治地位来说，更是一次致命的冲击。

由带有反清革命倾向的邓实等人创立的国学保存会，“以研究国学，保存国粹为宗旨”[2]，发行《国粹学报》，标志着晚清国粹派的崛起。国粹派面对列强环列的民族危机，主张“爱国以学，读书保国”。国粹派的主要代表人物邓实、章太炎、刘师培等均以治古文经学见长，从日本学进了“国粹保存主义”一词，以别于“欧化主义”。在对待西学与中学的关系方面，国粹派主张：“于泰西学术其有新理精识，足以证明中学者，皆以阐发。”但也有的国粹派成员指责那些西学的传播者为“扬西抑中”，“无识陋儒”，“醉心欧化”，其学“固奴隶之学也”。国粹派对待孔子与儒学的态度是不一致的。章太炎称：提倡国粹“不是要人尊信孔教”，“今日想要实行革命……孔教是断不可用的”。[3] 邓实则认为对服务于“君学”的“伪儒学”应加以斥责，而对于“知有国”的“真儒学”是须予以提倡的。他说：“真儒之学只知有国，伪儒之学只知有君，知有国则其所学者上下千载洞流索源，考郡国之利病，哀民生之憔悴，发愤著书以救万世，其言不为一时，其学不为一人，是谓真儒之学。若夫伪儒学者，所读不过功令之书，所业不过利禄之术，苟以颂德歌功，缘饰经术，以取媚时君，固宠富贵而已。”[4]国粹派还以复兴国粹来宣传反清革命，认为“所谓革命者”，“日光复也，光复中国之种族也，光复中国之州郡也，光复中国之政权也”。[5] 由于国粹派信守“夷夏之防”，其思想不能不具有一定的片面性。

---

① 舒新城编：《中国近代教育史资料》中册，人民教育出版社1962年版，第385页。

② 《国粹学报》第1期。

③ 《民报》第6期。

④ 《国粹学报》第27期。

⑤ 《民报》第8期。

中国同盟会的成立推动了中国近代资产阶级革命运动的高涨。革命派的代表人物孙中山在早年读书期间，就“于圣贤六经之旨，国家治乱之源，生民根本之计，则无时不往复于胸中”。他“于中学则独好三代两汉之文，于西学则雅癖达文之道，而格致政事，亦常浏览”①。1905年，他在东京中国留学生欢迎大会的演说中指出：“中国的文明已有数千年，西人不过数百年，中国人又不能由过代之文明变而为近世的文明；所以人皆说中国最守旧，其积弱的缘由也在于也。殊不知不然。不过我们中国现在的人物皆无用，将来取法西人的文明而用之，亦不难转弱为强，易旧为新。”②正是这种“易旧为新”的思想，使孙中山在对待中学与西学问题上采取了学习西方文化的长处而不照搬，汲取中国文化的精华又不泥古即“兼采中西”的态度，并创立了三民主义学说体系，成为革命派的思想武器。诚如他自己后来所言：“余之谋中国革命，其所持主义，有因袭吾国固有之思想者，有规抚欧洲之学说事迹者，有吾所独见而创获者。”③从同盟会成立到1911年辛亥革命推翻帝制，1912年初民国政府通令禁用前清的教科书，使用符合“共和民国宗旨”的教材，“尊孔读经”式的教育退出历史舞台。

经过鸦片战争到辛亥革命间的文化变迁，儒学经世传统的复兴，西学东渐与中学和西学之间的磨合交流，都反映和体现了近代中国社会转型的要求。

本文原载于《东岳论丛》2009年第11期，2011年10月获山东省第二十五次社会科学优秀成果一等奖。

① 《孙中山全集》第1卷，中华书局1981年版，第48页。

② 《孙中山全集》第1卷，中华书局1981年版，第278页。

③ 《孙中山全集》第7卷，中华书局1985年版，第60页。

诚信:文化产业发展壮大的基石

安世银

党的十七届六中全会指出,发展文化产业是社会主义市场经济条件下满足人民多样化精神文化需求的重要途径。推动文化产业跨越式发展,必须坚持把社会效益放在首位、社会效益和经济效益相统一。近年来,我国文化产业虽然获得快速发展,但仍处于起步阶段。在当前和今后一个时期,文化产业要实现跨越式发展,需要努力构建完善的诚信体系。这是文化产业健康可持续发展的基石。

一、诚信是实现经济社会健康发展的基础

诚信是道德建设的基础。诚信就是诚实守信,能够履行承诺而取得他人的信任。我国素有"一诺千金"之说,在几千年历史中,有许多关于诚信的论述,也流传着许多诚信的故事。邓小平同志强调,一切企业事业单位,一切经济活动和行政司法工作,都必须实行信誉高于一切,严格禁止坑害勒索群众。党的十七大报告指出,要"以增强诚信意识为重点,加强社会公德、职业道德、家庭美德、个人品德建设"。人无信不立,业无信难兴,国无信不强。当前,我国正大力推进社会主义核心价值体系建设,诚信建设就是其中的一个重要切入点。

诚信是实现文化产业健康发展的前提。良好的社会信用是经济社会健康发展的前提,是市场有序高效运行的基础。文化产业就其特性来说,也要求具备诚信品格。首先,文化产业是以文化内容的创造为核心,通过市场化和产业化的组织,大规模提供文化产品和服务的产业形态。市场化、商业

化、产业化是其固有特性。因此，文化企业的生产经营要符合社会主义市场经济规律，遵纪守法、诚实经营、真诚服务，杜绝假冒伪劣、坑蒙欺诈等行为。其次，文化产业向社会和消费者提供的是文化产品和服务，文化产品和服务不同于一般的物质产品，它直接作用于人的精神与心灵。如果文化企业不讲诚信，产生的负面影响就会更大、更深。

诚信是维护社会秩序的润滑剂。诚信缺失、不讲信用，不仅危害经济社会发展，破坏市场和社会秩序，而且还损害社会公正和群众利益，妨碍社会文明进步。当前，我国文化产业快速发展，讲诚信是文化产业领域的主流。但也应看到，这一领域诚信缺失的现象还是屡屡出现，不仅损害了消费者的正当权益，而且还制约文化产业的健康发展。扩大文化消费，发展文化产业，需要大力开展诚信建设。

二、构建文化产业诚信体系

推动社会主义核心价值体系建设，形成社会基本道德规范。社会主义核心价值体系是兴国之魂，是社会主义先进文化的精髓，决定着中国特色社会主义发展方向。广大文化工作者应高扬社会主义先进文化旗帜，积极建设社会主义核心价值体系，讴歌真善美、鞭挞假恶丑，在全党全社会形成统一指导思想、共同理想信念、强大精神力量、基本道德规范；弘扬中华民族优秀文化传统，表现优秀传统文化所包含的淡泊名利、修身重德的思想，崇礼尚义、以诚为本的追求；提高文化责任感与使命感，增强文化自觉和文化自信，提供更多更好内容健康向上、形式新颖生动的文化产品和服务；树立开放的文化心态，挖掘国内外文化资源精华，打造文化含量丰盈，民族特色、时代精神兼备的文化原创精品。

推进社会信用体系建设，营造良好社会环境。“十二五”期间，我国将全面推进社会信用体系建设。我们应以此为契机，加快建立健全符合时代发展要求的信用制度体系。进一步创新管理理念，强化服务意识，着力构建有利于文化科学发展的体制机制，建立和完善社会征信制度，为企业讲诚信提供良好社会环境；充分发挥市场的作用，培育合格市场主体，加快构建和培育现代文化市场体系；建立统一高效的文化市场执法机构，加强管理，净化文化市场，维护诚信、公平、竞争、有序的市场秩序。同时，大力培养诚信意识，培育文明消费习惯，从自律和他律两个方面让诚信生产和诚信消费成为社会共识，形成诚实守信和遵纪守法的良好氛围。

加强企业诚信文化建设，弘扬诚实守信风尚。市场经济是信用经济，诚信不仅是社会责任，而且还是市场经济健康发展的必然选择。文化企业应积极践行诚信经营的原则，创新诚信管理模式，制定诚信建设目标，建立诚信管理体系，加强企业诚信文化建设，弘扬诚实守信的良好风尚，讲信用，不欺诈；强化行业自律，推动文化企业形成自我约束、自我监督、自我管理的良性发展机制，切实履行社会责任；提升知识产权意识，大力创建具有自主知识产权的文化品牌，努力在经营理念、发展方向、价值观念、核心技术、市场战略和视觉识别、行为识别、形象整合、营销策略等方面具备自主创新能力，充分实现品牌知识产权自主化。

本文原载于《人民日报》2011 年 11 月 25 日，2012 年 11 月获全国党校系统第九届优秀科研成果一等奖。

尽职尽责:党员干部执政评价的基本立足点

王延超

党的十八大报告明确指出:“为人民服务是党的根本宗旨,以人为本、执政为民是检验党一切执政活动的最高标准。”①因此,“以人为本、执政为民”自然也就是检验党的各级领导干部执政实践的最高标准。鉴于党的各级领导干部执政岗位千差万别、各有特点,因而,对于8200多万党员中的3000多万党员干部按照这一最高标准进行具体到人的执政实践评价,难免复杂之极。笔者认为,可将“尽职尽责”作为党员干部执政实践评价的基本立足点,这既便于实践中的把握和操作,又是从实际出发坚持“以人为本、执政为民”检验标准的现实合理选择。

一

为什么“尽职尽责”可以成为评价党员干部是否坚守“为人民服务”和“以人为本、执政为民”的基本立足点?我们知道,中国共产党是马克思主义执政党,其执政的基本方式是由党根据人民的意愿、通过合法的程序与规制,选拔优秀人才,赋予其执政责任与权力,由优秀人才执掌从中央到地方的各级政权,具体承担和体现党的执政。作为被赋予执政权力的党员干部,肩负着党和人民的期望,是通过履行具体的岗位职责,实践和遵行党的路线方针政策、维护最广大人民根本利益的“守门员”。新形势下,我们党面对

---

① 胡锦涛:《坚定不移沿着中国特色社会主义道路前进　为全面建成小康社会而奋斗——在中国共产党第十八次全国代表大会上的报告》,《人民日报》2012年11月18日。

“四大风险”和“四大考验”，拥有公权力的党员干部面对各种错综复杂关系的严重干扰，面对保护普通群众的利益经常遭遇的各种挑战和考验，是否坚守“立身不忘做人之本、为政不移公仆之心、用权不谋一己之私”[①]，是否真正树立尽力做好本职工作、尽力负起责任的“尽职尽责”优良执政作风，直接关系到我们党与人民群众关系的基本定位和协调，关系到党的建设科学化水平和执政的可持续性。正如习近平同志所指出的那样，“全心全意为人民服务是党的根本宗旨，党的各项工作都必须坚持以最广大人民的根本利益为出发点和落脚点。从这个意义上讲，是否抓落实直接反映着领导干部的宗旨意识和党性。各级领导干部不论职务高低，不论在什么岗位工作，都要身体力行党的宗旨，把以人为本、执政为民贯穿到各项工作的落实中去，努力为群众办实事办好事，切实做到权为民所用、情为民所系、利为民所谋。”[②]由此可见，我们要谋求对党员干部执政的科学评价，就必须从其工作实际着眼，从分析评价其履行岗位职责是否真正做到了“尽职尽责”入手，评价其对“为人民服务”和“以人为本、执政为民”的坚守。

1.“尽职尽责”是评价党员干部为人民服务和“以人为本、执政为民”的基本依据

“为人民服务”作为中国共产党的根本宗旨，源于1944年9月8日毛泽东在为中共中央警备团战士张思德举行的追悼会上的著名讲演。在中国共产党的历史上，毛泽东同志这是第一次从理论上深刻阐明了中国共产党人的为人民服务思想。从此，为人民服务不仅成为中国共产党人立党立国的宗旨，而且深得党员干部和广大人民群众的推崇。全心全意为人民服务，作为我们党的根本宗旨，对于党员干部来说，它是行动的指南而不是教条。而要评价党员干部是否遵行党的这一根本宗旨，正确的回答应当是不仅听其言，而且还要观其行，要通过对党员干部的实际工作进行观察、判断和评价，通过观察评价其在履行岗位职责中是否真正做到了“尽职尽责”，得出其是否做到了为人民服务的结论。同样，对于党员干部是否坚守“以人为本、执政为民”，也要通过观察其履行岗位职责情况，通过其是否做到了“尽职尽责”进行评价。因为我们党历经几十年的执政实践，在各个领域、各个岗位总结形成了一整套治国理政的方针策略和职责规范，党员干部只有做到了

① 胡锦涛：《在庆祝中国共产党成立90周年大会上的讲话》，《人民日报》2011年7月1日。

② 习近平：《关键在于落实》，《求是》2011年第6期。

尽职尽责，敢于担当，才能切实履行好岗位职责，充分体现“以人为本、执政为民”。“尽职尽责”既体现了党员干部自我加压，努力“做到忠诚党的事业、心系人民群众、专心做好工作、不断完善自己”[①]的内在需求，也承载了我们党治国理政几十年一以贯之的光荣传统，是对各级党员干部切实履行岗位职责的刚性要求。

2.“尽职尽责”是有效破解我们前进道路上面临的困难和问题的重要依托

面对前进中困难和问题，党的十八大报告郑重指出：“发展中不平衡、不协调、不可持续问题依然突出，科技创新能力不强，产业结构不合理，农业基础依然薄弱，资源环境约束加剧，制约科学发展的体制机制障碍较多，深化改革开放和转变经济发展方式任务艰巨；城乡区域发展差距和居民收入分配差距依然较大；社会矛盾明显增多，教育、就业、社会保障、医疗、住房、生态环境、食品药品安全、安全生产、社会治安、执法司法等关系群众切身利益的问题较多，部分群众生活比较困难；一些领域存在道德失范、诚信缺失现象；一些干部领导科学发展能力不强，一些基层党组织软弱涣散，少数党员干部理想信念动摇、宗旨意识淡薄，形式主义、官僚主义问题突出，奢侈浪费现象严重；一些领域消极腐败现象易发多发，反腐败斗争形势依然严峻。”[②]这六个系列的问题涉及当代中国共产党治国理政和社会生活的方方面面、各个领域，并且许多问题由来已久，具有综合性强、关联跨度大和实践要求高等特点，很难通过部分的力量、有限时间的努力、单一的方式和一般的策略方案加以解决，必须通过全党同志和全国人民齐心协力共同持续努力，通过分工不分家的齐抓共管，使困难和问题逐步得到解决。而实现这个目标的第一步，就是各级党员干部必须忠于职守，尽职尽责地努力将自己分管的工作做好。面对困难和问题，每一位党员干部尽职尽责所做好的工作，都是对我们党有效解决困难和问题的贡献，所有党员干部尽职尽责的努力连接成一个有机的整体，就构成了有效破解我们前进道路上面临的困难和问题的重要依托。这样的重要依托就像一张巨大的、由许多经纬脉络连接和具有明显结点的网络，不仅关系到事无巨细、包罗万象的各种困难和问题的解决，而且还是每一位党员干部是否坚守为人民服务和“以人为本、执政为民”

---

① 胡锦涛：《在庆祝中国共产党成立90周年大会上的讲话》，《人民日报》2011年7月1日。

② 胡锦涛：《坚定不移沿着中国特色社会主义道路前进　为全面建成小康社会而奋斗——在中国共产党第十八次全国代表大会上的报告》，《人民日报》2012年11月18日.

的具体呈现，是评价党员干部是否坚守为人民服务和“以人为本、执政为民”的总抓手。因此，我们要有效运用“尽职尽责”对党员干部是否坚守为人民服务和“以人为本、执政为民”进行执政评价，就必须建立一个将中央和地方、将社会方方面面各个领域连接成一个有机整体，以党员干部具体的岗位职责和责任分工为网络结点的执政评价体系，以确保党员干部的“尽职尽责”和是否“尽职尽责”有章法可遵循和评价。

二

应当明确，建立以“尽职尽责”为基本立足点的党员干部执政评价系统工程，不同于一般意义上的领导干部执政绩效评价，或者对于执政党和党员干部执政能力的评价，而是从党员干部立足本职、在岗位上建功立业的角度，通过评价党员干部是否做到了“尽职尽责”，观察评价其对为人民服务和“以人为本、执政为民”的坚守程度，进而评价其执政绩效。因此，建立这一执政评价体系，需要重点解决如下两个问题：

1.明确“尽职尽责”的本质属性是立足本职、在岗位上建功立业

以“尽职尽责”为基本立足点评价党员干部是否坚守了为人民服务和“以人为本、执政为民”，主要通过评价其在执政权力运用中是否保持了对于为人民服务和“以人为本、执政为民”的坚守，是否在体现党员干部的为人民服务和“以人为本、执政为民”方面做到了“尽职尽责”。比如是否表现出具有坚定的理想信念，坚守共产党人的精神追求不动摇；是否信奉言行一致、表里如一，实实在在地遵循和推进科学发展；是否勤奋敬业，善于攻坚破难，尽心竭力为人民群众办实事、办好事；是否在制定与执行制度、政策等方面坚持公平公正，不搞亲亲疏疏；是否在是非曲直面前敢于选择和表达正确的立场与观点，光明磊落不绕弯子；是否对与自己没有直接利益关联的普通群众也抱有关爱，用共产党人的博大胸怀彰显“以人为本、执政为民”；是否在个人利益与大局利益、小团体利益与国家利益发生冲突时能够自觉地放弃个人利益和小团体利益，不斤斤计较个人得失；在困难时期、关键时刻是否经得起检验和考验，“不为人情所缚、不为关系所扰、不为压力所惧、不为私利所惑”；等等。所有这些，都应当限于党员干部的职务行为，是对党员干部履职行为的要求。也就是说，基于党员干部执政评价的制度设计，每一位党员干部只要百分之百地履行了自己应当承担的岗位职责，圆满完成了应当

承担的工作任务，就是以其实际行动为弘扬党的为人民服务宗旨和“以人为本、执政为民”作出了应有的贡献。对于党员干部是否“尽职尽责”，有评价职权的上级领导、党的组织和人民群众，不应当超出其职务行为提出要求，也不应当在其职务行为之外提出要求。因为只有这样，党员干部才能够专心致志地履行岗位职责，潜心研究和探索如何才能更好地履行岗位职责，切实做到尽职尽责，并且也有利于党员干部的身心健康。相反，如果游离出党员干部的执政实践，盲目追求“高大全”“高风亮节”，甚至运用“完人标准”对党员干部提出难以实现的要求，不仅不利于对其进行客观全面的评价，而且还会喧宾夺主，直接冲击党员干部对于岗位担当的“尽职尽责”和在岗位上的真正想方设法建功立业。

2.把握立足于“尽职尽责”的党员干部执政评价体系创建思路

所谓立足于“尽职尽责”的党员干部执政评价体系，笔者以为应当是一个以为人民服务和“以人为本、执政为民”为纲、涉及当代中国共产党治国理政方方面面的庞大系统，类似于一张事无巨细、包蕴众多经纬脉络关系和具有千千万万纽结的网络。其理想状态是在这一巨型网络中，每一位党员干部都能够找到自己的岗位职责归属，都能够根据岗位职责归属明确如何通过“尽职尽责”充分体现为人民服务和“以人为本、执政为民”，这种表达不仅是党员干部的履职遵循，而且还是其上级组织、领导和人民群众对其观察评价的依据，并且要求党员干部“尽职尽责”的表达不是停留在语言上，而更多的是体现在行动中，是向党和人民呈现对于为人民服务和“以人为本、执政为民”的言行一致、表里如一。因此，在这里所讨论的只是体系构建的基本思路，而不是具体如何构建评价体系的各种个性化行动方案。具体到这一体系一般意义的构建，主要可归结为如下两点：

第一，明确该评价体系的基本构架。该评价体系是以党员干部个体为元素或组成部分、以党员干部所在单位为要素或组成部分基本构架的有机整体，在这一整体中，各个单位建立的以“尽职尽责”为基本立足点的党员干部执政评价体系相互连接成的拥有若干层级的庞大系统，构成全党对党员干部的“尽职尽责”执政评价。也就是说，只有每一个以单位为基本构架的“尽职尽责”执政评价体系建立并运行得好，由众多这样的个体构成的整体才具备科学合理的基础。同时，怎样统一建模标准和运行规范，并采取有效措施抓好落实，也是实现有机连接并发挥其应有成效所不容忽略的环节。

第二，以党员干部的岗位职责为基准，建立充分体现为人民服务和“以人为本、执政为民”的“尽职尽责”执政评价体系。一是在体系建立中要准确把握具体到人的党员干部岗位职责内涵，明确其政务本质和职责边界，对于何谓“尽职尽责”和是否做到了“尽职尽责”具有明确规定，以利于从实际出发提出切实可行的“尽职尽责”要求，确保评价具有可操作性，以避免因为超出职责范围或者“过分拔高”而陷入“中听中看不中用”。二是运用国际上企业管理中较通行的360度工具(又称“360度考核法”或“全方位考核法”)，通过匿名和实名相结合的方式，对评价体系进行可行与不可行全方位分析论证。这种分析论证从党员干部自己、上级领导和组织部内、分管的直接部属、同级共事者和服务对象等不同角度，对基于“尽职尽责”的党员干部执政评价“蓝本”“横挑鼻子竖挑眼”，以确保党员干部只要有良好的为人民服务动机，有“以人为本、执政为民”的价值追求，就能够通过遵循这一评价体系，通过各自“尽职尽责”的努力，在执政实践中充分体现为人民服务和“以人为本、执政为民”。显然，我们将问题讨论到这样的环节，随之而来的就应当是研究采取什么措施保障这一评价充分发挥作用。

三

怎样将以“尽职尽责”为基本立足点的党员干部执政评价落到实处？笔者以为，对党员干部而言，要针对存在的问题做到三个坚定不移。这既是我们结合实际工作全面学习贯彻党的十八大精神的根本遵循，也是将以“尽职尽责”为基本立足点的党员干部执政评价落到实处的重要保障。

1.坚定不移地抓落实、重传承，增强领导科学发展的能力

第一，坚定不移地抓落实。立足于“尽职尽责”的党员干部执政评价体系，是一个建立在实事求是基础上、经过360度全方位分析论证、对于何谓“尽职尽责”和是否做到了“尽职尽责”作出明确规定的系统，是一个岗位职责清晰、权责明确、具有明显应用性的系统。同时，它也是一个具有运筹谋略特点、处于谋略和策划环节的系统，这个系统是否真正能够引领党员干部的执政“尽职尽责”，以实现为人民服务和“以人为本、执政为民”的目标，还必须纳入实践过程，经过实践的检验，看其是否能够在实践中“落地生根”。因此，当这一评价体系精细严谨、科学规范建立之后，随之而来的就是严格执行抓落实，坚定不移抓落实。这也是发挥评价绩效的关键环节，是避免评价体系陷入“纸上谈兵”的关键环节。在抓落实的过程中，要特别注意防止

一般性号召多、具体要求少，要求别人多、身体力行少，保全自己多、敢于担当少等不良倾向的干扰，切实真抓实干，将立足于“尽职尽责”的执政评价落到实处。

第二，坚定不移地重传承。历经我们党对中国革命和建设规律几十年的艰辛探索，历经改革开放以来我们党对于革命党向执政党转化之本质的艰辛探索，历经几代中国共产党人对中国特色社会主义道路、理论体系和制度的艰辛探索，我们党对于为人民服务和“以人为本、执政为民”建立了丰富系统的科学认识和理论体系，对马克思主义执政党的执政积累了一系列宝贵经验，这些经典理论和宝贵经验目前集中体现在党的十八大报告和新党章等一系列文件和习近平同志的讲话中，要求我们必须满怀信心地接过来、传下去。因此，是否能够做到坚定不移重传承，不仅是对全党同志是否认真学习贯彻党的十八大精神的评价依据，而且还是对每一位党员干部是否通过立足于“尽职尽责”坚守为人民服务和“以人为本、执政为民”的评价依据。

2.坚定不移地反对腐败，永葆共产党人清正廉洁的政治本色

党的十八大报告明确指出，反腐败“这个问题解决不好，就会对党造成致命伤害，甚至亡党亡国”[①]。腐败是害群之马，无论是滥用职权、贪污贿赂、腐化堕落、失职渎职，还是以种种借口严重损害群众的合法经济权益、政治权益和人身权利，还是为谋私利(包括经营人脉)“庸懒散贪”，是非面前绕道走，推诿职责，规避担当，都直接、严重冲击党员干部的“尽职尽责”，也必将直接冲击党员干部的为人民服务和“以人为本、执政为民”。因此，要确保以“尽职尽责”为基本立足点的党员干部执政评价落到实处，就必须采取有效措施坚定不移地反对各种各样的腐败，这不仅应当成为我们开展党员干部执政评价的重要遵循，而且还应当是评价党员干部的基本素质、道德品行尤其是“心气”的重要遵循。因为一个在反腐败问题上含含糊糊的人，很难对党员干部“尽职尽责”有正确的理解和执行，也就很难对为人民服务和“以人为本、执政为民”有真正的理论情感和实践动力。

3.坚定不移地不断强化理想信念，坚守共产党人的精神追求

党的十四届四中全会通过的《中共中央关于加强党的建设几个重大问题的决定》，号召党员要“树立共产主义理想，坚定走有中国特色社会主义道

① 胡锦涛：《坚定不移沿着中国特色社会主义道路前进　为全面建成小康社会而奋斗——在中国共产党第十八次全国代表大会上的报告》，《人民日报》2012年11月18日。

路的信念”;党的十五届六中全会通过的《中共中央关于加强和改进党的作风建设的决定》,明确提出“党员干部要坚定共产主义的远大理想,坚定建设有中国特色社会主义的信念”。从党的十六大修改通过的《中国共产党章程》,到党十七大部分修改通过的《中国共产党章程》,再到党的十八大部分修改通过的《中国共产党章程》,都将“具有共产主义远大理想和中国特色社会主义坚定信念”写入党的各级领导干部“必须具备”的“基本条件”。我们每一位党员干部都应当明确,共产主义远大理想和中国特色社会主义坚定信念,是建立在我们党对人类社会发展规律深刻理解和把握基础上、把为最广大人民根本利益而奋斗作为最高目标的崇高信仰,也是我们在各种挑战和考验面前能够保持和温润“正常的心灵呼唤”的核心精神,是我们善于克服各种困难、排除各种干扰以坚守“尽职尽责"的内在动力,也是我们努力做到为人民服务和“以人为本、执政为民”的价值追求。因此,要将立足于“尽职尽责”的党员干部执政评价落到实处,就必须坚定不移地不断强化党员干部的理想信念,促使党员干部坚守共产党人的精神追求不动摇。

本文原载于《理论学刊》2012 年第 12 期,2014 年 11 月获全国党校系统第十届优秀科研成果一等奖,2014 年 8 月获山东省第二十八次社会科学优秀成果二等奖。

转型期中国工会传承发展的逻辑思考与路径选择

谭　泓

一、转型期中国工会传承发展的研究现状

中国工会组织模式是在适应计划经济体制的需要、延续革命战争年代根据地工会组织传统、借鉴苏联工会经验基础上建立起来的，新时期中国工会“是党联系职工群众的桥梁和纽带，是国家政权的重要社会支柱”，“既维护职工利益又维护全国人民总体利益”，与西方市场经济国家工会“仅代表劳动者、仅维护劳动者利益”明显不同。厘清社会主义国家工会以“社会服务”为主与资本主义国家工会以“劳动维权”为主不同，并对转型期中国工会适应市场经济特征予以深入思考，对于促进劳资关系和谐稳定发展、坚定中国特色社会主义工会道路具有重要意义。近年来，围绕转型期中国工会传承发展的研究，大致可梳理为如下三个方面：

1.围绕“工会与国家、政党、企业关系”研究

(1)关于“工会由党和国家决定”的研究。一些学者认为，改革初期中国工会服从并服务于国家对城市治理的单位制模式，以企业工会为运作载体参与企业治理，确立了“党委领导、政府重视、各方支持、工会运作、职工参与”的社会化维权模式，积极参与地方治理。工会已被整合进党政社会管理系统之中，属于“类政府机关”的群团组织，工会“维权”与“维稳”的核心职能，恰恰符合中国工会的性质和特征。

(2)关于“工会既代表党和国家又代表职工”的研究。一些学者认为，在现行体制下中国工会理论、法律、体制及运行都体现了中国工会具有双重角

色，中国工会改革的矛盾焦点就是双重角色的争论与演变。中国工会的地位具有两重性特点，作为执政阶级组成部分的工会要参与国家和社会事务的管理，在企业中，工会要参与企业的管理，同时工会又是劳动关系中被管理者的代表，要代表、反映和维护被管理者的利益。

(3)关于"工会是企业与工人中介者"的研究。一些学者认为，工会中介性的职工参与有助于提高企业效益、规范基层关系、保持社会稳定，兼顾协调国家、企业与职工的关系。工会组织对行政主管和企业领导高度依赖，不具备"工人利益聚合"功能、没有集体行动权等制度性弱势，使工会无法代表职工利益，集体谈判、集体协商和集体合同制度缺乏集体行动的合法性基础。

2.围绕"工会维护劳动者权益"研究

(1)有关"三方协商机制"的研究。一些学者认为，中国的"三方协商机制"与西方发达国家存在较大区别，政府主导性过强，劳资双方都未形成真正具有独立性的利益代表组织，对党和政府具有较强的依附性。"三方协商机制"是多元社会协调劳资双方利益冲突的基本制度，也是最为重要的"国际劳工标准"，在中国转型期具有其他制度无法取代的作用，我国虽然已逐步建立但其作用受到普遍质疑，仍需借鉴国际经验进行必要的改革，形成具有中国特色的"三方协商机制"。在现实劳资权益关系中，由于没有真正形成对等式的"三方协商机制"，政府和资方异常强势，劳方异常弱势。应当切实构建并真正完善对等式的"三方协商机制"，促使劳资利益关系的信任与稳定、提高劳动者报酬，激发劳动者的创造活力。

(2)有关"工会与集体谈判"的研究。有学者对国外集体谈判研究现状予以梳理，提出"跨文化、跨国界集体谈判制度""西方劳资关系管理实践的中国化应用"及"集体谈判保障性法律体系建设"三个未来研究方向。还有学者对集体谈判与工会代表权进行了研究，认为我国工会集体谈判代表权属于基层工会、县以下产业工会及区域工会，导致集体谈判流于形式的原因是基层工会不能有效行使代表权，应通过基层工会直选和工会代表诉讼激活基层工会，同时强化产业级集体谈判立法、探索劳务派遣集体谈判途径，并加强集体谈判培训。

(3)有关"劳动者集体意识形成"的研究。一些学者认为，中国工人在市场化转型过程中逐步形成自己的集体意识，并通过自发集体行动予以表达，应在现有政治、法律框架下对其引导、规制，实现自上而下与自下而上两种劳工力量的互相支援和互相补充。应促进工人内生力量的理性发展分析，劳动者阶层集体意识的初步形成不仅表现在社会经济、政治关系中，而且还表现在劳动者对其社会身份与地位的自我认同上。

3.“工会组织改革创新”研究

（1）有关“工会改革面临的问题”研究。一些学者认为，工会与国家和劳工之间的“双重角色”，在劳资冲突发生时，如果现实需要工会扮演的角色与制度所允许的角色基本一致，工会就有较大的制度空间代表工人利益；如果两种制度身份有明显冲突，迫使工会站在国家一边；如果当某些工人企图自发成立组织时，工会将毫不妥协地站在国家一边。劳资关系规范机制滞后于市场经济发展已成为经济社会可持续发展的巨大隐患，改变劳动关系制度滞后的焦点是工会改革，应进一步处理好党与工会的关系、工会附属于企业管理层及工会维权手段不足等问题。

（2）有关“工会社会化组织建设”的研究。有学者认为，中国工会作为“职工自愿结合的群众组织”的属性在《中国工会章程》和《中华人民共和国工会法》中都有界定，但在实践中，工会更多地演变为国家建制的行政组织，要实现工会组织真正转型，需要积极推动工会由行政性向社会化转变。有学者基于中国工会“双重角色”的历史与草根维权的现实，提出将工会建设成既代表社会又代表国家，并汇聚国家与社会资源的“枢纽性社会组织”。

（3）有关“工会民主化建设”的研究。一些学者认为，企业民主管理需要双方互动合作的社会权利基础一直没有真正建立起来，尤其是职工的权益表达和工会利益的代表性缺乏动力和保障机制。在工会改革的实践中，只有通过真正意义的民主选举产生工会，体现“职工自愿结合的工人阶级的群众组织”的工会应有面貌，工会才能真正有地位、有作为，工会直选不能离开民主集中制。

二、转型期中国工会传承发展的逻辑思考

在转型发展过程中，劳动争议案件骤增，尤其是对抗性集体劳动事件频发，使社会深感我国劳资关系规范机制滞后于市场经济的发展已成为经济社会可持续发展的巨大隐患，劳资关系制度滞后的矛盾焦点指向工会改革滞后，工会“双重定位”造成工会在对抗性集体劳动事件发生时或“徘徊于政府与职工”，或“只能代表政府维稳”的尴尬处境，使工会的“双重角色”备受

争议。从历史逻辑、现实逻辑与理论逻辑的角度，深入探讨转型期中国工会传承发展而非传统舍弃，既是历史唯物主义的体现，也是社会现实发展的需要。

1.转型期中国工会传承发展的历史逻辑思考

(1)中国工会“双重代表”定位伴随中国共产党的成立而孕育发展。马克思主义同中国工人运动相结合促使我们党发展壮大，中国工会也应运而生，其“双重角色”在新民主主义革命实践及列宁社会主义工会理论的影响下孕育形成并确立。中国共产党成立时就明确规定“本党的基本任务是成立工会”，党的历次代表大会都将工会工作作为重要内容。1934 年 1 月，毛泽东指出：“苏区工人是组织了坚强的阶级工会。这种工会是苏维埃政权的柱石，是保护工人利益的堡垒，同时它又成为广大工人群众学习共产主义的学校。”[①]中国工会“双重代表”定位在中国革命实践与列宁“马克思主义工会”理论的推动下逐步形成。党的七届二中全会强调工会“在发展生产事业的基础上，改善工人和其他人民群众的生活”及全国工会工作会议“关于工会工作方针”的思想，尤其是 1950 年 7 月《中华人民共和国工会法》的颁布实施，体现了中国工会“双重代表”定位的最终确立。

(2)中国工会改革伴随“双重代表”的传承和发展。改革是推动实践发展的重要动力，新中国成立 60 多年来，围绕工会的改革主要有三次，其根本问题是工会更多“自上而下”地传达行政命令，“自下而上”地代表和反映工人群众的能力较为弱化。为此，刘少奇、邓子恢、李立三、赖若愚等分别对工会“双重角色”进行了理论和实践探讨。改革开放以来，伴随市场经济的发展，工会在“强化工人代表性”“强化维护职工合法权益”等方面不断探索。

(3)在传承发展中坚定中国特色社会主义工会道路。在市场经济运行过程中“资强劳弱”的现象造成劳资关系失衡，劳动者权益受到侵害成为转型期最为突出的社会问题，如何维权成为转型期工会改革的关键问题。2005 年 10 月，全国总工会提出“自觉接受党的领导”“围绕中心服务大局”“两个维护相统一”“依法维权”“维护与教育相结合”的工会维权五项原则；党的十七大报告提出“健全党和政府主导的维护群众权益机制”；2013 年 4 月，习近平强调“中国特色社会主义工会发展道路是中国特色社会主义道

① 李国忠主编：《中国共产党工运思想文库》，中国工人出版社 1993 年版，第 311 页。

路的重要组成部分，深刻反映了中国工会的性质和特点”[①]；2013 年 10 月，中国工会十六大报告强调“工会要永远保持自觉接受党的领导这一优良传统”，“工会要赢得职工群众信赖和支持，必须做好维护职工群众切身利益工作，促进社会公平正义”。

2.转型期中国工会传承发展的现实逻辑思考

(1)转型期中国劳动关系的特征。在当代中国劳动关系形成过程中，无论是国企改革、民企壮大还是外企引入，政府均发挥着重要的引导作用，中国政府较其他任何国家政府对劳动关系都更具“主导性”特征。同时，中国特色社会主义市场经济较西方自由资本主义市场经济有着根本性的区别，在遵循“资本控制社会经济权力”的市场逻辑基础上应更加重视发展“最广大人民根本利益”，尤其基于共同富裕与社会和谐的逻辑应更加重视“劳资合作”的理论探讨。在“GDP 增长竞赛，重资本、轻劳动”等矛盾存在的基础上，如何强化政府主导型的劳资关系调整模式必然成为发展和稳定我国劳资关系的基础，在政府主导型劳资关系调整模式中，如何赋予工会更重要的职能，强化工会代表党和政府“自上而下”地推动劳资关系和谐发展，必然成为题中应有之义。

(2)中西方工会特征不同的现实。西方国家劳资关系的两个核心要素是劳资双方主体明确，如果劳资双方谈判破裂，劳方可以罢工。如果用西方劳资关系理论观察分析中国工会，必然使传承和发展 90 余年的中国工会处于尴尬位置。在西方劳资关系理论模式影响下，“工会主席直选”和“积极推动罢工”成为近年来工会和劳动关系学界的主要研究方向，如何积极面向中国工会自身形成的发展模式和改革探索的实践，科学系统总结概括中国工会发展的政治智慧和实践智慧，不仅是坚定中国特色社会主义工会发展之路的需要，而且还对于丰富世界工会发展理论更具有推动作用。

(3)中国工会优势特征的现实。中国工会在 90 余年的发展过程中形成了诸多优良传统和发展优势。首先，工会拥有“自下而上”“自上而下”并行的健全强大的组织系统及干部队伍，工会突出的组织优势成为强化工会的基础保证。其次，工会拥有独特的工作机制，确保了计划经济时期较强的工作针对性和时效性，工会适应市场经济发展而建立的劳动法律监督组织、工会法律援助机构、基层劳动争议调解委员会及职业介绍机构等依法维权的

① 习近平：《在同全国劳动模范代表座谈时的讲话》，《工人日报》2013 年 5 月 1 日。

工作机制为职工提供了更有针对性的服务，维护了职工权益，促进了劳动关系的和谐稳定。最后，工会拥有数量庞大的设施优势，如文化宫、图书馆、俱乐部、体育场（馆）、职工学校、疗休养院、职业介绍、工会信访及职工维权热线电话等服务机构成为重要资源，同时，送温暖工程、小额贷款、农民工援助、困难职工帮扶、金秋助学等制度化体系也成为中国工会重要的优势特征。

3.转型期中国工会传承发展的理论逻辑思考

（1）西方市场经济工会理论。其工会组织是在工业革命发生后，伴随资本主义生产方式产生的以劳工为主体的组织形式。韦伯夫妇的“产业民主理论”被视为西方市场经济工会理论的先导，该理论认为，劳资冲突可通过“集体交涉”，采取控制劳动力供应和统一工资水平来达到权利均衡而解决，在政治上主张工人与雇主平等相待，在经济上主张通过工人运动消除个体工人对雇主的被动依附状态。以康门斯为代表的“制度学派”认为，劳资冲突可通过制度规范加以制约，即劳资双方通过谈判妥协达到合作。邓洛普“劳动关系三方理论”认为，工会与资方、政府处于平等地位，发挥同等重要作用；工会作为一个经济组织，目的是使其成员工资最大化或劳动涉及的综合体最大化，由此成为西方国家占主导地位的工会理论。

（2）列宁社会主义工会理论。由于时代限制，马克思、恩格斯没能论及社会主义条件下的工会问题，列宁社会主义工会理论被视为马克思主义工会理论的实践，其“工会学校说”“传动装置说”“维权说”成为影响我国工会理论确立的基础。列宁的“工会学校说”认为，工会“是一所学校，是学习管理的学校，是学习主持经济的学校，是共产主义的学校”[①]。中国工会“教育职能”的理念由此确立。列宁的“传动装置说”认为，“没有一些把先锋队和先进阶级群众、把它和劳动群众连结起来的‘传动装置’，就不能实现专政”[②]，中国工会“双重代表”理念由此确立。列宁“工会维权说”认为，虽然无产阶级夺取了政权，“我们的国家是带有官僚主义弊病的工人国家”，工人应当学会利用工会保护自己的利益，同时还要利用工会保护自己的国家，中国工会“双重维护”理念由此确立。

（3）中国特色社会主义工会理论。在转型期如何借鉴西方市场经济国

① 《列宁全集》第40卷，人民出版社1986年版，第200页。

② 《列宁全集》第40卷，人民出版社1986年版，第200页。

家的经验，强化维护劳动者权益意识，为越来越多的工会工作者和研究人员所重视，但建立"独立自由工会"的错误意识必然危及工会发展的正确方向，以苏联为代表的社会主义国家建立后，工会作为党领导的群众组织，在社会主义国家政治生活中的地位与西方国家的工会组织截然不同。工会和工人阶级政党的关系不能变，否则就会造成党缺少与群众建立联系的纽带、工会失去强大的政治支持的不利局面。[①] 各国工会只有结合本国实际处理与政府、政党的关系，才能真正维护劳动者的合法权益。

三、转型期中国工会传承发展的路径探讨

面对转型期中国经济社会发展的现实，劳资关系规范机制滞后于市场经济发展的现实，尤其是在对抗性劳动事件发生时工会所处的尴尬地位与矛盾角色，基于对中国工会传承发展的历史、现实与理论逻辑思考，必须高度重视对于中国工会传承发展的路径探讨。

1.重视中国工会发展的历史回顾，强化工会与职工群众的密切联系

(1)将工会密切联系群众列入加强党的群众工作整体范畴。群众路线是党的生命线和根本工作路线，密切联系群众是工会"代表群众利益、维护职工权益"的职责要求，是工会发挥"党联系职工群众的桥梁和纽带作用"的责任要求，密切联系群众是党的优良传统和政治优势，党和国家一切工作的出发点和落脚点是实现好、维护好、发展好最广大人民的根本利益，甚至"能否始终保持和发展同人民群众的血肉联系，直接关系到党和国家的盛衰兴亡"[②]。工会作为党领导的工人阶级的群众组织，是国家政权的重要社会支柱，必然要求将工会密切联系群众置于加强党的群众工作整体范畴，更加紧密地围绕党的中心工作来开展工会工作，把职工群众团结在党的周围，把党的政策贯彻到职工群众中，把党的主张变成职工群众的自觉行动。

(2)克服工会结构性限制所造成的脱离群众的弊端。工会密切联系群众主要受以下结构性限制：其一，由于建立工会的权利属于用人单位一方，造成工会组织不太容易感受到来自职工群众的压力；其二，由于职位委派而非群众选举，即使选举也仅为形式，造成工会干部缺乏密切联系职工群众的

① 参见王东昱、刘彤：《西方工会理论的发展及其对我国的启示探析》，《中共党史研究》2012 年第 11 期。

② 《中共中央关于加强党同人民群众联系的决定》，人民出版社 1981 年版，第 1 页。

现实要求；其三，由于工会主席在实际上都是所在单位主要领导干部之一，所以其工作立场很难站在职工群众一边；其四，由于工会经费主体来源于企业按职工工资总额的百分之二每月向工会拨缴，造成工会联系职工群众内在动力的削弱。[①] 如何突破工会结构性限制将是克服工会组织脱离群众弊端的关键。

(3)强化工会密切联系群众的动力支撑。有的学者提出“密切联系群众的动力机制由压力机制、内力机制和引力机制构成”[②]。强化工会密切联系群众的动力机制，必须使工会组织意识到在劳动争议剧增、对抗性劳动集体行动不断出现的过程中，面对“工会无为”“工会被改选”的尴尬处境，尤其面对劳动关系制度滞后的矛盾焦点指向工会改革滞后的社会质疑，在“党对工会寄予厚望，职工群众对工会充满期待”[③]的环境中，切实增强紧迫意识，增强外部压力感、内生动力感。同时必须增强工会组织的凝聚力、吸引力，从社会心理研究的角度看，群体是“一种由各种力所构成的场域，这些力能使成员保留在群体中”[④]。工会应更好地在发挥工会人际情感亲和力优势的同时，切实将维护劳动者权益作为转型期工作的基本出发点，强化工会密切联系工人群众的引力支撑。

2.重视对西方市场经济国家工会理论的借鉴，强化工会主体代表性

(1)重视“集体协商”工会主体代表性。西方市场经济国家将集体谈判视为“民主社会的必要组成部分”和“处理公共部门中劳资关系的正常手段”[⑤]。《中华人民共和国劳动法》《中华人民共和国工会法》《中华人民共和国劳动合同法》也都规定工会要在集体合同制度中代表工人利益，且集体合同签订率已成为衡量工会的重要内容，但在集体(协商)谈判的推行过程中，工会主体代表性弱成为突出问题。国际劳工局的《2010/11 年全球工资报告》指出，谋求集体谈判效应最大化面临的特别挑战是设计能够覆盖最大范围劳动者的包容制度，建立以行业工资集体协商为主，行业、区域、企业工资集体协商联动的包容性工资集体协商制度。[⑥] 在集体行动合法化尚处争议

---

① 参见游正林：《60 年来中国工会的三次大改革》，《社会学研究》2010 年第 4 期。

② 梁道刚：《构建密切联系群众的动力机制》，《岭南学刊》2013 年第 5 期。

③ 习近平：《在同全国劳动模范代表座谈时的讲话》，《工人日报》2013 年 5 月 1 日。

④ Neal Gross and William E. Martin, "On Group Cohesiveness", *American Journal of Sociology*, vol. 57, no. 6 (1952), pp. 546-564.

⑤ 参见程延园：《集体谈判制度研究》，中国人民大学出版社 2004 年版，第 34 页。

⑥ 参见石云：《关于我国工资集体协商制度转型的思考》，《工会理论研究》2012 年第 2 期。

的过程中，强化工会主体代表性成为促使集体协商发挥实效的关键性途径。

(2)重视“三方协商机制”工会主体代表性。邓洛普“劳动关系三方理论”将工会置于与资方、政府平等地位，且成为在市场经济国家占主导地位的工会理论。1990 年 11 月，全国人大批准 ILO《三方协商促进实施国际劳动者标准公约》，2001 年 8 月，全国劳动关系协调三方会议举行，国家三方协调制度正式建立。在“三方协商机制”推动过程中，政府拥有权力，企业拥有资本。权力过分集中的政治体制，使我国“三方协商机制”较任何国家都更明显地呈现政府主导性特征，劳资双方处于建言献策的地位，尤其是工会在政治上过分依赖政府，在经济上过分依赖资方，难以真正代表职工发挥其应有作用。强化工会主体代表性，促使劳、资、政三方主体力量均衡，形成对等式“三方协商机制”已成为使之充分发挥作用的关键。

(3)客观谨慎地对待“停工”“罢工”等集体行动。近年来，集体劳动争议逐年增加，尤其是 2010 年以“南海本田事件”为代表的外企工人“停工潮”的出现，使“停工”“罢工”等劳工集体行动成为十分敏感但又无法回避的问题。相对于西方市场经济国家，社会主义国家工会维权不具有对抗性质，罢工在实践中基本被禁止，尤其罢工是以经济、社会损失为代价寻求劳动关系平衡的一种方式，其制度成本极其高昂，如果能够以客观谨慎的态度寻找到制度成本较低的替代性方式①，那么不仅是对中国特色工会理论的贡献，而且还是对世界工会发展实践的丰富。

3.重视对中国特色社会主义工会理论的探讨，强化对中国特色工会实践探索的推动

(1)加强党对工会的领导，赋予工会组织更多的资源与手段。“加强和改善对工会工作的领导，支持工会依照法律和自己的章程开展工作，及时研究解决工会工作中的重大问题和实际困难。要把更多资源和手段赋予工会组织……为工会事业发展创造更好环境。”②工会作为党的群众性组织，是党组织联系职工群众的重要战略资源，通过支持强化工会组织，扩大工会政治参与渠道增强与工人群众的联系。在调解日益增多的劳资矛盾冲突过程中，党组织通过赋予工会更多的资源和手段，强化工会的代表、协商和谈判功能来协调劳资关系、平衡劳资矛盾，从而使工会成为党整合阶级基础的战

---

① 参见董保华：《劳动者自发罢工的机理及合法限度》，《甘肃社会科学》2012 年第 1 期。

② 习近平：《在夺取全面建设小康社会新胜利中充分发挥工人阶级主力军作用——在中国工会第十五次全国代表大会上的祝词》，《人民日报》2008 年 10 月 18 日。

略性资源和协调劳资矛盾的基础性平台。

(2)强化"中国特色社会主义工会维权观"。2006 年 12 月,全国总工会提出"以职工为本,主动依法科学维权""既不能盲目照搬西方国家工会的模式,也不能沿袭革命战争时期和计划经济条件下的做法,更不能支持所谓'职工维权组织'的行为"[①]的中国特色社会主义工会维权观,并提出"坚持党政主导、工会运作"的维权格局及"党委领导、政府重视、各方支持、工会运作、职工参与"的维权模式。维护职工权益是中国特色社会主义工会发展道路的关键,是工会工作的基本职责和基本出发点,但社会主义条件下的工会维权不具有对抗性,在保障劳动者利益、促进劳动者发展的同时,保障国家和企业的利益,促进国家、企业和社会利益共同发展。

(3)警惕西方"独立自由工会"错误思潮的影响。西方中心论者强调工会的独立性,认为只有独立工会才能真正代表会员利益,并以此质疑共产党领导下的中国工会性质,乃至否定中国工会。20 世纪 80 年代波兰"团结工会"的出现,引发建立"独立自治工会"的风潮,苏联及东欧社会主义国家政权的颠覆与此直接相关。在我国经济转型发展过程中,劳动关系领域不同程度出现各种维权,甚至对抗性事件,批判中国工会不作为,甚至要求改变"官办工会"性质、建立"独立自由工会"的杂音因此一直不断。在社会主义国家,政党与工会自成立时形成的天然联系,是工会开展工作的先天独特优势,更是西方国家工会组织难以获得的。苏联解体、东欧剧变的教训证明,宣扬"独立自治工会",实际上是西方敌对势力利用社会主义国家执政党和工会工作中的失误试图改变共产党政权性质的招牌,其真正目的并非维护职工合法权益而是发起社会运动。中国特色社会主义工会必须引以为戒,并在更加积极的"主动、依法、科学维权"的道路拓展中坚定中国特色社会主义工会发展道路。

本文原载于《马克思主义研究》2014 年第 11 期,2016 年 10 月获山东省第三十次社会科学优秀成果一等奖。

① 王兆国:《在全总十四届十一次主席团(扩大)会议上的讲话》,《工人日报》2006 年 12 月 9 日。

中国产业结构与就业结构的协调性研究

景建军

一、相关文献综述

国外学者较早对产业结构和就业结构两者的关系进行研究。早在1940年,英国经济学家克拉克(Colin Clark)就提出"配第—克拉克定理",揭示了产业结构演变与劳动力的变动规律,即伴随人均国民收入水平提高,劳动力由第一产业向第二产业,再向第三产业逐步转移。[①] 随后,库兹涅茨(Simon Smith Kuznets)在配第和克拉克的研究基础上,提出了"库兹涅茨定理",即产业结构变化会受到人均国民收入变动的影响。他认为经济不发达国家要加强非农产业的发展,来缩减与发达国家的经济差距。[②] 钱纳里(Hollis B. Chenery)等对世界各国经济增长因素进行了分析,指出发达国家产业结构和就业结构的转换基本同步,而发展中国家产业结构转换要快于就业结构的转换。[③] 刘易斯(W. A. Lewis)认为,在发展中国家传统农业部门与现代工业部门并存,经济表现出典型的二元结构特征,发展中国家就业具有其独特性。[④] 卡尔兹(L. F. Katz)等指出,技术进步使劳动市场对高技能劳动力

---

① 参见[英]克拉克:《经济进步的条件》,商务印书馆1940年版。

② 参见[美]西蒙·库兹涅茨:《现代经济增长》,戴睿、易诚译,北京经济学院出版社1989年版。

③ 参见[美]H. 钱纳里等:《工业化和经济增长的比较研究》,吴奇等译,上海三联书店1989年版,第56~104页。

④ W. A. Lewis, "Economic Development with Unlimited Supplies of labour", *Manchester School*, vol. 22, no. 2 (May 1954), pp.139-191.

的需求增加，低技能劳动力就业越来越困难，其失业率上升。[①] 邹至庄(G. C. Chow)主要研究了资本积累对中国经济增长和就业增长的影响。[②] 阿尔文·扬(A. Young)对中国制造业生产率的提高对制造业就业产生的影响进行了研究。[③]

国内学者对两者关系的研究始于20世纪80年代，研究主要集中在经济增长与就业的关系、产业结构的演进机理、产业结构与就业结构的协调性等方面。例如，汤光华、舒元等对经济增长和就业两者的关系进行了研究[④]，张车伟、蔡昉对中国就业弹性的演变及趋势做了研究[⑤]，夏长杰研究了中国产业结构和就业结构的偏差[⑥]，徐光平、景建军对城镇化进程中产业结构和就业结构相关关系做了实证研究[⑦]，张少红等对人力资本和产业结构的关系做了研究[⑧]，张文玺对产业结构与就业结构的非均衡发展做了研究[⑨]。

综上所述，产业结构和就业结构是经济研究的重点领域，国内外学者倾入大量心血对此进行研究，且研究成果丰硕。当前，全球经济正处于战略调整期，推动创新驱动和打造新增长源成为各国新的合作重点。我国已进入改革深水区和经济结构重组阶段，经济转方式、调结构步伐加快，产业发展对经济的支撑作用越发重要，与此同时，劳动力的综合素质在不断地提高，就业领域表现出了一些新的特征。因此，对中国产业结构和就业结构关系的梳理和两者协调性进行系统研究，非常有必要，这也是文章需要重点研究的领域。

---

① L. F. Katz and K. M. Murphy "Changes in Relative Wages, 1963-1987: Supply and Demand Factors", *Quarterly Journal of Economics*, vol. 107, no.1 (Feb. 1992), pp.35-78.

② G. C. Chow, "Capital Formation and Economic Growth in China", *The Quarterly Journal of Economics*, vol. 108, no. 3 (Aug. 1993), pp. 809-842.

③ A. Young, "Gold into Base Metals: Productive Growth in the People's Republic of China during the Reform Period", NBER Working Paper, 2000.

④ 参见汤光华、舒元：《经济增长与就业协调论》，《数量经济技术经济研究》2000年第9期。

⑤ 参见张车伟、蔡昉：《就业弹性的变化趋势研究》，《中国工业经济》2002年第5期。

⑥ 参见夏杰长：《我国劳动就业结构与产业结构的偏差》，《中国工业经济》2000年第1期。

⑦ 参见徐光平、景建军：《产业结构演进与城镇化水平的关联效应分析——以山东省为例》，《东岳论丛》2015年第7期。

⑧ 参见张少红：《论区域人力资本与产业结构调整》，《东岳论丛》2004年第2期；孔进、孔宪香：《人力资本积累与产业结构可持续调整的关系研究》，《东岳论丛》2007年第4期；周海银：《人力资本与产业结构升级——基于省际面板数据的检验》，《东岳论丛》2014年第9期。

⑨ 参见张文玺：《山东产业结构与就业结构的非均衡发展研究》，《山东大学学报》(哲学社会科学版)2011年第6期。

二、中国产业结构与就业结构演变过程分析

(一)中国产业结构的演变过程分析

1.中国产业结构的演变过程

改革开放以来,中国经济得到了持续快速增长,产业结构不断向高级化方向演变,符合产业结构演变一般规律。中国国内生产总值由1978年的3650.2亿元增加到2014年的636462.7亿元,增长了173.4倍,年均增长率为9.31%(按不变价格计算)。与此同时,中国产业结构也不断进行优化调整,1978年三次产业结构比重为27.9∶47.6∶24.5,2014年产业结构比重演变为9.2∶42.6∶48.2(见图1),第一产业比重下降较快,共下降18.7个百分点,第三产业比重增长快速,共增加23.7个百分点。根据国内有关学者的研究①,可把改革开放以来中国经济发展划分为两个阶段,改革开放到市场经济体制目标确立阶段(1978～1991年)和社会主义市场经济体制建立阶段(1992～2014年)。

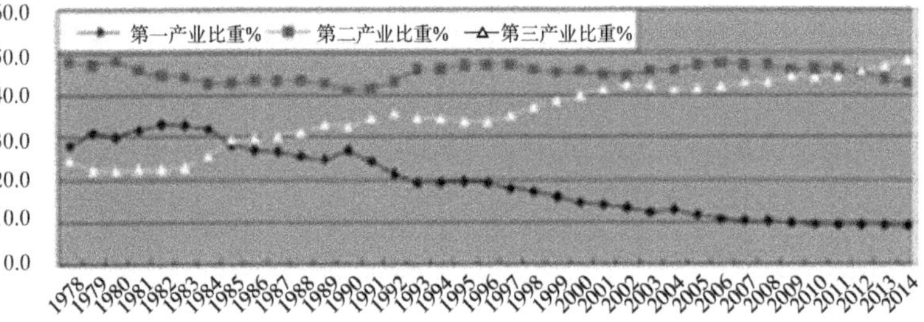

图1　中国产业结构演进过程(1978～2014年)

第一阶段(1978～1991年):改革开放到市场经济体制目标确立阶段。党的十一届三中全会的召开以及一系列改革开放政策的出台,使得中国社会生产力得到极大的解放,经济得到跳跃式的发展。从经济总量上看,三次产业呈现快速增长势头。三次产业增加值分别从1978年的1018.4亿元、1736.0亿元和895.8亿元,增加到1991年的5288.6亿元、9055.8亿元和7551.2亿元,增幅分别为419.3%、421.6%和743.0%;从产业结构演变上看,产业结构由“二一三”演变到“二三一”,产业结构比重则从1978年的27.9∶

① 参见赵海均:《30年:1978—2007年中国大陆改革的个人观察》,世界知识出版社2008年版。

47.6∶24.5演变到1991年的24.2∶41.4∶34.5,第一、第二产业比重分别下降3.7个百分点和6.2个百分点,第三产业比重则提高9.9个百分点,三次产业结构总变动值为19.8,年均变动1.52。

第二阶段(1992～2014年):社会主义市场经济体制建立阶段。1992年社会主义市场经济体制目标正式确立,以及随后西部大开发、振兴东北老工业基地、中部崛起、社会主义新农村建设等一系列战略和政策的实施,中国经济得到快速发展,产业结构调整步伐加快,与此同时,中国加入WTO和经济全球化的快速推进,也使中国经济发生深刻变化,给产业结构调整提供了更大的空间。从经济总量上看,中国GDP总量从1992年的27068.3亿元增加到2014年的636462.7亿元,共增加609394.4亿元,增长了22.5倍。其中,第一产业增加值从1992年的5800.0亿元增加到2014年的58331.6亿元,共增加52531.6亿元,增长了9.1倍;第二产业增加值从1992年的11640.4亿元增加到2014年的271392.4亿元,共增加259752.0亿元,增长了22.3倍;第三产业增加值从1992年的9627.9亿元增加到2014年的306738.7亿元,共增加297110.8亿元,增长了30.8倍。从产业结构演变上看,产业结构由"二三一"阶段(1992～2011年)演变到"三二一"阶段(2012～2014年),产业结构比重由1992年的21.4∶43.0∶35.6演变到2014年的9.2∶42.6∶48.2,第一产业比重下降迅速,减少12.2个百分点,年均下降0.55个百分点;第二产业比重略有下降,减少仅0.4个百分点,且第二产业表现出较明显的波动特征;第三产业增长速度最大,增加12.6个百分点,年均增长0.57个百分点。

综上所述,改革开放以来,中国产业结构不断向高级化特征演变,整个演变过程符合产业结构演变的规律,第一产业比重下降迅速,且已经下降到较低的水平,从长远发展看,第一产业比重还将下降,但下降速度会较为缓慢,第二、三产业在经济增长中占主导地位,且第三产业增长潜力巨大,从2012年开始,第三产业比重超过第二产业比重。

2.中国产业结构演变与国际理论标准模式比较

国外学者钱纳里、赛尔奎因(Moshe Salguiyin)、库兹涅茨以及艾金同(H. Elkington)等借助多国资料,分别对人均GDP和产业结构、就业结构之间的关系进行了实证研究,总结出几种具有代表性的国际理论标准模式,本文选用钱纳里和赛尔奎因模式,作为国际理论标准模式进行研究。钱纳里和赛尔奎因通过对多个国家的产业结构的演变进行了分析研究,本文参考周叔莲、郭克莎(2000 年)的相关分析，得出了不同收入水平下产业结构演变的一般规律(见表 1)。

在赛尔奎因和钱纳里产业结构标准模式中，人均 GDP(美元)是以 1980 年为基期计算的，以 1980 年为基期，2010 年中国物价共上涨了 4.895 倍(以居民消费价格指数 1978 年为 100，1980 年为 109.5，2010 年为 536.1)，2010 年中国人均 GDP 为 30567 元，去除物价上涨因素，相当于 1980 年的 6244.5 元，按照当时人民币对美元汇率 1.5：1，折合成美元为 4163 美元。对照表 1，接近于产业结构标准模式中人均 GDP4000 美元，与其相对应的产业结构为 9.7：45.6：44.7，而 2010 年中国产业结构水平为 9.6：46.2：44.2。与国际标准模式对比，中国产业结构基本接近于国际标准的产业结构，第一产业比重低于标准模式 0.1 个百分点，第二产业比重高于标准模式 0.6 个百分点，第三产业比重低于标准模式 0.5 个百分点，说明中国产业结构演变符合国际理论标准模式。

表 1　赛尔奎因和钱纳里的产业结构标准模式(1980 年)

人均 GDP(美元)	第一产业(%)	第二产业(%)	第三产业(%)
<300	48.0	21.0	31.0
300	39.4	28.2	32.4
500	31.7	33.4	34.6
1000	22.8	39.2	37.8
2000	15.4	43.4	41.2
4000	9.7	45.6	44.7

(二)中国就业结构的演变过程分析

1.中国就业结构的演变过程

伴随经济结构的重组优化、资源要素的合理配置和城镇化的稳妥推进，人力资源开发水平提高快速，劳动力市场体系不断成熟，中国就业结构不断得到调整优化(见图 2)。从就业人口总量上看，第一产业对劳动力的需求量最大，总量变化略微下降，就业人员从 1978 年的 28318 万人下降到 2014 年的 22790 万人，第二、三产业对劳动力的需求潜力巨大，第二产业就业人口总量从 1978 年的 6945 万人增加到 2014 年的 23099 万人，共增加 16154 万人，年均增长 448.7 万人，第三产业就业总量从 1978 年的 4890 万人增加到 2014 年的 31364 万人，共增加 26474 万人，年均增长 735.4 万人；从就业总量的增长速度上看(见图3),第一产业就业人员增长速度最小,且2003年以后均为负增长率,年均增长率为-0.53%,第二、三产业就业人员增长速度较快,除第二产业少数年份增长率为负值外,增长率均为正值,年均增长率分别为3.46%和5.36%;从就业结构变化上看,就业结构从1978年的70.5∶17.3∶12.2变化到2014年的29.5∶29.9∶40.6,第一产业就业比重下降较快,从1978年的70.5%下降到2014年的29.5%,共减少41.0个百分点,年均下降1.14个百分点,第二、三产业就业比重增长较快,分别从1978年的17.3%和12.2%增加到2014年的29.9%和40.6%,分别增加12.6个和28.4个百分点,年均分别增长0.34个和0.79个百分点。

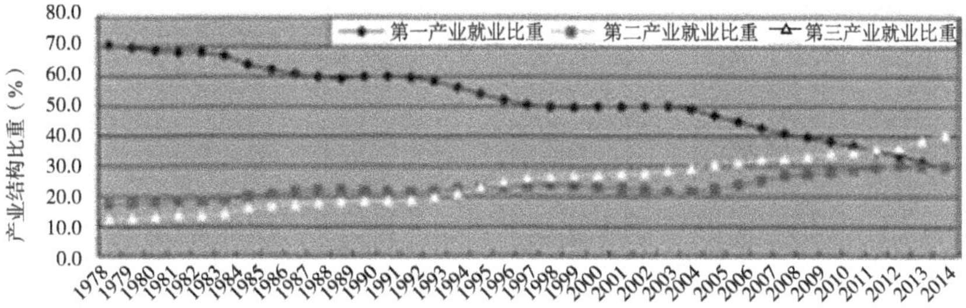

图2 中国就业结构演进过程(1978～2014年)

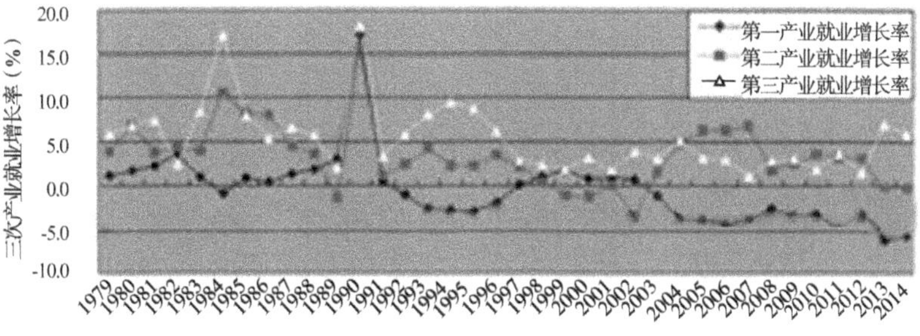

图3 中国三次产业就业人员增长速度(1979～2014年)

2.中国就业结构演变与国际理论标准模式对比分析

同样,运用塞尔奎因和钱纳里就业结构标准模式,作为研究就业结构国际理论标准模式。2010年中国人均GDP为30567元,去除物价上涨因素,相当于1980年的6244.5元,折合成美元为4163美元,对照郭克莎(1999年)的研究(见表2),相当于就业结构标准模式中人均GDP4000美元,其所对应的就业结构应为24.2∶32.6∶43.2,而2010年中国三次产业就业结构为

36.7∶28.7∶34.6，与标准模式相对比，第一产业就业比重高出标准模式14.5个百分点，第二产业就业比重低于标准模式3.9个百分点，第三产业就业比重低于标准模式8.6个百分点。

表2　赛尔奎因和钱纳里的就业结构标准模式(1980年)

人均GDP(美元)	第一产业(%)	第二产业(%)	第三产业(%)
<300	81.0	7.0	12.0
300	74.9	9.2	15.9
500	65.1	13.2	21.7
1000	51.7	19.2	29.1
2000	38.1	25.6	36.3
4000	24.2	32.6	43.2

从就业结构比重变化过程看，在标准模式中，人均GDP从300美元增加到4000美元，三次产业就业结构从74.9∶9.2∶15.9变化到24.2∶32.6∶43.2，第一产业下降50.7个百分点，第二产业增加23.4个百分点，第三产业增加27.3个百分点。1980年中国人均GDP为464元，按照当年汇率计算相当于309美元，2010年中国人均GDP相当于1980年的4163美元，中国三次产业就业结构则从1980年的68.7∶18.2∶13.1演变到2010年的36.7∶28.7∶34.6，第一产业下降32.0个百分点，下降值小于标准模式18.7个百分点；第二产业增加10.5个百分点，增加值小于标准模式12.9个百分点；第三产业增加21.5个百分点，增加值小于标准模式5.8个百分点。由此可见，中国第一产业劳动力所占比重偏高，劳动力向第二、三产业转移速度缓慢，这也给中国就业结构调整指明了方向，要注重加快第一产业剩余劳动力的转移速度，尤其是要向第三产业快速转移。

从总体上看，中国三次产业就业结构与赛尔奎因和钱纳里标准模式还不协调，第一产业就业比重过高，而第三产业就业比重又明显偏低，第一产业剩余劳动力向第二、三产业转移缓慢。中国就业结构的这一特征正好验证了赛尔奎因和钱纳里标准模式理论，发展中国家就业结构与产业结构不同步，就业结构变动要慢于产业结构演变。

三、中国产业结构与就业结构的协调性分析

从上文的分析研究可以得出：与国际理论标准模式相对比，中国产业结构水平基本接近于标准模式，与标准模式协调性较好，而中国就业结构则与标准模式不协调特征较为明显。为对两者相互之间的协调关系有更深的认识，本文选用结构偏离度、就业弹性和比较劳动生产率等指标来进行研究。

（一）结构偏离度分析

结构偏离度是反映产业结构与就业结构偏离程度的指标，公式为：结构偏离度＝GDP的产业构成比重/就业的产业构成比重－1。若结构偏离度等于零，表明产业结构与就业结构达到均衡状态；若结构偏离度为正，即产业比重高于就业比重，表明该产业相对劳动生产率较高，有外部劳动力不断转移进来，反之则有劳动力不断转移出去。结构偏离度的绝对值越大，反映了经济发展、产业结构演变和就业人口的转移越不协调。[①] 产业结构总偏离度等于各产业的结构偏离度绝对值的总和。中国三次产业结构偏离度和总偏离度情况如表3所示。

（1）第一产业结构偏离度一直保持负值，且绝对值呈现扩大趋势。从整个过程看，结构偏离度的绝对值处于大于0.5的水平，绝对值有不断扩大的趋势，最大为0.75，且2000年以后，绝对值都在0.70以上，较大的负偏离度说明，第一产业产值比重小于就业比重，有大量的剩余劳动力需要转移出去。（2）第二产业结构偏离度均为正值，整体较第三产业偏高，且总体呈下降趋势。偏离度从1978年的1.75下降到2014年的0.42，下降较大，尤其从2003年以后呈快速下降趋势，表明第二产业结构快于就业结构的这种不协调性，已经明显得到改善，这主要与加入WTO以后，中国第二产业的战略转型和劳动力素质的提高有很大关系。（3）第三产业结构偏离度总体上表现为下降趋势，从1978年的1.01下降到2014年的0.19，且从2006年以后基本保持在0.2～0.3较低的位置，表明第三产业结构与就业结构协调性较好，这主要得益于第三产业吸纳就业能力强、就业渠道多样化、就业进入壁垒较低的特征。（4）产业结构总偏离度呈下降趋势，就业结构与产业结构不

① 参见王晓君、刘爱芝：《山东省产业结构与就业结构协调发展研究》，《山东社会科学》2006年第8期。

协调现象改善明显。总偏离度从1978年的3.37下降到2014年的1.30,共下降2.07,表明中国产业结构与就业结构由原来的不同步、不协调逐步向协调同步转变。

表3 中国三次产业结构偏离度(1978~2014年)

年份	结构偏离度			总偏离度	年份	结构偏离度			总偏离度
	第一产业	第二产业	第三产业			第一产业	第二产业	第三产业	
1978	—0.60	1.75	1.01	3.37	1997	—0.64	0.98	0.33	1.95
1979	—0.56	1.66	0.77	2.99	1998	—0.65	0.94	0.39	1.99
1980	—0.57	1.63	0.70	2.90	1999	—0.68	0.97	0.43	2.08
1981	—0.54	1.50	0.66	2.70	2000	—0.71	1.02	0.45	2.17
1982	—0.52	1.42	0.67	2.60	2001	—0.72	1.00	0.49	2.21
1983	—0.51	1.36	0.62	2.49	2002	—0.73	1.07	0.48	2.28
1984	—0.50	1.15	0.59	2.24	2003	—0.75	1.11	0.44	2.29
1985	—0.55	1.05	0.75	2.34	2004	—0.72	1.04	0.35	2.10
1986	—0.56	0.98	0.73	2.28	2005	—0.74	0.97	0.32	2.03
1987	—0.56	0.94	0.70	2.21	2006	—0.75	0.88	0.30	1.93
1988	—0.57	0.94	0.71	2.22	2007	—0.75	0.74	0.32	1.81
1989	—0.59	0.96	0.80	2.34	2008	—0.74	0.72	0.29	1.75
1990	—0.56	0.91	0.75	2.22	2009	—0.74	0.64	0.30	1.69
1991	—0.59	0.93	0.83	2.35	2010	—0.74	0.61	0.28	1.63
1992	—0.63	0.98	0.80	2.41	2011	—0.73	0.56	0.24	1.53
1993	—0.66	1.06	0.63	2.34	2012	—0.72	0.49	0.26	1.46
1994	—0.64	1.03	0.50	2.17	2013	—0.70	0.45	0.22	1.37
1995	—0.62	1.03	0.36	2.01	2014	—0.69	0.42	0.19	1.30
1196	—0.62	1.00	0.29	1.91					

数据来源:根据国家统计局网站数据整理计算所得。

(二)就业弹性分析

就业弹性是反映经济增长对劳动力吸纳能力强弱的指标,即某一时期内就业数量变化率与产值变化率的比值。比值为正值且数值越大,就业弹性越高,经济增长拉动就业作用越大;比值为负值且绝对值越大,对就业产生的"挤压效应"就越大。中国三次产业就业弹性和总弹性变化情况如表4所示。

(1)就业总弹性分析。就业总弹性均为正值,表明经济增长对就业产生持续的拉动作用,但是拉动幅度不是很大,1978~2014年经济平均每增加1个百分点,仅拉动就业增长0.154个百分点。从就业总弹性的变化趋势看,总体上呈现下降趋势,尤其是进入21世纪以后,就业总弹性都在0.1以下且不断下降,近年来保持在较低的水平。(2)三次产业就业弹性分析。第一产业就业弹性总体上由正值变为负值,1978~1991年就业弹性为负值,表明这一阶段经济增长会促进就业增长,而从1992年以后(除少数年份外),就业弹性表现为负值,经济增长反而带来就业数量的减少,第一产业发展对就业带来了"挤出效应",2003~2014年经济平均每加1个百分点会导致就业数量减少0.474个百分点;第二、三产业就业弹性总体上为正值(除第二产业个别年份为负值外),1978~2014年经济平均每增加1个百分点分别拉动就业人口数量增加0.287和0.480个百分点,表明第二、三产业发展拉动就业效果显著,且发展空间和潜力非常大。

表4 中国三次产业就业弹性分析(1979~2014年)

年份	总弹性	第一产业	第二产业	第三产业	年份	总弹性	第一产业	第二产业	第三产业
1979	0.190	0.047	0.402	5.477	1997	0.115	0.021	0.194	0.179
1980	0.274	0.213	0.469	0.585	1998	0.170	0.390	0.081	0.177
1981	0.423	0.164	1.325	0.777	1999	0.172	−3.515	−0.207	0.171
1982	0.404	0.260	0.758	0.294	2000	0.091	0.663	−0.111	0.228
1983	0.209	0.084	0.361	0.561	2001	0.094	0.185	0.010	0.119
1984	0.181	−0.053	0.605	0.517	2002	0.068	0.150	−0.384	0.315
1985	0.139	0.079	0.338	0.182	2003	0.048	−0.247	0.099	0.251

续表

年份	总弹性	第一产业	第二产业	第三产业	年份	总弹性	第一产业	第二产业	第三产业
1986	0.201	0.046	0.495	0.339	2004	0.40	−0.164	0.267	0.338
1987	0.168	0.082	0.269	0.341	2005	0.033	−0.924	0.342	0.195
1988	0.119	0.095	0.143	0.202	2006	0.026	−0.648	0.345	0.163
1989	0.139	0.292	−0.138	0.103	2007	0.020	−0.198	0.321	0.041
1990	1.728	0.918	2.600	2.243	2008	0.018	−0.147	0.099	0.155
1991	0.069	0.087	0.064	0.138	2009	0.038	−0.803	0.389	0.235
1992	0.043	−0.106	0.085	0.212	2010	0.020	−0.218	0.184	0.104
1993	0.032	−0.140	0.105	0.297	2011	0.022	−0.277	0.175	0.193
1994	0.027	−0.074	0.064	0.267	2011	0.036	−0.301	0.411	0.113
1995	0.035	−0.111	0.081	0.374	2013	0.035	−0.714	−0.044	0.520
1996	0.076	−0.129	0.195	0.369	2014	0.044	−1.050	−0.054	0.521

数据来源：根据国家统计局网站数据整理计算所得。

（三）比较劳动生产率分析

比较劳动生产率，即某一产业的产值比重与该产业就业劳动力比重的比值。若该比值小于1，则该产业的劳动力会转移到其他产业部门，反之劳动力则会从别的产业部门转移进来，当各产业的劳动生产率都接近于1时，将会有利于经济和社会的协调发展。1978～2014年中国三次产业的比较劳动生产率发展过程如表5所示。

（1）第一产业比较劳动生产率呈现总体下降的特征，且数值都在0.50以下，表明第一产业劳动力向外转移渠道不畅，有大量剩余劳动力未转移。（2）第二产业比较劳动生产率都大于1，总体上呈下降趋势，从1978年的2.75下降到2014年的1.42，表明第二产业发展协调性越来越好，对劳动力的吸纳能力较强。（3）第三产业比较劳动生产率均大于1，呈现逐步下降趋势，从1978年的2.01下降到2014年的1.19，且同一时段的值都要小于第二产业，说明第三产业发展协调性最好，尤其是2006年以后，比较劳动生产率基本保持小于1.30，2014年为1.19，接近于均衡水平值1，第三产业发展的协调性很好。

表 5　中国三次产业的比较劳动生产率(1978～2014 年)

年份	第一产业	第二产业	第三产业	年份	第一产业	第二产业	第三产业
1978	0.40	2.75	2.01	1997	0.36	1.98	1.33
1979	0.44	2.66	1.77	1998	0.35	1.94	1.39
1980	0.43	2.63	1.70	1999	0.32	1.97	1.43
1981	0.46	2.50	1.66	2000	0.29	2.02	1.45
1982	0.48	2.42	1.67	2001	0.28	2.00	1.49
1983	0.49	2.36	1.62	2002	0.27	2.07	1.48
1984	0.50	2.15	1.59	2003	0.25	2.11	1.44
1985	0.45	2.05	1.75	2004	0.28	2.04	1.35
1986	0.44	1.98	1.73	2005	0.26	1.97	1.32
1987	0.44	1.94	1.70	2006	0.25	1.88	1.30
1988	0.43	1.94	1.71	2007	0.25	1.74	1.32
1989	0.41	1.96	1.80	2008	0.26	1.72	1.29
1990	0.44	1.91	1.75	2009	0.26	1.64	1.30
1991	0.41	1.93	1.83	2010	0.26	1.61	1.28
1992	0.37	1.98	1.80	2011	0.27	1.56	1.24
1993	0.34	2.06	1.63	2011	0.28	1.49	1.26
1994	0.36	2.03	1.50	2013	0.30	1.45	1.22
1995	0.38	2.03	1.36	2014	0.31	1.42	1.19
1196	0.38	2.00	1.29				

数据来源:根据国家统计局网站数据整理计算所得。

四、结论与建议

从产业结构与就业结构的演进过程中可以看出:中国产业结构演变符合产业结构向高级化演进的规律,第一产业比重下降较快,下降幅度最大,

2009年以后一直保持在个位数的水平，且下降速度变得平缓，第二、三产业发展快速，2014年第二、三产业产值总和占到整个GDP的90.8%，主导着国民经济的发展。与国际理论标准模式对比，中国产业结构基本接近标准模式，产业结构演变符合国际理论标准模式；中国就业结构演变特征明显，第一产业就业比重下降较快，年均下降1.14个百分点，第二、三产业就业比重增长较快，年均分别增长0.34个和0.79个百分点，2014年第二、三产业就业比重均已经超过第一产业就业比重。与国际理论标准模式相对比，中国就业结构还不协调，第一产业就业比重明显偏高，第二、三产业就业比重偏低，第一产业劳动力向第二、三产业转移缓慢。

通过对中国产业结构与就业结构的协调性分析可知：第一产业发展的协调性最差，产业发展与就业转换协调性不好，存在大量剩余劳动力没有转移；第二产业发展协调性总体较好，对吸纳劳动力就业发挥积极作用，但是产业结构与就业结构协调空间还大；第三产业发展的协调性最好，对劳动力吸收能力较强，成为劳动力转移和就业的主渠道，产业结构转变和就业结构转换逐步趋于同步。

当前，中国经济发展正进入工业化后期阶段，产业结构高级化演变特征更加明显，就业结构也在不断调整优化，第一产业比重已经保持在较低的水平，产业发展要注重挖掘新优势，更加注重提高农业劳动生产率，处理好剩余劳动力的内部消化和外部转移；第二、三产业主导着国民经济的发展，产业发展应以结构转型升级和发展质量提升为重点，尤其是第三产业要提升发展速度，为经济发展创造更多就业岗位。

本文原载于《经济问题》2016年第1期，2017年12月获全国行政学院第四届优秀科研成果一等奖。

二等奖

马克思主义的革命辩证法与社会主义革命的胜利

于炳贵

马克思和恩格斯在《共产党宣言》中曾经科学预言：资产阶级的灭亡和无产阶级的胜利是同样不可避免的，让统治阶级在共产主义革命面前发抖吧，无产者在这个革命中失去的只是锁链，他们获得的将是整个世界。在纪念马克思逝世一百周年之际，综观一百多年来的国际共产主义运动史，我们满怀胜利的豪情。社会主义已经由一百多年前的预言，变成了今天激荡五洲的革命洪流。马克思主义的社会革命论为亿万人民群众所掌握，变成了震撼世界的巨大的物质力量。20世纪以来，社会主义革命在俄国、中国等国家相继获得胜利；资本主义各国人民争取社会主义的运动方兴未艾，蓬勃发展。社会主义革命运动的实践为我们展现出光辉灿烂的前景，但也提出了一些新问题需要探讨。例如，迄今为止，已经走上社会主义道路的一些国家，都是原来生产力水平比较落后的国家；而欧美发达资本主义国家的社会主义革命，直到今天还没有获得真正的成功。这种情况说明了什么呢？有的人对此困惑不解。他们认为，按着生产力决定生产关系，生产关系一定要适合生产力性质和发展要求的根本原理，这是不可理解的。因此，有必要对这些问题从理论上给予科学回答，而要做到这一点，就必须真正弄通“马克思主义中有决定意义的东西，即马克思主义的革命辩证法”①。

---

① 《列宁选集》第4卷，人民出版社1972年版，第689页。

一

马克思和恩格斯在历史唯物论基础上创立的社会革命论，特别是社会主义革命的理论是指导无产阶级进行共产主义实践的强大思想武器。这些为革命实践所证明了的科学真理将万古长青、永放光辉。

马克思、恩格斯创立的社会革命论之所以是科学的，就在于它从考察物质生产力发展的规律出发，找到了社会革命的根源和客观基础，第一次把社会革命论置于唯物主义基础之上。它认为一切社会革命的终极原因，不应当到天命、神意或人类理性中去寻找，而应当到生产力与生产关系的矛盾中去寻找。社会革命是一定社会的生产力发展到一定水平上的必然结果。马克思在《〈政治经济学批判〉序言》中指出："人们在自己生活的社会生产中发生一定的、必然的、不以他们的意志为转移的关系，即同他们的物质生产力的一定发展阶段相适应的生产关系。这些生产关系的总和构成社会的经济结构，即有法律的和政治的上层建筑竖立其上并有一定的社会意识形式与之相适应的现实基础。物质生活的生产方式制约着整个社会生活、政治生活和精神生活的过程。不是人们的意识决定人们的存在，相反，是人们的社会存在决定人们的意识。社会的物质生产力发展到一定阶段，便同他们一直在其中活动的现存生产关系或财产关系（这只是生产关系的法律用语）发生矛盾。于是这些关系便由生产力的发展形式变成生产力的桎梏。那时社会革命的时代就到来了。……无论哪一个社会形态，在它们所能容纳的全部生产力发挥出来以前，是不会灭亡的；而新的更高的生产关系，在它存在的物质条件在旧社会的胎胞里成熟以前，是决不会出现的。"[①]在这里，马克思对他的唯物史观作了经典的概括，并从人类社会发展的一般规律揭示出社会革命的深刻的物质根源。这是马克思对社会革命论作出的唯物的科学说明。但是，我们必须懂得，马克思主义的唯物史观是辩证的唯物史观，马克思主义的社会革命论也是既唯物又辩证地看待社会革命问题的，它同那种把社会革命原因单纯归结为经济因素的庸俗的经济自发论有着本质的区别。按着马克思主义的社会革命论，社会革命的最终决定因素是经济运动，但经济运动不是唯一起作用的因素。一个国家革命的爆发与胜利是国际

① 《马克思恩格斯选集》第2卷，人民出版社1972年版，第82～83页。

的、国内的、经济的、政治的、思想文化的诸因素交互起作用的结果。所以我们在理解马克思的有关论述时必须注意以下几点：

第一，马克思讲的生产关系变成生产力的桎梏，指的是生产力发展到一定阶段，便同现存的生产关系的矛盾激化起来，这时生产关系就变成了束缚生产力发展的沉重枷锁。所谓束缚生产力发展，并不是说生产力停滞不前甚至倒退，只是说生产力不能按它应有的速度较快地发展。而且，束缚生产力发展的这个枷锁是有伸缩性的。有的国家统治阶级力量比较强，在一段时间内它还可以通过上层建筑的力量，对生产关系在某些环节上进行局部调整，造成生产力与生产关系的矛盾暂时缓和，使生产力有某种程度的发展。所以变成生产力桎梏的生产关系，并不一定马上被打破，有的国家甚至会戴着枷锁走好长一段路程。

第二，马克思说的革命时代的到来，指的是当生产力与生产关系的矛盾激化后，变革旧的生产关系的革命任务提出来了，为完成这个革命任务所必需的经济条件也成熟了，即社会革命的客观根据具备了。在这个时代只要革命的主观条件（革命阶级的觉悟程度、组织程度以及与敌对阶级实际力量的对比情况）成熟了，随时都可以爆发革命。

第三，马克思讲新的生产关系在它存在的物质条件成熟以前是决不会出现的，例如在原始社会、奴隶社会或封建社会都不会产生社会主义的生产关系，只有当资本主义的社会化大生产发展到一定水平，才会出现社会主义的生产关系。这是问题的一个方面。问题的另一方面是，物质条件成熟了，新的社会主义生产关系也不会自然产生。它要靠革命阶级自觉地为之奋斗，才能在业已成熟的物质条件之上建立起来。所以物质条件的成熟和新的生产关系的建立并不是同时发生的，二者之间还有一段距离。

综上所述，只有对马克思主义的社会革命论作辩证的理解，才能得出正确的结论。但是机械唯物论者不懂得，也不可能懂得这个道理。他们从机械的、形而上学的观点出发，把经济因素看成是社会历史进程中唯一起作用的因素，把马克思主义的科学理论变成空洞的教条。特别是在马克思逝世以后，第二国际的修正主义者伯恩施坦（Eduard Bernstein）、考茨基（Karl Kautsky）和俄国的苏汉诺夫（Nikolai Sukhanov）之流变本加厉地对马克思主义进行歪曲，借口“俄国生产力还没有发展到足以实现社会主义的水平”，反对俄国的十月社会主义革命。时至今日对马克思主义的社会革命论作形而上学的庸俗化曲解的仍然不乏其人。恩格斯为了反驳歪曲马克思主义社会革命论的庸人们,在1890年《致约瑟夫·布洛赫》的信中明确指出:"历史过程中的决定性因素归根到底是现实生活的生产和再生产。无论马克思或我都从来没有肯定过比这更多的东西。如果有人在这里加以歪曲,说经济因素是唯一决定性的因素,那么他就是把这个命题变成毫无内容的、抽象的、荒诞无稽的空话。经济状况是基础,但是对历史斗争的进程发生影响并且在许多情况下主要是决定着这一斗争形式的,还有上层建筑的各种因素:阶级斗争的各种政治形式和这个斗争的成果——由胜利了的阶级在获胜以后建立的宪法等等,各种法权形式以及所有这些实际斗争在参加者头脑中的反映,政治的、法律的和哲学的理论,宗教的观点以及他们向教义体系的进一步发展。这里表现出这一切因素的交互作用,而在这种交互作用中归根到底是经济运动作为必然的东西通过无穷无尽的偶然事件(即这样一些事物,它们的内部联系是如此疏远或者是如此难于确定,以致我们可以忘掉这种联系,认为这种联系并不存在)向前发展。否则把理论应用于任何历史时期,就比解一个最简单的一次方程更容易了。"①在这里恩格斯无情地嘲笑了企图用经济原因说明一切的形而上学观点,系统地阐述了革命辩证法思想。他强调社会革命是社会内部诸因素交互作用产生的合力造成的,在分析社会革命问题时,一定要注意社会诸因素之间的辩证关系。经济运动作为必然性的东西会为自己开辟道路,但是它也必定要经受它自己所确立的并具有相对独立性的政治运动的反作用。

马克思、恩格斯在分析世界社会主义革命问题时,给我们树立了具体运用革命辩证法的光辉范例。他们强调要从国际国内两个方面的多种因素考察各国无产阶级实现社会主义革命的具体条件和具体方式。马克思在分析俄国农村公社的命运时,首先注意到它"处在文化较高的时代,和资本主义生产所统治的世界市场联系在一起"②这一国际条件,指出在这一特定条件下,俄国农村公社有直接上升到社会主义阶段的可能。"西欧无产阶级对资产阶级的胜利以及与之俱来的以公共管理的生产代替资本主义生产,这就是俄国公社上升到同样发展阶段所必需的先决条件。"③在分析一些经济上落后的国家的革命问题时,他们认为这些国家不必一切都按西欧的路子走,假如这些国家发生农民战争,无产阶级和农民结成联盟的话,那么再版的农

① 《马克思恩格斯选集》第4卷,人民出版社1972年版,第477页。

② 《马克思恩格斯全集》第19卷,人民出版社1963年版,第444页。

③ 《马克思恩格斯全集》第22卷,人民出版社1965年版,第500页。

民战争可能在工农联盟下达到社会主义。

二

进入帝国主义和无产阶级革命时代，社会主义革命已经成为直接实践的问题。围绕着生产力落后国家能不能进行社会主义革命的问题，列宁、斯大林、毛泽东同志在理论上同机会主义者进行了尖锐的斗争，在实践上领导本国无产阶级夺取了社会主义革命的伟大胜利，用事实驳倒了那种对历史唯物论中关于生产力决定作用的简单化、庸俗化的理解，从而丰富和发展了马克思主义的革命辩证法。由列宁首先提出，以后又由斯大林和毛泽东同志发展了的由于经济政治不平衡，首先可以在一国取得社会主义胜利的理论，就是对马克思主义革命辩证法的具体运用和创造性发展。列宁在1915年《论欧洲联邦口号》一文中指出："经济政治发展的不平衡是资本主义的绝对规律，由此就应得出结论：社会主义可能首先在少数或者甚至在单独一个资本主义国家内获得胜利。"[①]他尖锐地批判了第二国际的"英雄们"和俄国的苏汉诺夫之流关于"俄国生产力还没有发展到实现社会主义的水平"的陈腐观点，明确指出在帝国主义条件下，爆发革命的速度同资本主义工业发展程度"不是成正比的"。世界革命的过程不是从"最稳定"的、技术最发达的国家开始的，而是从资本主义发展"不是最高的""比较弱"的国家开始的。[②]

斯大林在捍卫列宁主义的斗争中，对列宁的无产阶级革命论作了精辟的论述和发挥。他指出，列宁主义的革命论认为，"资本战线将在帝国主义链条最薄弱的地方被突破，因为无产阶级革命是世界帝国主义战线的链条在其最薄弱的地方破裂的结果；而开始革命的国家、突破资本战线的国家，也许是资本主义不大发达的国家，而其他资本主义比较发达的国家仍然留在资本主义范围内"[③]。

为什么帝国主义战线的链条在工业不发达的落后国家比较薄弱、易于被突破呢？列宁认为这是国际国内诸多条件交互作用的结果。

(1)国际条件。一方面，处在帝国主义时代的各国在经济上已不是独立自在的单位，已经变成世界经济整个链条的各个环节。在世界帝国主义经

---

① 《列宁选集》第2卷，人民出版社1972年版，第709页。

② 参见列宁：《对布哈林〈过渡时期的经济〉一节的评论》，人民出版社1976年版，第60页。

③ 《斯大林选集》上卷，人民出版社1979年版，第205～206页。

济的整个体系中已经具备了革命的客观条件，这就为工业不发达国家革命提供了客观可能性，一个国家内部生产力落后便不可能成为革命的不可克服的障碍。另一方面，工业不发达国家在资本主义体系中所处的落后地位决定了它们在政治上、经济上要受到资本主义强国的支配和深刻影响。资本主义世界的任何一次强烈地震（经济危机、帝国主义战争等）受害最深的必然是这些落后国家。因此，资本主义世界的一切矛盾必然集结在这些国家。矛盾的极端尖锐化很容易造成这样一种局势："多数工人（至少是多数有觉悟、能思考，政治上积极的工人）充分认识到革命的必要性，并且抱有为革命牺牲的决心"；"统治阶级遭到政府危机，这种危机甚至把最落后的群众卷入政治运动（一切真正革命的标志，就是从那些到现在还非常消沉的被压迫劳动群众中，迅速产生出十倍甚至百倍的能够进行政治斗争的人物），削弱政府的力量，使革命者有可能很快推翻它"①。列宁在《论我国革命》一文中就是这样分析问题的。他认为在同第一次世界帝国主义大战相联系的条件下，既然毫无出路的环境十倍地增强了工农的力量，特殊的形势使俄国的发展纳入了一种可以实现"农民战争"同工人运动联合的环境中，那么俄国完全可以采取同西欧国家不同的倒转"顺序"的方法进行社会主义革命，即不是由发展文明来走向社会主义，而是由社会主义革命来创造这种文明的基本前提。毛泽东同志在《新民主主义论》等著作中分析中国革命时，不仅从中国社会的性质出发说明中国革命的历史特点，即革命必须分两步走，第一步是新民主主义，第二步才是社会主义；而且着重从中国所处的国际环境即从整个世界已处于帝国主义和无产阶级革命的伟大时代这个基本事实出发，指出在这种国际条件下中国革命成了世界无产阶级革命的一部分，由民主主义革命走向社会主义革命是历史的必然。

(2)就革命的对象来讲，落后国家的无产阶级革命所对付的或是带有很大封建主义残余的"最腐朽、最落后的政治制度"（例如中国是大地主大买办资产阶级的联合专政），或是在政治上还比较软弱的资产阶级。他们的统治机构还没有那么完备，统治手法也极端拙劣。而在发达的资本主义国家，资产阶级不但具有长期的统治经验，而且握有强大的政治经济权力和以强有力的军事警察机构为核心的压迫与统治机构，以及资产阶级政党制度等组织得很好的政治、社会制度等等。同落后国家相比，发达资本主义国家镇压

① 《列宁选集》第4卷，人民出版社1972年版，第239页。

革命的统治制度和国家机器具有较大的稳固性和组织性，这样在革命危机成熟时，它便可以运用上层建筑的力量比较容易地镇压革命运动。

(3)就革命的主力军来说，在帝国主义的心脏地区，工业化虽然导致了现代无产阶级队伍的壮大，激化了资本主义的矛盾，促使了中间阶级的两极分化和工人运动的汹涌澎湃的发展，但是垄断资产阶级也在工人阶级内部培养了社会沙文主义、改良主义、劳资合作主义、右翼社会民主主义等形形色色的机会主义派别，作为支持资本主义制度的主要支柱。“在工业发达的资本主义国家内，资本主义的主要支柱恰恰是被第二国际和第二国际半所组织起来的那一部分工人。假如国际资产阶级不依靠这一部分工人，不依靠工人阶级内部的这些反革命分子，那它早就垮台了。”[①]垄断资产阶级正是利用这个“主要支柱”去影响工人阶级，使工人阶级日益“资产阶级化”，破坏社会主义革命的主观条件的发展。

机会主义在一切发达资本主义国家不仅具有普遍性，而且彻底克服它也极其困难，因为机会主义的产生具有深刻的经济根源。列宁在分析 20 世纪资本主义世界的情况时指出：“一小撮富强国家——独立自主和真正庞大的‘现代’富强国家只有四个，即英法美德四国——把垄断权扩展到无比广阔的范围，攫取数万万以至数十万万超额利润，‘骑在’别国数万万人民的‘头上’，为瓜分极丰富、极肥美、极稳当的赃物而互相搏斗着。”“帝国主义‘大国’的资产阶级，在经济上每年能够拿出一两亿法郎来收买‘本国’工人中间的上层分子，因为他们的超额利润大概有十亿之多。”[②]只要帝国主义国家还在世界上“拥有垄断权”，还在剥削着数万万的人民，这些国家中工人运动的机会主义就不会消灭，因而社会主义革命将遇到极大困难。

而一切经济上落后的国家在经济上处于劣势，受着帝国主义强国的控制和剥削。资产阶级没有更多的力量去收买工人阶级的上层分子，因此一般说来这些国家不容易产生机会主义派别，即使产生了也容易克服。正如列宁指出的：“美国、英国和法国的机会主义领袖、工人阶级的上层分子、工人贵族最顽固，他们对共产主义运动的抵抗最顽强。因此，我们应该认识到，欧美工人政党要治好这种病症比我国要困难。”[③]

(4)就意识形态的统治而言，在现代发达资本主义国家里，资产阶级的

① 《列宁全集》第 32 卷，人民出版社 1958 年版，第 468 页。

② 《列宁全集》第 23 卷，人民出版社 1958 年版，第 113～114 页。

③ 《列宁全集》第 31 卷，人民出版社 1958 年版，第 202 页。

思想和文化广泛、深入地控制着工人阶级和劳动人民。“在西欧国家里开始革命比较困难,因为那里高度的文化思想反对革命的无产阶级,而工人阶级在文化上处于被奴役的地位。”[①]由于垄断资产阶级利用所谓“大众社会”的各种条件操纵意识形态,腐蚀无产阶级和广大劳动人民的革命斗志,所以要抗拒资产阶级思想文化的进攻,使革命的思想掌握群众并变成物质的力量,绝不是一件容易的事情。而在那些资本主义不发达的国家里,资产阶级对意识形态的控制远不如发达国家严密,而且它们在政治上的高压政策和经济上的残酷剥削,把广大工人阶级和劳动人民推入苦难的深渊,使他们对统治阶级不抱任何幻想,易于接受革命思想的宣传。

(5)工农联盟是无产阶级革命胜利的重要条件。列宁指出:“无产阶级要成为真正革命的阶级,成为真正按社会主义精神行动的阶级,就只有作为全体被剥削劳动者的先锋队,在推翻剥削者的斗争中作为他们的领袖出现和行动;但是如果不把阶级斗争引到农村中去,不把农村劳动群众团结在城市无产阶级的共产党周围,不由城市无产阶级来教育农村劳动群众,这任务也是不能完成的。”[②]这说明工农联盟在社会主义革命中的重要性。经济落后的国家虽然不如发达国家工人阶级队伍壮大,但是他们有广大的农民同盟军。在这些国家里无产阶级容易同农民结合起来,因为无产阶级的人数较少(同农民相比),所以他们特别注意同农民的联合。列宁在分析俄国革命时指出,与西欧不同,俄国的落后使得无产阶级反对资产阶级的革命同农民反对地主的革命独特地结合起来了,结果实现了马克思说的“无产阶级革命与农民战争独特地结合起来”。

综上所述,由于当时革命斗争的需要,列宁主要强调马克思主义的革命辩证法,强调国际条件和国内上层建筑的各种因素对一个国家革命进程的规定和制约作用,他认为这是马克思主义中有决定意义的东西。当我们强调列宁这一方面的思想时,还必须注意,列宁从来也没有同意那种只要有了某种政治条件,不管生产状况如何,都可以建立社会主义生产关系的说法。他认为一个国家内部一定程度的资本主义社会化生产的发展是建立社会主义的物质基础,其他各种因素都是在这个基础上发挥作用的。列宁在分析俄国革命时曾指出:“没有一定程度的资本主义,我们是不会成功的。”[③]毛泽

① 《列宁全集》第27卷,人民出版社1958年版,第434页。

② 《列宁选集》第4卷,人民出版社1972年版,第278页。

③ 列宁:《对布哈林〈过渡时期的经济〉一书的评论》,人民出版社1976年版,第60页。

东同志在分析中国民主革命胜利以后进一步实现社会主义革命的问题时，也曾强调了一定程度的社会化生产力的基础作用。在这里需要探讨的是，这个"一定程度的资本主义"生产力在量上应如何把握。我们可以从毛泽东同志对中国经济状况的分析中得到启发。毛泽东同志指出："中国已经有大约百分之十左右的现代性工业经济，这是进步的，这是和古代不同的。由于这一点，中国已经有了新的阶级和政党——无产阶级和资产阶级、无产阶级政党和资产阶级政党。……中国的现代性工业的产值虽然还只占国民经济总产值的百分之十左右，但是它却极为集中，最大的和最主要的资本是集中在帝国主义者及其走狗官僚资产阶级的手里。没收这些资本归无产阶级领导的人民共和国所有，就使人民共和国掌握了国家的经济命脉，使国营经济成为整个国民经济的领导成分。"[①]这就说明，建立社会主义必要的物质前提，从质的规定性上说，是资本主义的一定的社会化的生产力；从量的规定性上说，是这种生产力达到能够控制国家经济命脉的地步。缺乏这个物质基础，所谓进行社会主义革命，就只能是空想，就会违背社会历史的发展规律。只有具备了这个物质基础，无产阶级在夺取政权之后，通过对资本主义经济的没收或改造，才能建立起在国民经济中占优势地位的社会主义国营经济，这样建立起来的社会主义生产关系才能占主导地位，才能左右全国局势，牢牢地掌握国家的领导权，使整个国民经济沿着社会主义道路向前发展。

三

通过对马克思主义的社会革命论的考察可知，马克思主义的社会革命论是唯物论和辩证法有机地联系在一起的、毫无片面性的科学理论，作为基本原则将永远是指导无产阶级革命实践的锐利武器。当代国际共产主义运动中出现的新情况，完全可以用马克思主义的基本原理给予科学的说明。出现思想混乱的原因就在于，有些同志对马克思主义的革命理论作了片面的理解。恩格斯在指责曲解他们的历史唯物论的某些人时指出："青年们有时过分着重经济方面，这一部分是马克思和我应当负责的。我们在反驳我们的论敌时，常常不得不强调被他们否认的主要原则，并且不是始终都有时

① 《毛泽东选集》第4卷，人民出版社1960年版，第1431～1432页。

间、地点和机会来给其他参与交互作用的因素以应有的重视。但是，只要问题一关系到描述某个历史时期，即关系到实际的应用，那情况就不同了，这里就不容许有任何错误。可惜人们往往认为，只要掌握了主要原理，而且还并不总是掌握得正确，那就算已经充分地理解了新理论并且立刻就能够应用它了。在这方面我是可以责备许多最新的‘马克思主义者’的；这的确也引起了惊人的混乱。”①

今天有些人恰恰是重复了历史上恩格斯所批判的许多最新的“马克思主义者”的错误。

他们从形而上学的经济自发论出发，对落后国家先于发达国家实现社会主义感到困惑不解，好像世界历史发生了违反社会发展根本规律的非常事件。其实，这些国家的革命并没有超出世界历史发展的共同路线，它们仍然是生产关系一定要适合生产力的性质和发展要求这条根本规律起作用的结果，是这一根本规律在帝国主义时代的特殊表现形式。按着生产力决定生产关系、生产关系一定要适应生产力的性质和发展要求这一人类社会的根本规律的要求，高一级的社会形态只能是高一级社会生产力发展要求的产物。按着这个要求，人类社会只能沿着原始社会—奴隶社会—封建社会—资本主义社会—社会主义和共产主义社会这一条路线由低级到高级发展。但是这并不排斥个别地区、民族或国家在特殊条件下出现跳跃或超越某个社会阶段的现象。正如列宁所指出的：“世界历史发展的一般规律，不仅丝毫不排斥个别发展阶段在发展的形式或顺序上表现出特殊性，反而是以此为前提的。”②但是又必须看到，个别地区、民族或国家出现跳跃或超越某个社会阶段的现象，又恰恰是以人类社会已经出现了产生高一级的社会经济形态的生产力为前提的。在帝国主义时代，正是由于发达资本主义国家的存在，由于它们向世界各地扩张，形成了统一的资本主义世界经济体系，才在世界范围内为社会主义革命准备了充分的物质条件。没有这个国际条件，落后国家就根本不可能不经过完整的资本主义发展阶段而直接进行社会主义革命。正是从这个意义上来说，这些国家的社会主义革命并没有超出世界历史发展的共同路线。

基于同样的错误观点，有的人对西方发达资本主义国家至今没有发生

---

① 《马克思恩格斯选集》第4卷，人民出版社1972年版，第479页。

② 《列宁选集》第4卷，人民出版社1972年版，第690页。

社会主义革命也感到不可思议。他们感到不解的是，既然这些国家革命的客观条件早已成熟了，革命的主观条件怎么会迟迟不成熟呢？他们不懂得革命的主观条件并不是由革命的客观条件机械决定的，它具有相对的独立性。

为了说明问题，还是让我们回顾一下资本主义产生、发展和胜利的历史吧。资本主义从 14 世纪地中海沿岸手工工场兴起，到 18 世纪末英国的工业革命，大体经历了 500 年。资本主义产生、发展于封建社会内部，资产阶级为了反对封建阶级，发展资本主义生产，掀起了历史上名为“文艺复兴”的资产阶级思想文化运动。这一运动在 14～16 世纪从意大利开始逐步扩展到法、英、德、荷等欧洲国家。随着资本主义经济的发展，资产阶级先提出新的思想理论，进而发展为一两个国家取得政权。17 世纪英国资产阶级革命的胜利开创了资本主义新纪元；18 世纪美国独立战争和法国资产阶级革命的胜利奠定了资产阶级胜利的基础。到 19 世纪，由于产业革命的实现，资本主义制度才扩展到欧美以至东亚和大洋洲几十个国家，取得了世界性的胜利。资产阶级革命是一种剥削制度代替另一种剥削制度的革命，从资本主义的兴起到取得世界性的胜利尚且需要 500 年，就是从 17 世纪英国资产阶级革命胜利算起，到 19 世纪取得世界性胜利也有 200 多年的时间。无产阶级革命要彻底消灭一切剥削制度，它的任务比历史上任何一次革命更艰巨、更伟大，怎么能够设想可以在短时间内完成呢？无产阶级的革命斗争如果从 1848 年《共产党宣言》发表算起，至今也只有 130 多年的历史。由俄国十月革命的胜利发展到今天社会主义在多国的胜利也只有几十年的时间。这同资产阶级革命的历史相比还短得多。现在看来，既然帝国主义是一个独立的历史阶段，它就可能要存在一个相当长的时期，不止二三十年或七八十年，甚至可能苟延一二百年。就算一二百年，在人类历史的长河中也只不过是短暂的一瞬间。

通过历史的考察，我们清楚地看到，任何一次革命，不管是剥削阶级的革命还是无产阶级的革命，当着革命的客观条件成熟以后，革命的主观条件并不会立即跟着成熟，它还有一段独立的发展过程。因为：(1)主观条件对成熟了的客观条件的反映是一个反复的过程，社会历史领域的问题是复杂的，它不像反映一件简单的自然事物那么容易(就是对自然事物的正确认识，也往往需要经历几个反复过程)。(2)革命的客观条件成熟是指一定社会的生产力发展到一定程度从客观上提出变革生产关系的革命任务，并为完成这一任务准备了物质手段。革命主观条件的成熟指革命阶级在思想觉悟和组织领导等方面的成熟。但是，当革命开始时，反动阶级总是处于矛盾的主要方面，他们不但握有强大的政治经济权力，而且还有长期的统治经验；革命阶级总是处于劣势地位，有一个从小到大、从弱到强的发展过程，这不但需要时间，而且还必定历尽艰难曲折。

在这里必须强调的是，尽管革命主观条件成熟的早晚可以加速或延缓革命的到来，但是革命总是要到来的。生产关系一定要适应生产力的性质和发展要求的客观规律是不可抗拒的。

还有一些人为西方国家在第二次世界大战后生产力有了很大发展所迷惑。资产阶级自夸资本主义制度使生产力得到了空前未有的大发展，以此证明资本主义制度仍然富有生命力。他们也跟着瞎说帝国主义是“腐而不朽，垂而不死”。当然，西方资本主义国家近 20 年来生产力确实有了很大发展，这是不可否认的事实。但是，这能证明资本主义生产关系仍然富有活力吗？否。西方国家生产力继续发展是有其具体原因的：第一，它们对国外资源的掠夺和对落后国家的经济剥削是一个重要原因。例如美国就是在两次世界大战中发了战争的横财，成为资本主义强国的。第二，发达资本主义国家一般都有几百年的历史，在长期发展中形成的雄厚的科学技术力量，今天仍然可以用来为提高社会生产力服务。第三，利用上层建筑的力量对已经腐朽的生产关系进行局部调整，以求得生产关系与生产力的局部的、暂时的适应，促使生产力有了发展。但是无论资产阶级对生产关系如何调整，却改变不了生产资料私有制，消除不了生产的社会化和生产资料的资本家私人占有之间的这个根本矛盾，而且随着生产力的迅速发展这个矛盾会越来越尖锐。这个基本矛盾尖锐化的一个突出表现就是资本主义各国爆发经济危机的周期明显缩短了。例如，第二次世界大战后，美国有过六次危机，日本有过七次危机，英国有过六次危机，西德有过五次危机。美国在第一次世界大战前，是每隔十年一个周期，在两次世界大战之间，是每隔八年一个周期；而在第二次世界大战后，则是每隔五年一个周期。[①] 资本主义各国经济危机周期的缩短，说明资本主义经济从这一次危机到下一次危机的恶性循环正在逐步加剧，可供回旋的余地越来越小了。所以，生产力的发展不但救不了资本主义的命，而且还会加速它的灭亡。虽然由于社会各种因素对生产关

① 参见高放：《社会主义的过去、现在和未来》，北京出版社 1982 年版，第 259～260 页。

系的制约和影响，使同一种生产关系具有容纳不同程度生产力的伸缩性，但是这种伸缩性毕竟是有一定限度的。生产力发展越快，就越是逼近这个极限。资本主义国家日益发展的庞大的生产力终究要改变私有制的生产关系，这就是历史发展的逻辑。

综上所述，可以得出以下几点结论：

(1)任何社会革命的发生和胜利，任何一种新的社会形态代替旧的社会形态，都不是生产力发展的自然结果，而是在生产力发展的基础上，各种社会历史因素交互作用的结果。生产力的发展提出变革旧的生产关系的革命任务，并为完成这一任务准备物质手段，但是最后完成这一任务还要靠上层建筑领域的各种因素的反作用。

(2)必备的社会化生产力，是实现社会主义的最终决定因素，但不是唯一因素；是社会主义革命胜利的必要条件，但不是充分条件。社会主义革命在某一个国家发生和胜利，是国际的和国内的、经济的和上层建筑的各种因素共同作用的结果。而且促使革命发生和胜利的诸条件在某一国家的成熟，并不是与该国社会生产力水平机械对应的。

(3)马克思主义的社会革命论是科学的理论，我们在分析社会历史问题时，应对其全面理解、掌握，对有机地联系在一起的革命唯物论和革命辩证法，不可分割，不可偏废。强调革命的唯物论，忽视革命的辩证法，就会导向形而上学的经济自发论；强调革命的辩证法，忽视革命的唯物论，就会导向历史唯心主义。

本文原载于《山东社联通讯》1983 年第 2 期，1983 年 10 月获山东省第一次社会科学优秀成果二等奖。

毛泽东与马克思主义中国化

卢培琪　王立胜

马克思主义在中国传播和发展的过程,实际上就是马克思主义中国化的过程,毛泽东思想就是马克思主义中国化的产物,是中国化了的马克思主义。邓小平曾明确指出:"毛泽东思想过去是中国革命的旗帜,今后将永远是中国社会主义事业和反霸权主义事业的旗帜,我们将永远高举毛泽东思想的旗帜前进。"①邓小平如此鲜明地强调毛泽东思想在中国革命和建设中的重要地位和作用,其重要依据就是毛泽东思想引导中国革命和建设取得了辉煌的胜利。毛泽东思想之所以具有如此巨大的理论和实践功能,其根本原因又在于这个理论体系既是马克思主义的,又是适合中国国情的,是中国化了的马克思主义。因此,我们在学习、研究和把握毛泽东思想的时候,不能仅仅停留在毛泽东同志所提供的某些现成的结论上,更重要的是掌握他关于马克思主义中国化的理论体系,总结他将马克思主义中国化的规律,这对于推进马克思主义中国化的历史进程、对于进一步研究和把握中国特色社会主义的理论有着重要的理论意义和现实意义。

一、马克思主义中国化问题的提出

马克思主义的诞生地在欧洲,当把它用于指导全世界不同国家的革命实践时,必须将其民族化。可以说,从马克思主义传入中国之日起,就开始了它的中国化的历程。尽管在其早期,人们尚未明确提出"中国化"的概念,

① 《邓小平文选(一九七五——九八二年)》,人民出版社1983年版,第158~159页。

但实际上以毛泽东为代表的真正的共产党人已经走上了如何应用马克思主义解决中国实际问题的探索之路。在 20 世纪 30 年代哲学的通俗化、大众化运动中，有人提到过“中国化”问题，但主要是指“语言要中国化”。1938 年 4 月著名马克思主义哲学家艾思奇也曾提出过“哲学研究的中国化、现实化”问题。但从现在所掌握的文字资料看，真正从理论的角度对“中国化”作出系统、科学说明的是毛泽东。

1938 年 10 月，毛泽东在为中共六届六中全会所作的政治报告中，明确提出并系统阐明了马克思主义中国化的问题。他郑重提出，中国共产党必须“学会把马克思主义的理论应用于中国的具体的环境”，“按照中国的特点去应用它”，“使马克思列宁主义在中国具体化”，并强调说，这是“全党亟待了解并亟须解决的问题”。[①] 在这次全会上，张闻天在报告中也表达了与毛泽东相同的观点，并着重说明了“要使组织工作中国化”[②]的问题。这次会议以决议的形式号召全党要“学会灵活地把马克思列宁主义及国际经验应用到中国每一个实际斗争中来”[③]。这表明，在对马克思主义中国化的认识上，在 20 世纪 30 年代末已经超越了经验性的认识，升华凝结成指导中国革命的最基本的原则，标志着中国共产党人对马克思主义本质的认识实现了质的飞跃。自此后，马克思主义中国化的进程就沿着更加自觉、趋向成熟的方向发展。

马克思主义中国化问题的提出，有着深刻的社会历史根源，是历史的必然。

首先，它反映了中国社会和中国革命的极大特殊性对理论发展的特殊需求。众所周知，近代中国社会是一个半殖民地半封建社会，它既不同于原来典型的封建社会，又不同于西方发达的资本主义社会，具有极大的特殊性。社会性质的特殊性又决定了中国革命的特殊性。中国革命只能是新民主主义革命，它既不同于旧的资产阶级民主主义革命，又不同于无产阶级的社会主义革命，更不同于以往的农民战争。中国社会和中国革命的这种特殊性，使得中国的革命必然会遇到许多在世界马克思主义者面前从来没有提出过的新问题，因而把马克思主义从欧洲形式加以中国化，使其变形为中国式的马克思主义，这一重大课题历史地提到了中国共产党人的面前。从

① 《毛泽东选集》第 2 卷，人民出版社 1991 年版，第 534 页。

② 《张闻天选集》，人民出版社 1985 年版，第 226 页

③ 《中共中央文件选集》第 10 册，中共中央党校出版社 1991 年版，第 702 页。

毛泽东1930年提出马克思主义同中国实际情况相结合，到1938年提出马克思主义的中国化，这标志着中国共产党人对马克思主义本质的熟谙和对中国国情的深刻了解。

其次，它昭示了我党对异域文化相互交融这一发展规律的自觉体认。经典性的马克思主义诞生于与东方文化截然不同的西方文化的土壤中。马克思主义传入中国的过程，从文化发展的层面上看，实质上是中西文化相互交融、相互选择的过程。众所周知，任何形态的文化都具有一定的时空结构，在时间维度上，它具有时代性特征，在空间维度上，它具有民族性特征，是时代性与民族性的统一。不同文化系统在各自演化的过程中存在着不同步性，由此造成了不同文化之间在历时性展开过程中的时间落差，从而形成了异域文化之间的势位差。当一种文化处于低势位的时候，它的时代性要求就被凸显出来，成为文化发展的迫切追求，同时也决定了高势位文化向低势位文化扩散、传播的必然趋势；相反，当一种文化处于高势位时，文化发展的首要任务就在于强化和重建民族性方面。这是文化发展和不同地域文化之间相互交融的一般规律。马克思主义批判地继承了人类文化史上一切有价值的东西，是近代文明充分发展的产物。在这个意义上，它标志着近代文化发展史上划时代的确立，是近代文明孕育出来的时代性最强的先进文化。近代以来，中国文化受到西方文化的严重挑战，其实质乃是文化的时代性挑战。青年毛泽东和一些早期马克思主义者在艰难的文化选择中，都把文化的时代性置于首位，毅然选择了处在时代最前沿的马克思主义。而当马克思主义在中国革命中取得了明显的实践效应，并在文化领域中取得了指导地位的时候，中国文化发展的主要任务便开始由时代性转向了民族性方面。因此，毛泽东在抗日战争初期提出了“中国化”问题，完全合乎马克思主义在中国传播发展的历史逻辑，它标志着中国共产党人对异域文化相互交融一般规律的自觉体认和纯熟应用。

再次，它体现了马克思主义在中国更加广泛应用和进一步发展的内在要求。从21世纪初马克思主义传入中国，到“中国化”问题提出之前，在老一辈无产阶级革命先驱和一大批马克思主义理论工作者的积极努力下，马克思主义越来越为中国无产阶级所认识和掌握，并日益成为中国共产党人和广大人民群众进行革命斗争的思想武器。毛泽东在这方面的贡献尤为突出。他把马克思主义普遍原理应用于分析中国革命的实际，早在20世纪20年代就写出了《中国社会各阶级的分析》《湖南农民运动考察报告》等马克思主义著作，特别是1930年所写《反对本本主义》一文，对于如何运用马克思主义的问题提出了独到的见解。令人遗憾的是，毛泽东的这些光辉思想在当时并没有在全党占统治地位，占统治地位的是本本主义、教条主义。艾思奇在谈到这段时间理论研究问题的状况时就曾明确指出："由于抗战以前的特殊情形，理论研究与实践斗争的某些脱离的现象，是比较普遍的。这样的脱离现象，使理论的研究基本上始终限制在介绍性质的，书本式的，通俗化性质的活动范围内。"[①]在这种情况下，对马克思主义教条化的理解和机械搬用的现象严重存在，对中国革命的主观主义瞎指挥的现象也屡有发生，严重窒息了马克思主义在中国大地上的生机和活力，特别是在第二次国内革命战争时期，由于王明的"左"倾错误路线，几乎葬送了中国革命。鉴于历史的经验教训，在抗战开始后，如何在中国革命的实际中，进一步广泛应用马克思主义，并在应用和斗争中建立中国的马克思主义，即如何解决马克思主义中国化的问题，就成为马克思主义在中国继续发展的内在要求。

最后，马克思主义理论本身也存在着中国化的内在根据。毛泽东阐述了三个方面的理由：理由之一，作为国际性与民族性之统一体的马克思主义，在本质上体现了共性与个性、一般与特殊的辩证关系。国际性即指共性、一般性，民族性即指个性、特殊性。辩证法认为，共性、一般性寓于个性、特殊性之中，个性、特殊性是一般性的基础，个性、特殊性离不开共性、一般性，但共性、一般性更离不开个性、特殊性，前者要通过后者表现出来。这样，作为马克思主义共性的国际性，必然要以作为马克思主义个性的民族性为基础，并以此来表现自己。这就说明，马克思主义必须通过中国化才能在中国表现自己。理由之二，马克思主义不是教条而是行动的指南。这是毛泽东反复强调的一个思想。毛泽东对这句话如此重视，最重要的原因就在于它道出了马克思主义中国化的真谛。这是因为，既然马克思主义不是教条而是行动的指南，那就意味着对马克思主义不能机械搬用，必须实现马克思主义与中国具体实际的结合，即用马克思主义的普遍原理具体地分析中国的具体情况。理由之三，"马克思列宁主义并没有结束真理，而是在实践中不断地开辟认识真理的道路"[②]这一论断指出了马克思主义的开放性品格，而正是这一品格决定了它中国化的内在必然性。这是因为，马克思主义

① 《艾思奇文集》第1卷，人民出版社1981年版，第552页。

② 《毛泽东选集》第2卷，人民出版社1991年版，第296页。

既然是在实践中不断发展的，而实践总是具体的、有国别和民族差别的，在此基础上形成的发展了的马克思主义理论也就必然具有民族特色。

上述说明，马克思主义中国化问题的提出，不仅反映了中国社会和中国革命的特殊规律，反映了马克思主义理论自身发展的内在要求，而且还体现了文化发展的一般规律，显示了毛泽东把握理论、文化自身的发展规律，预见中国社会发展趋势的深刻的理解力和非凡的洞察力，标志着以毛泽东为代表的中国共产党人马克思主义理论水平的质的飞跃。

二、马克思主义中国化的本质内涵

关于马克思主义中国化的内涵，概括毛泽东的有关论述，可以归纳为如下几层意思：第一，关于马克思主义中国化的前提问题。马克思主义中国化，不仅不是从根本上改变马克思主义的立场和原则，而恰恰是为了更好地坚持和发展马克思主义的根本原则和立场。在六届六中全会的政治报告中，毛泽东在讲"中国化"问题之前，先明确讲了坚持马克思主义的原则和立场问题，认为经典作家的理论"是'放之四海而皆准'的理论"，并且尖锐地指出了我们党的马列主义修养还不高，这就需要学习，来一个全党的学习竞赛。毛泽东还指出："共产党员是国际主义的马克思主义者。"[①]以上说明，在毛泽东看来，"中国化"只能是马克思主义的中国化，其前提是坚持马克思主义的基本立场、观点和方法，是坚持马克思主义理论内容的国际性，而不是相反。正如美国著名的毛泽东研究专家斯图拉特·施拉姆（Stuart R. Schram）所断言的那样：毛泽东"已经完全吸收了马克思主义的范畴，而且全身心地投身于世界革命。认为他首先是一个仅仅为其民族主义目的而利用马列主义的观点是荒谬的"[②]。

第二，关于马克思主义中国化的民族形式问题。马克思主义中国化是指把国际性的马克思主义原则和方法的理论体系以某种方式变成中国式的东西，使其带有中国民族的特性，赋予它中国的作风和气派。毛泽东认为，马克思主义是内容上的国际性与形式上的民族性的完美结合。马克思主义要在中国发生作用，必须实现与中国传统文化的结合，并通过中国优秀思想

① 《毛泽东选集》第2卷，人民出版社1991年版，第534页。

② 转引自《毛泽东思想论坛》1993年第1期。

传统的作用内化为中华民族的思维方式。在《新民主主义论》中，他郑重写道：中国共产主义者对于马克思主义在中国的应用，“必须将马克思主义的普遍真理和中国革命的具体实践完全地恰当地统一起来，就是说，和民族的特点相结合，经过一定的民族形式，才有用处，决不能主观地公式地应用它”[①]。他尖锐地指出：洋八股必须休息，而代之以新鲜活泼的、为中国老百姓所喜闻乐见的中国作风和中国气派。这就是说，只有把马克思主义民族化，才能真正地坚持马克思主义。相反，“把国际主义的内容和民族形式分离起来，是一点也不懂国际主义的人们的做法”[②]。

第三，也是最主要的一点就是关于马克思主义中国化的根本目的问题。把马克思主义中国化，为的是使马克思主义能适应中国的国情，按照马克思主义对理想社会目标的追求，能动地改造中国社会。毛泽东明确指出，对于马克思主义的理论，要能够精通它、应用它，精通的目的全在于应用。他还认为，中国真正的马克思主义者，应当是中国化的马克思主义的化身，应当是能够真正领会马列主义的立场、观点和方法，并且应用它去深刻地、科学地分析中国的实际问题，并找出它的发展规律的人。

综上所述，毛泽东关于马克思主义中国化的本质内涵的思想主要集中在两大方面：一方面是毫不动摇地坚持马克思主义，将马克思主义与中国的具体实际密切地结合起来，并创造性地加以应用，从根本上改变照抄经典作家书本、照搬苏联经验和盲目接受共产国际指示的情况，使马克思主义在中国实践化、现实化；另一方面是在将马克思主义运用于指导中国革命实践的过程中，不断将革命的实践经验加以提炼，上升为普遍性的理论，同时还要结合中国传统文化，将其精华部分融化到马克思主义体系中去，为马克思主义增加新的内容，从而丰富和发展马克思主义，形成中国化的马克思主义体系。

三、实现马克思主义中国化的原则、途径和方法

毛泽东在提出了马克思主义中国化的任务并明确了马克思主义中国化的本质内涵的基础上，对如何实现马克思主义中国化的诸多问题，进行了认

① 《毛泽东选集》第2卷，人民出版社1991年版，第707页。

② 《毛泽东选集》第2卷，人民出版社1991年版，第534页。

真的研究和探讨，阐明了实现马克思主义中国化的根本原则、途径和方法等问题，为马克思主义中国化任务的实现奠定了基础。

（一）实现马克思主义中国化的根本原则：普遍原理同具体实践相结合

对于马克思主义在不同民族和国家的运用和发展，经典作家们也曾明确表露过要把马克思主义的普遍原理与各民族和国家的具体实践相结合的思想意向。例如，1872 年马克思在阿姆斯特丹群众大会上发表演说，讲到工人夺取政权的道路时指出：我们从来没有断言，为了达到这一目的，到处都应当采取同样的手段。我们知道，必须考虑到各国的制度、风俗和传统。1885 年 4 月，恩格斯在一封信中也说过：在我看来，马克思的历史理论是任何坚定不移和始终一贯的革命策略的基本条件；为了找到这种策略，需要的只是把这一理论应用于本国的经济条件和政治条件。列宁继承和发展了马克思、恩格斯的思想并强调指出，只要各个民族之间、各个国家之间的民族差别和国家差别还存在，他们在运用共产主义基本原则时，都必须在细节上正确地加以改变，使之正确地适应和运用于民族的和民族国家的差别。然而，无论是马克思、恩格斯还是列宁，他们都没有明确提出过这个原则，最先申明提出这个原则的是毛泽东。1929 年，为了纠正红军中的主观主义的唯心观念和方法，毛泽东在起草的古田会议决议里讲了两条：第一条，是教育党员用马列主义的方法作政治形势的分析和阶级势力的估量，以代替唯心方法的分析和估量，这讲的是坚持马克思主义；第二条，是使党员注意社会经济的调查和研究，由此来决定斗争的策略和工作的方法，这讲的是尊重中国实际。古田会议讲的这两条，可以看作毛泽东关于马克思主义普遍原理与中国革命具体实践相结合思想的雏形。

1930 年 5 月，毛泽东写出《反对本本主义》一文，大大推进了古田会议的思想。这篇文章全面论述了调查研究的理论，提出了“共产党人从斗争中创造新局面的思想路线问题”，其实质即是强调马克思主义必须同我国的实际情况相结合，并首次明确提出了“结合”这一命题：“马克思主义的‘本本’是要学习的，但是必须同我国的实际情况相结合。”[①]随着革命事业的发展、实践经验教训的积累和丰富，党和毛泽东对于马克思主义同中国革命实践的关系的认识也不断提高。1939 年，毛泽东在《〈共产党人〉发刊词》中把“马克思列宁主义的理论和中国革命的实践相结合”作为公式提了出来，并把是否

① 《毛泽东选集》第 1 卷，人民出版社 1991 年版，第 111～112 页。

善于“结合”看作我党成熟程度的一个主要标志和尺度。从此以后，理论与实践相结合的思想原则逐渐成为中国共产党人在把马克思主义中国化的过程中共同遵守的根本原则，其内容也随着实践的深入而日益丰富和发展。直到新中国成立以后，毛泽东仍反复强调坚持这一根本原则的重要性。1956 年 4 月，他在《论十大关系》中指出：我们要学的是属于普遍真理的东西，并且学习一定要与中国实际相结合。我们的理论，是马克思列宁主义的普遍真理同中国革命的具体实践相结合。在党的八大预备会议上，他又说：马克思主义的普遍真理一定要同中国革命的具体实践相结合。理论与实践的统一，是马克思主义的一个最基本的原则。

在把马克思主义中国化的过程中，毛泽东重视理论与实践相结合的根本原则，并对普遍原理要结合的具体实际内容进行了多方面的阐发，比如，他强调要结合人们的思想实际、历史实际、当前的革命实践等方面来应用马克思主义。这些都是值得深入研究的思想。但更值得引起我们重视的是，他在长期的革命和建设实践中还阐明了如下几个方面的思想，以指导人们更好地实现马克思主义普遍原理同中国具体实践的结合，使马克思主义中国化。这几个方面的重要思想是：(1)“结合”必须以实事求是为前提；(2)“结合”必须走群众路线；(3)“结合”要独立自主；(4)“结合”是个创造性过程；(5)“结合”是个长期的过程。

（二）实现马克思主义中国化的基本途径：三个著名公式

实现马克思主义中国化，就是要求既要坚持马克思主义，又要在中国发展马克思主义，形成中国化的马克思主义。那么，怎样才能真正做到这一点呢？在长期的革命实践过程中，毛泽东在总结马克思主义理论和中国革命实践相结合经验的基础上所阐述的三个著名公式，实际是他对实现马克思主义中国北的基本途径的简明表达。

1.第一个公式：实践—理论—实践

马克思主义中国化的过程，是“普遍原理”与“具体实践”矛盾辩证运动的过程。马克思认为，辩证运动的实质是对立双方融合成一个新范畴。这告诉我们，中国化过程中“普遍原理”与“具体实践”的辩证运动必然会融合成新的东西。这有两个方面：其一，马克思主义在中国不断实践化、现实化，使中国这个世界按照马克思主义所追求的社会目标运行；其二，关于中国社会实践的理论将不断马克思主义化，形成中国化的马克思主义。这是因为在理论与实践的辩证运动中必然发生二者的双向转化，一是理论向实践的转化，二是实践向理论的转化，理论和实践就是在双方的辩证矛盾运动中不断得到发展的。毛泽东正是依据理论和实践辩证矛盾的这种本质规定，提出了“实践—理论—实践”的公式，其目的也是双重的：一方面是为了在马克思主义普遍原理的指导下改造中国社会；另一方面是在这种实践中概括出中国化的马克思主义理论，以更好地指导实践。在这里，前一个“实践”指的是在马克思主义指导下的初步的实践活动；“理论”是指对马克思主义普遍原理指导下实践活动经验进行概括而取得的新的理论认识，这里已经融合进了新的符合中国国情的内容；后一个“实践”是指在已经初步中国化了的马克思主义理论指导下的新的实践活动，这个实践活动将进一步纠正原有理论的不足，从而使理论更趋完善，对未来实践的指导也会更有成效。马克思主义中国化就是在理论与实践的这种辩证运动中不断实现和发展的。

2.第二个公式：个别——一般—个别

马克思主义普遍原理是一般，各种具体的实践是个别，因此，马克思主义中国化的过程又是一般和个别的辩证矛盾运动。毛泽东将个别与一般辩证矛盾运动的原理运用于实际工作，提出了一般号召和个别指导相结合的工作方法。他号召大家，要“从许多个别指导中形成一般意见（一般号召），又拿这一般意见到许多个别单位中去考验（不但自己这样做，而且告诉别人也这样做），然后集中新的经验（总结经验）做成新的指示去普遍地指导”[①]。这就是毛泽东所概括的“个别——一般—个别”的公式。在这个公式中，前一个“个别”是指领导干部用马克思主义理论来指导个别单位或个别方面的实践活动，目的是从中概括出符合实际情况的一般理论来以作为全面开展工作的指导；“一般”是指在用马克思主义理论分析研究和指导个别方面的实践活动时总结出的一般结论，这是马克思主义普遍原理与具体实践相结合的初步结晶；后一个“个别”是指用已形成了的中国化了的马克思主义理论去指导其他单位或个别方面的实践活动，这个实践活动将进一步纠正、补充和发展已形成了的中国化了的马克思主义理论，从而更好地指导实践。在实际工作中采取从个别指导到一般号召，又从一般号召到个别指导的工作方法，体现了人们认识事物从个别到一般，又从一般到个别的辩证发展过程，体现了一般理论和个别实践的辩证运动规律。马克思主义中国化也必然要通过这个辩证运动来开辟实现自己的道路。

---

① 《毛泽东选集》第3卷，人民出版社1991年版，第900页。

3.第三个公式:群众—领导—群众

实现马克思主义与中国具体实践相结合,使马克思主义中国化,必须实现马克思主义普遍原理与中国革命的实践主体——人民群众的有机结合,即实现马克思主义群众化和群众的马克思主义化的双向统一。毛泽东将这个统一具体化为相信群众自己解放自己的首创精神与革命政党马克思主义科学领导的有机统一,并提出了实现这个统一的公式:群众—领导—群众。在《关于领导方法的若干问题》一文中,毛泽东具体论述了这个公式的内容:“在我党的一切实际工作中,凡属正确的领导,必须是从群众中来,到群众中去。这就是说,将群众的意见(分散的无系统的意见)集中起来(经过研究,化为集中的系统的意见),又到群众中去作宣传解释,化为群众的意见,使群众坚持下去,见之于行动,并在群众行动中考验这些意见是否正确。然后再从群众中集中起来,再到群众中坚持下去。如此无限循环,一次比一次地更正确、更生动、更丰富。”[①]在这里,领导代表着马克思主义一般理论,群众的具体活动代表着中国革命的具体实践,坚持群众路线,在实践中实现领导与群众相结合,也就是实现一般与个别、理论与实践的结合,因此领导与群众相结合的辩证运动过程,也就是实现马克思主义中国化的过程。

(三)实现马克思主义中国化的方法:独具特色的方法论体系

从总体上说,毛泽东关于实现马克思主义中国化的方法论体系是由一般方法和具体方法两个基本层次构成的。所谓一般方法,是表明立场、观点的方法,它是具体方法的基础。在这个层次上,毛泽东特别注重调查研究的理论和矛盾分析的方法。调查研究,是毛泽东提出并着力提倡的理论和方法。他认为,一切从实际出发,对中国特殊的国情进行艰苦细致的调查研究,是实现马克思主义中国化的关键。运用马克思主义的基本观点,做周密的调查,是了解情况的最基本的方法,只有这样,才使我们具有对中国社会问题的最基础的知识。矛盾分析的方法,是毛泽东一向重视并作出重大贡献的方法。其着重点是置于矛盾的共性与个性的辩证关系的问题上,并把它作为事物矛盾问题的精髓而加以强调,目的就在于启发人们要牢牢掌握这一科学方法,正确认识和处理马克思主义普遍原理与中国具体实践相统一和结合的问题,使马克思主义中国化。所谓具体方法,是指建立在一般方法基础上,适用于某一特殊领域的具体的方法。比如,关于革命战争的战略

① 《毛泽东选集》第3卷,人民出版社1991年版,第899页。

战术的辩证方法，关于无产阶级政党的政策和策略的辩证方法，关于党内团结和斗争的辩证方法，思想政治工作中的辩证方法，以及一些具体的领导方法和领导艺术等，这方面的内容相当广泛和丰富多彩，几乎涉及实际工作的各个方面。这两个层次，相互渗透，有机统一，形成了完整的思想方法论体系，这个体系推动了马克思主义中国化的历史过程。

本文原载于《理论学刊》1993 年第 6 期，1995 年 12 月获山东省第十次社会科学优秀成果二等奖。

改造世界观:清除腐败的一项治本之举

王发文　张　辉

腐败现象是侵蚀党和国家健康肌体的病毒。深入开展反腐败斗争,清除消极腐败现象,是新时期全党的一项重要政治任务。党中央指出,清除腐败现象,要标本兼治,综合治理。治标,主要是查处大案要案,惩治腐败分子;治本,则一靠教育,二靠法制,消除产生腐败现象的根源和条件。所谓教育,其内容和要求很多,但我们认为,最根本的问题,是教育党员干部、特别是领导干部改造世界观。

世界观是人们思想行为的基础,人们的任何思想行为无一不受世界观的制约和支配。腐败现象产生和蔓延的根本原因之一,就是一些党员干部的世界观出了问题。因此,改造世界观,是清除腐败现象的一项治本之举。

我们党的老一辈革命家都十分重视世界观的改造。早在土地革命战争时期,毛泽东同志就提出要用无产阶级思想克服各种非无产阶级思想的问题,并指出无产阶级思想与非无产阶级思想的矛盾是党内的基本矛盾。据此,他提出了著名的"首先着重从思想上建党"的建党原则。抗日战争时期,毛泽东同志又创造了整风这种改造世界观的好形式。新中国成立后,毛泽东同志又多次强调:世界观的转变是一个根本的转变。强调要加强政治教育和思想政治工作,号召全党和全国人民刻苦改造世界观。刘少奇同志在《论共产党员的修养》中指出:"人的言论行动,都是有人的思想意识来作指导的。而人的思想意识又常常和他的世界观分不开的。我们共产党员的世界观,只能是共产主义的世界观。"因此,每个共产党员都要"用共产主义的世界观去同自己的各种非共产主义的世界观进行斗争",用"共产主义的世界观克服以至肃清其他各种非共产主义的世界观”。① 周恩来同志也十分重视世界观的改造，他提出领导干部要过“五关”（思想关、政治关、社会关、亲属关、生活关），其首要一条是要过好思想关。他指出：“过思想关就是我们常说的思想改造，是解决世界观和人生观的问题，也就是要树立马克思列宁主义或者说辩证唯物主义和历史唯物主义的世界观和人生观。”并说：“这是一辈子的事。”②由于老一辈革命家的号召、倡导和示范，自觉改造世界观成为我们党的一个优良传统，成为我们党领导中国革命和建设事业不断取得胜利的重要保证。

但是，由于种种原因，近几年来，世界观改造问题提得少了，声音弱了，党员干部改造世界观的观念淡化了，有的甚至视之为“左”的东西，加以抛弃了。联系当前各种消极腐败现象，这不能不引起我们的思考。有人说，腐败现象得以产生和蔓延的原因，是由于各种剥削阶级思想的影响的长期存在，对外开放后又钻进来一些西方资本主义腐朽的东西。这种观点没有错。但是，再往深处想一想，这些旧的“影响”和外国的东西，是怎样转化成当代中国的腐败现象的？显然是通过影响和改变我们一些党员干部的无产阶级世界观，使他们在资产阶级世界观支配下滋生了消极腐败行为。据此断言，世界观更具根本性，如果它不出问题，任何坏“影响”坏“东西”都休想起作用！有人说，消极腐败现象得以产生和蔓延的原因，是由于我们的法律和制度不健全。诚然，健全的法律和制度能使好人便于做好事，使坏人难以做坏事。但须清楚，制度是死的，而人是活的，以活人而钻死制度之空子，恐怕不会一点办法没有。而且制度可由人而定，也可由人而废。因此最终极的原因，还是人，是人的世界观。如果不承认这一点，我们就难以解释为什么在相同的法律制度下，有的人能够成为廉洁奉公的模范，而有的人则蜕变为腐败分子。总而言之，放松了世界观的改造，是消极腐败现象得以产生和蔓延的根本原因之一。由此也就不难推论，加强党员干部特别是各级领导干部的世界观的改造，是消除腐败现象的治本措施之一。

抵制剥削阶级腐朽世界观的侵蚀，克服市场经济的负效应，是当前改造世界观必须解决的基本课题；反对拜金主义、享乐主义、极端个人主义，树立艰苦奋斗精神、无私奉献精神、全心全意为人民服务精神，是新形势下改造

---

① 《刘少奇选集》上卷，人民出版社 1981 年版，第 121、122 页。

② 《周恩来选集》下卷，人民出版社 1984 年版，第 423 页。

世界观的核心内容。

剥削阶级作为一个阶级在中国早已被消灭。但是，剥削阶级的世界观（特别是其人生观和价值观）并没有随之进入坟墓，而是像“阴魂”一样到处游荡，寻找机会“附体”，以危害无产阶级的新社会。在对外开放的条件下，西方资产阶级的腐朽思想、生活方式的渗透和影响也是剥削阶级世界观在新形势下发生作用的重要形式和途径。一切剥削阶级的世界观，有一个共同特点，那就是一切为了个人私欲和私利，奉行“人不为己，天诛地灭”的信条。这与无产阶级和共产主义的世界观——全心全意为人民服务，形成了根本的对立。剥削阶级的腐朽世界观的内核可以概括为两个字：一是“私”，二是“贪”。一些手中有权、有物、有钱、有势的党员干部之所以出腐败问题，恰恰是受了这两个东西的侵蚀和毒害。行为上的“私”和“贪”，来源于思想上的“私”和“贪”。显然，这些干部的世界观已经受到剥削阶级腐朽世界观的侵蚀和毒害，有的甚至已经完全是剥削阶级的腐朽世界观。由于我们还处在社会主义初级阶段，剥削阶级腐朽世界观的影响还将长期存在，这既是之所以要改造世界观的原因，同时又为改造世界观提出了一个基本课题——坚持不懈地抵制剥削阶级腐朽世界观的侵蚀。

建立社会主义市场经济体制，是当代中国最深刻的社会变革。市场经济是一柄双刃剑。它既有巨大的正效应，又具明显的负效应。例如，市场经济的等价交换原则，一旦进入政治领域，就会使权力商品化，人格商品化，导致权钱交易；市场经济的求利原则，容易诱发唯利是图、拜金主义等坏作风；在市场经济中先富起来的人们，往往容易摆阔气、讲排场，产生享乐主义；等等。市场经济负效应，归纳为一个字就是“钱”的负效应。钱本来是人用于商品交换的媒介物，但它往往可能被异化为支配人、支配一切的异己力量。这种现象，在市场经济条件下更为突出。由于钱的异化，最终导致了各种腐败现象的产生。克服市场经济的这些负效应，是新时期世界观改造必须解决好的一个新课题。

市场经济的负效应为剥削阶级的腐朽世界观提供了适宜的土壤和气候，剥削阶级的腐朽世界观又反过来强化和扩大了市场经济的负效应。二者相互作用，相辅相成，契合为一个统一体。这个统一体，由“私”“贪”“钱”三者组成。“私”字是出发点，“钱”字是落脚点，“贪”字是行为过程。这三者的结合，又常常表现为拜金主义、享乐主义和极端个人主义的价值取向。这是剥削阶级腐朽世界观在新的历史条件下的具体体现和反映。

各种消极腐败现象都能在此找到思想根源。因此，我们认为，在新形势下改造世界观，其核心内容应该是反对和克服拜金主义、享乐主义和极端个人主义，并树立和坚持艰苦奋斗精神、无私奉献精神和全心全意为人民服务精神。

改造世界观，重在教育，贵在自觉，离不开监督和领导干部的表率作用。

改造世界观，在本质上就是用无产阶级的共产主义世界观去克服和战胜人们头脑中的各种非共产主义世界观。但是，科学的世界观不是人们头脑中固有的，也不是自发产生的，必须从外面往里“灌输”，这也就是教育。教育的内容，首先应该是用马列主义毛泽东思想特别是用邓小平同志建设有中国特色社会主义的理论武装人们的头脑。当前要着重抓好理想教育、道德教育、纪律教育、形势教育、传统教育等。教育的形式应该灵活多样，注重实效，要将系统教育与日常教育相结合，普遍教育与个别教育相结合，一般教育与典型教育相结合，严肃教育与寓教于乐相结合。我们党历来十分重视思想政治教育，并创造和形成了许多好经验、好传统，成为我们党的一大政治优势。但是，近些年来，我们程度不同地放松和忽视了政治教育，这是导致一些党员干部世界观改造“滑坡”的一个重要原因。因此我们说：改造世界观重在教育。

改造世界观，实质上是在思想深处进行的自我革命或叫自我改造。教育，也只有通过被教育者的自我改造才能产生作用。世界观改造贵在自觉。各级党组织要把提高广大党员干部改造世界观的自觉性当作一件大事来抓，抓紧抓好。

改造世界观，自觉性是其内在动因，监督是外在制约，只有二者紧密结合，才能更好地完成世界观改造的任务。对于自我改造自觉性不高的人来说，监督具有更重要的意义。要通过党内监督，开好党内民主生活会，开展积极的思想斗争，批评和自我批评，促进世界观的改造。另外，群众监督、舆论监督和纪律监督也都是不可缺少的行之有效的监督。

领导干部比一般党员干部有更大的影响，手中掌握着更大的权力，因此，领导干部的世界观改造得如何，将直接影响着广大党员干部和群众的世界观改造。领导干部处于领导岗位，有责任教育、帮助一般党员干部改造世界观。但是，必须首先改造好自己，为一般党员干部做出表率。在这方面，周恩来同志为我们全党同志做出了榜样。早在抗战时期，他在重庆自订了“我的修养要则”七条，作为自我修养的准则。后来，他还经常以

“活到老、学到老、改造到老”的名言来勉励自己和别人。周总理在自我修养和改造世界观方面的高度自觉性，深深地教育了我们，受到广大党员和干部的称赞。

本文原载于《党建研究》1994 年第 12 期，1996 年 12 月获山东省第十一次社会科学优秀成果二等奖。

邓小平晚年社会主义思想的深化

李永清

邓小平回答什么是社会主义，使用最多的是两个概念：社会主义原则与社会主义本质。他对于这两个概念在阐述内容上有变化，使用时间也有变化。把时间的变化与内容的区别联系起来考察就会发现，邓小平晚年的社会主义思想有一个不断深化的过程。用“社会主义本质”来回答什么是社会主义，是这一深化的结果，是对以前社会主义认识的丰富和发展。了解把握这一深化的过程与结果，对深入学习邓小平建设有中国特色的社会主义理论，并以这一理论来指导今天的改革开放与社会主义现代化建设有着重大的理论意义和实践意义。

一、从“社会主义原则”到“社会主义本质”，邓小平回答什么是社会主义使用概念的变化

从“文化大革命”结束、邓小平复出到 1986 年 9 月，邓小平在回答什么是社会主义时一般使用“社会主义原则”这一概念。

1979 年 3 月，邓小平在党的理论工作务虚会上说：“我们从实践上和理论上，都批判了‘四人帮’那种以极左面目出现的主张普遍贫穷的假社会主义，我们坚持了社会主义公有制和按劳分配的原则。……也就是说，我们坚持了科学社会主义。”①这是邓小平“文化大革命”后第一次讲到社会主义原则：公有制和按劳分配。

① 《邓小平文选》第 2 卷，人民出版社 1994 年版，第 165 页。

1985年前后，邓小平多次讲到社会主义原则。1985年3月7日，邓小平在全国科技工作会议上讲："总之，一个公有制占主体，一个共同富裕，这是我们所必须坚持的社会主义原则。"①1985年8月28日邓小平又讲："在改革中坚持社会主义方向，这是一个很重要的问题。……社会主义有两个非常重要的方面，一是公有制为主体，二是不搞两极分化。……总之，我们的改革，坚持公有制为主体，又注意不导致两极分化，过去四年我们就是按照这个方向走的，这就是坚持社会主义。"②大体相同的话邓小平在这一时期还讲过几次。显然，在邓小平看来，坚持了公有制为主体和共同富裕就是坚持社会主义。

1986年9月，邓小平对社会主义原则又作了这样的表述："社会主义原则，第一是发展生产，第二是共同富裕。"③同年12月，他又讲道："我们要发展社会生产力，发展社会主义公有制，增加全民所得。我们允许一些地区、一些人先富起来，是为了最终达到共同富裕，所以要防止两极分化。这就叫社会主义。"④这一阶段，邓小平回答什么是社会主义仍然用的是"社会主义原则"这一名词，但内容已有所改变。

从1986年9月以后，邓小平就不再使用"社会主义原则"这一概念，而逐步以"社会主义本质"来回答什么是社会主义。

"社会主义本质"这一概念，在《邓小平文选》中出现过四次。1980年5月5日，邓小平讲："社会主义是一个很好的名词，但是如果搞不好，不能正确理解，不能采取正确的政策，那就体现不出社会主义的本质。"⑤1985年8月21日，他又说："对内搞活经济，是活了社会主义，没有伤害社会主义的本质。"⑥这两次讲话，只提到社会主义本质，而没有用"社会主义本质"回答什么是社会主义。

1990年12月24日，邓小平在同几位中央负责同志谈话时指出："社会主义最大的优越性就是共同富裕，这是体现社会主义本质的一个东西。"⑦1992年初，邓小平在视察南方谈话中用"社会主义本质"这一概念全面地回

① 《邓小平文选》第3卷，人民出版社1993年版，第111页。

② 《邓小平文选》第3卷，人民出版社1993年版，第138～139页。

③ 《邓小平文选》第3卷，人民出版社1993年版，第172页。

④ 《邓小平文选》第3卷，人民出版社1993年版，第195页。

⑤ 《邓小平文选》第3卷，人民出版社1993年版，第313页。

⑥ 《邓小平文选》第3卷，人民出版社1993年版，第135页。

⑦ 《邓小平文选》第3卷，人民出版社1993年版，第364页。

答了什么是社会主义:“社会主义的本质,是解放生产力,发展生产力,消灭剥削,消除两极分化,最终达到共同富裕。”①

以上引用了邓小平同志关于“社会主义原则”与“社会主义本质”的几乎全部的论述。可以看到,1986年9月以前,邓小平同志主要用“社会主义原则”这一概念来回答什么是社会主义;1986年9月以后,邓小平同志则用“社会主义本质”这一概念来回答什么是社会主义。邓小平同志没有在同一时期交替使用这两个概念。这两个概念使用时间的变化是显而易见的。

不论是“社会主义原则”,还是“社会主义本质”,都是邓小平用来回答什么是社会主义的名词。他并没有刻意区分“原则”与“本质”词义上的不同。1985年前后,当他更多地用“社会主义原则”这一概念时,也同时讲到,公有制为主体和不搞两极分化是社会主义两个非常重要的方面。1986年9月,他仍然用“社会主义原则”这一概念,但讲的却是他以后阐述的社会主义本质的内容。

从“社会主义原则”到“社会主义本质”,邓小平回答什么是社会主义使用概念的变化,为我们考察邓小平晚年社会主义思想的深化提供了一个清晰的线索,而更重要的,是内容的深化。

二、从“公有制与按劳分配”到“发展生产与共同富裕”,邓小平回答什么是社会主义内容的深化

到底什么是社会主义?这是邓小平晚年思考最多的一个问题。在不同的时期,他有着不同的回答:1979年,公有制与按劳分配;1985年前后,公有制为主体与共同富裕;1986年,发展生产与共同富裕;1992年,解放生产力,发展生产力,消灭剥削,消除两极分化,最终达到共同富裕。这就是邓小平晚年社会主义思想深化的进程。

在这一进程中,有两个最重要的变化。

一是从“按劳分配”到“共同富裕”。进入20世纪80年代以后,特别是1985年前后邓小平多次讲到什么是社会主义这个问题,无一例外的都是讲“共同富裕”或“不搞两极分化”。他有时也讲到按劳分配,但那是作为分配原则讲的。例如,1987年10月30日,他讲道:“我们的分配原则是按劳分

① 《邓小平文选》第3卷,人民出版社1993年版,第373页。

配。当然分配中还会有差别，但我们的目的是共同富裕。”①

二是从“公有制为主体”到“发展生产”。从字面上看，这一变化发生在1986年9月2日的那次谈话中。在此以前，邓小平讲社会主义原则也好，讲社会主义两个非常重要的方面也好，都是讲公有制占主体和共同富裕，而这一次讲的是：第一是发展生产，第二是共同富裕。联系邓小平前前后后的关于社会主义的论述，可以肯定地说：邓小平此时这样讲，绝不是用语的一般性变化，而是他对社会主义认识深化的一个标志。

“文化大革命”结束、邓小平复出后，他就明确指出：“四人帮”那种以极左面目出现的主张普遍贫穷的社会主义是假社会主义。他说：“不解放思想不行，甚至于包括什么叫社会主义这个问题也要解放思想。经济长期处于停滞状态总不能叫社会主义。人民生活长期停止在很低的水平总不能叫社会主义。”②这一阶段，邓小平更多地是讲什么不是社会主义。

什么是社会主义？20世纪80年代以后，伴随着我国改革开放的不断深入，邓小平在苦苦思索着这一问题。他在不同的场合，作出了内容大体相同的表述：“讲社会主义，首先就要使生产力发展，这是主要的。只有这样，才能表明社会主义的优越性。”③“什么叫社会主义，什么叫马克思主义？我们过去对这个问题的认识不是完全清醒的。马克思主义最注重发展生产力。”④“要坚持社会主义制度，最根本的是要发展社会生产力。这个问题长期以来我们并没有解决好。”⑤到底什么是社会主义？或者说社会主义最根本的、处于第一位的是什么？一个答案在邓小平的脑海里越来越清晰，越来越肯定。到1986年9月，邓小平再从正面回答什么是社会主义时，有了一个新的表述：发展生产与共同富裕。

1987年4月26日，邓小平进一步把生产力发展水平这一衡量一个社会是否是社会主义社会的标准量化使用：“搞社会主义，一定要使生产力发达，贫穷不是社会主义。我们坚持社会主义，要建设对资本主义具有优越性的社会主义，首先必须摆脱贫穷。现在虽说我们也在搞社会主义，但事实上不够格。只有到了下世纪中叶，达到了中等发达国家的水平，才能说真的搞了

① 《邓小平文选》第3卷，人民出版社1993年版，第255页。
② 《邓小平文选》第2卷，人民出版社1993年版，第312页。
③ 《邓小平文选》第2卷，人民出版社1993年版，第314页。
④ 《邓小平文选》第3卷，人民出版社1993年版，第63页。
⑤ 《邓小平文选》第3卷，人民出版社1993年版，第149页。

社会主义，才能理直气壮地说社会主义优于资本主义。”[①]显然，邓小平认为，生产力标准是社会主义的首要标准，它居生产关系标准之前。

1988年5月，邓小平公开表明：“过去我们满脑袋框框，现在就突破了。我们坚持马列主义、毛泽东思想，坚持社会主义道路，不过什么叫社会主义的问题，我们现在才解决。”[②]1985年前后，邓小平还多次讲：社会主义是什么，马克思主义是什么，过去我们并没有完全搞清楚，并自问自答地详尽阐述这一问题。到了1988年，他认为才解决了什么叫社会主义问题。可见，什么叫社会主义问题解决的时间是在1985年到1988年，核心是发展生产力。

1986年9月以后，邓小平曾三次讲到公有制问题，其中有两次是在讲了发展生产力之后讲的。[③] 特别是1992年视察南方谈话这一次，他讲到深圳公有制是主体时，是为了进一步阐述“三个有利于”的标准，还是把发展生产力放在“应该主要看”的首要位置上。1987年4月16日，邓小平会见香港特别行政区起草委员会委员时讲道：“我们社会主义制度是以公有制为基础的，是共同富裕，那时候我们叫小康社会，是人民生活普遍提高的小康社会。”[④]联系上下文内容看，邓小平同志在此强调的是公有制为基础的共同富裕能使人民生活普遍达到小康，而不是回答什么是社会主义。

1992年邓小平视察南方谈话关于社会主义本质的论述是对什么是社会主义最集中的回答。在此，他既讲了发展生产力，又讲了解放生产力，既讲了共同富裕，又讲了消灭剥削，并且把共同富裕加上“最终达到”四个字，核心内容还是发展生产与共同富裕。

从“公有制与按劳分配”到“公有制为主体与共同富裕”，再从“公有制为主体与共同富裕”到“发展生产与共同富裕”，这两大变化，是邓小平晚年社会主义思想深化的集中体现。“发展生产与共同富裕”是邓小平社会主义思想深化的最终成果，是他对什么是社会主义这一问题更全面、更科学、更准确的回答。只有用联系的、发展的眼光去考察邓小平晚年社会主义思想的变化，才能更好地理解把握邓小平的社会主义思想，才能真正冲破传统社会主义观念的樊篱。

---

① 《邓小平文选》第3卷，人民出版社1993年版，第225页。
② 《邓小平文选》第3卷，人民出版社1993年版，第261页。
③ 参见《邓小平文选》第3卷，人民出版社1993年版，第195、372页。
④ 《邓小平文选》第3卷，人民出版社1993年版，第216页。

三、全面、科学、准确的回答，全新而具有重大现实意义的标准

以往回答什么是社会主义，着眼点仅是社会主义制度。作为制度，它只能包括生产关系和上层建筑，具体到经济制度，又只能包括生产关系。所以，长期以来，我们把生产资料公有、按劳分配、计划经济看作是社会主义最主要的东西，也导致了生产关系脱离生产力水平的盲目激进的超前变革。邓小平晚年思考什么是社会主义时冲出了“制度”的局限，他回答什么是社会主义指的是整个社会主义社会。作为社会，它首先是生产力状况，其次才是生产关系和人民群众的生活水平。作为社会主义社会，它必须能够解放生产力，发展生产力，生产力达到一定高度，并且在发展生产力的基础上不断改善人民的物质文化生活。因此说，邓小平晚年关于社会主义的回答是更全面的回答。

社会主义之所以必然取代资本主义，就是因为资本主义的生产关系阻碍了生产力的发展，而社会主义能够解放生产力，进一步发展生产力。这是马克思主义最基本的原理，也是科学社会主义同空想社会主义的根本区别。恩格斯在《社会主义从空想到科学的发展》一文中早就指出：“自从资本主义生产方式在历史上出现以来，由社会占有全部生产资料，常常作为未来的理想隐隐约约地浮现在个别人物和整个派别的头脑中。但是，这种占有只有在实现它的实际条件已经具备的时候，才能成为可能，才能成为历史的必然性。正如其他一切社会进步一样，这种占有之所以能够实现，并不是由于人们认识到阶级的存在同正义、平等等相矛盾，也不是仅仅由于人们希望废除阶级，而是由于具备了一定的新的经济条件。”[①]对社会主义的认识，不考虑生产力水平，不注重它能否解放生产力、发展生产力的本质，只从正义、平等等美好向往的理念思维中寻求社会主义、评判社会主义、构建社会主义，在理论上是违背马克思主义的，在实践上只能导致空想的社会主义、贫穷的假社会主义。在这方面，我们曾有过极其沉痛的历史教训。邓小平把解放生产力、发展生产力作为社会主义的首要问题提出，把生产力水平作为衡量社会主义够不够格的根本尺度，是对什么是社会主义更深刻的认识、更科学的

① 《马克思恩格斯选集》第3卷，人民出版社1995年版，第755～756页。

回答。

本质是事物的根本属性，它决定了事物的其他任何方面。社会主义也不例外，一切特征、原则、方式、手段等等都由社会主义本质所决定。符合社会主义本质的才是社会主义的。社会主义的本质是解放生产力，发展生产力，消灭剥削，消除两极分化，最终达到共同富裕。毫无疑问，社会主义生产资料的占有方式相对于解放生产力、发展生产力这一社会主义的本质来讲，只能是手段、是方式，它只有有利于解放生产力、发展生产力，才是社会主义的。同样，消费资料的分配方式相对于消灭剥削、消除两极分化，最终达到共同富裕来讲，也只能是手段、是方式，要由本质来决定。邓小平精辟地概括了社会主义本质，并以此来回答什么是社会主义，从根本上纠正了我党长期以来注重社会主义的外在形式而忽略社会主义的本质属性的错误，是对什么是社会主义的最准确的认识与回答。

由于历史上的种种原因，社会主义形成了一个固定模式：公有制、按劳分配、计划经济。这个模式的长期存在，又演化成人们衡量一个社会是否是社会主义的标准。计划经济这条标准经过邓小平同志十几年的努力，终于被冲破了。邓小平 1992 年初视察南方谈话以后，特别是党的十四大明确确定把建立社会主义市场经济体制作为经济体制改革的目标以后，从根本上解除了把计划经济作为社会主义标准之一的思想束缚。而公有制和按劳分配，或者说公有制为主体和按劳分配为主要分配方式，在什么范围内，在多大程度上成为社会主义的标准，仍然是人们深入思考而又谨慎回答的问题，直接影响着改革开放的深入发展与社会主义现代化建设的进程。

邓小平晚年对社会主义认识的深化，对社会主义本质的阐述，对什么是社会主义全面的、科学的、准确的回答，实际上提出了判断一个社会是否是社会主义社会的全新的标准，即判断一个社会是否是社会主义社会有两条：第一条是社会主义社会必须是能够解放生产力、发展生产力的社会，必须是消灭了贫穷，达到一定生产力水平的社会。第二条是社会主义要消灭剥削，消除两极分化，最终达到共同富裕。概括地讲就是：第一是发展生产，第二是共同富裕。这两条标准，是邓小平晚年社会主义思想深化的结果。

在邓小平晚年的社会主义思想中，首先，这两条标准是统一的，缺一不是真的搞了社会主义。只有生产力的解放和发展，不消灭剥削，不消除两极分化，没有共同富裕的目标取向，就不是社会主义。同样，消灭了剥削，消除了两极分化，没有生产力的解放和发展，生产力达不到一定水平，也不是社会主义。其次，这两条标准是有位次区别的，第一是发展生产，第二是共同富裕。解放生产力、发展生产力较之剥削的消灭、两极分化的消除、共同富裕的实现是更基础、更首要的。没有生产力的解放和发展，生产力达不到一定水平，即便暂时消除了剥削和两极分化，也只能是贫穷的假社会主义。而有了生产力的解放和发展，只要坚持共同富裕的目标取向，即使有少量和局部的剥削现象存在和一定程度的贫富悬殊，也是初级阶段的社会主义，最终会使生产力达到一定水平，实现共同富裕，成为够格的社会主义。

邓小平建设有中国特色社会主义理论是他留给我们全党、全国各族人民的最宝贵的精神财富，是我国改革开放与社会主义现代化建设事业的指导思想。而建设有中国特色社会主义理论的首要问题就是回答什么是社会主义。经过十几年实践总结和理论思索，邓小平对这一问题作出了全面、科学、准确的回答，改变了对社会主义的传统认识，提出了判断一个社会是否是社会主义社会的全新的标准。认真学习领会邓小平晚年的社会主义思想，接受邓小平晚年提出的“第一是发展生产，第二是共同富裕”的新的标准，我们全党、全国人民的思想就会有一个新的解放。我们才能够真正理解什么是社会主义初级阶段，什么是有中国特色的社会主义，牢固树立建设有中国特色社会主义的共同理想；才能够始终把发展生产力放在一切工作的首位，牢固树立坚持党的基本路线不动摇的坚定信念；才能够摆脱空泛无谓地讨论姓“社”姓“资”的问题，在实际工作中真正贯彻邓小平“三个有利于”的标准，把改革推向深入，把社会主义现代化建设事业推向前进。

本文原载于《发展论坛》1997 年第 6 期，1998 年 10 月获全国党校系统第二届优秀科研成果二等奖，1997 年获山东省精品工程奖。

社会科学理论及其当代意义

商志晓

当代社会发展，不仅将自然科学技术推到了第一生产力的地位上来，而且也愈来愈将社会科学理论，特别是那些指导社会发展方向和社会发展道路，成为阶级、政党、民族之思想基础的科学理论，突出起来，使之在整个社会发展中占有极为重要的地位，发挥着不可替代的独特作用。党的十四届六中全会关于社会主义精神文明建设的决议强调指出："要重视基础理论研究，加强重点学科建设。"并重申"以科学的理论武装人"，即用邓小平建设有中国特色社会主义理论武装全党的战略任务。为了胜利完成这一战略任务，我们除了在实际工作中采取有力措施外，从思想上也要不断提高认识，增强使命感和紧迫感。为此，我们有必要对其中所蕴含着的一些理论问题，如什么是理论、什么样的理论是科学理论、科学理论具有何种功能以及它在当代社会具有什么意义等，从哲学层面上予以阐发说明。

一、理论的基本规定

因人类活动从大的方面可以划分为实践与认识两大领域，故而在与认识相联系或相区别的意义上，"理论"成为一个使用频率极高的概念。"理论"和我们一般所说的认识不同。第一，在反映内容上，理论反映的是事物的内在矛盾、关系、本质和规律，表现为理性认识和理性认识成果，有关事物外部的、现象的、表面的认识和认识成果，则不属于理论的内容。而认识则是指人脑对事物从外层到内里、从现象到本质的全面反映，它既包括感性的、经验的认识，又包括理性的、理论的认识。正是在这一区别的意义上，马克思、恩格斯常常将“理论”与具有理性品格的“思维”联用，毛泽东视理论为“从客观实际抽出来”的东西，视理论家为“深刻地、科学地”分析实际问题并“找出它的发展规律”的人，这都指明了理论把握事物本质和规律的理性特征。第二，在表现形式上，理论表现为一系列具有内在联系的概念、原理，是系统化了的观点体系，一般不用以指称个别观点。而认识则既表现为系统化了的观点体系，又表现为个别观点和单一结论。这就是说，单一的认识成果和个别的观点结论尚不能称之为理论，只有系统、完整、全面、深刻地反映着对象的认识和认识成果才称之为理论。自然科学理论如此，社会科学理论也如此。本文主要和着重从社会科学理论方面论述。

笔者认为对理论做上述的规定，即理论是对事物本质及其规律的认识，是由一系列具有内在联系的概念、原理组成的观点体系，既有助于我们进一步了解理论的本质和特征，加深对理论及其相关问题的研究，又有助于我们判定理论的真伪，断定一种理论体系之是否形成。这在当前对于提高和增强人们对邓小平建设有中国特色社会主义理论的认识，也有助益。

在学习《邓小平文选》的过程中，有人曾以《邓小平文选》主要是一些讲话、谈话而产生了它是否理论著作，这些讲话、谈话能否成为理论载体并构成建设有中国特色社会主义理论的疑惑。从我们对理论的分析和规定看，这个问题应当说是非常清楚的。邓小平的诸多讲话、谈话，虽说不是思辨性很强的纯理论著作，但却是对一系列事关党和国家命运、事关社会主义前途等重大问题的深刻思考和精辟见解。它围绕着什么是社会主义和如何巩固、建设和发展社会主义这样一个主题或中心，不仅提出了一系列崭新的思想观点，获得了有关对象的本质和规律的理性认识，而且还以其各个思想观点的内在联系构成了一个严谨、完整、系统的科学体系。不仅如此，邓小平的这一系列思想观点还有其科学的哲学理论前提和坚实的实践基础，并且已经在中国社会主义改革开放和现代化建设实践中发挥了巨大指导作用，是被社会实践和社会生活充分证明了的客观真理。对这样的理论，在是否形成和存在方面再受到怀疑，是没有根据的。那种以理论载体的外在表现形式去判断理论思想内容和理论体系是否形成和存在的观点，是一种只见表层而不深究内里、只见现象而不把握本质的表面认识和糊涂观点。

在对待理论这个问题上，我们必须反对两种错误倾向：一是庸俗化，二是神秘化。将理论庸俗化的做法是把理论创造视为简单易做，以为随便提出几个观点就创造出一个理论体系来，动辄标榜有新的理论发现。例如，近年来频繁出现的所谓“新××”“新××主义”“后××”“后××主义”之类，有的只不过罗列一鳞半爪的现象，并未严密地系统地揭示所论对象的客观逻辑。这实际上是一种不负责任、贬低和损伤理论声誉的做法。恩格斯曾结合经济理论研究，对这种庸俗化倾向进行过批评。他说：“当庸俗经济学家不去揭示事物的内部联系却傲慢地断言事物从现象上看是另外的样子的时候，他们自以为这是作出了伟大的发现。实际上，他们所断言的是他们紧紧抓住了外表，并且把它当作最终的东西。”①将理论神秘化的做法则把理论看成是或者演绎成玄而又玄的东西，视理论创造和理论发现为脱离现实之举，对已经形成和实际存在着的理论百般挑剔，持怀疑态度。例如，一些食洋不化、食古不化的所谓理论文章和著作，满纸都是人们（不只是一般群众，也包括在本学科很有造诣的学者）不知所云的文字堆砌。别人看不懂，自己却以此自傲。这实际上是一种将理论贵族化、割裂其与现实生活密切联系的做法。马克思曾批评说：“凡是把理论导致神秘主义的神秘东西，都能在人的实践中以及对这个实践的理解中得到合理的解决。”②对马克思主义理论本身，邓小平同志则明确指出：“是很朴实的东西，很朴实的道理。”③

二、科学理论的科学性

在对理论作出规定之后，我们需要进一步对科学理论作出说明。按照人们的共识，“科学性”即“真理性”。而科学理论就是那种正确地反映对象本质、主观认识与客观实际相统一、具有真理性的理论。也就是被毛泽东称之为“真正的理论”的理论。毛泽东说：“真正的理论在世界上只有一种，就是从客观实际抽出来又在客观实际中得到了证明的理论，没有任何别的东西可以称得起我们所讲的理论。”④毛泽东之所以把这种理论称之为“真正的”和唯一的，就在于：只有这样的理论，才具有实在的内容，具有真理的属性，才体现理论的本质，具有实际的价值，等等。

既然如此，怎样才能赋予理论以科学性呢？或者说科学理论的科学性表现在哪些方面呢？具体说来，应当有以下几方面：其一，它必须在实践的

---

① 《马克思恩格斯选集》第4卷，人民出版社1995年版，第581页。

② 《马克思恩格斯选集》第1卷，人民出版社1995年版，第60页。

③ 《邓小平文选》第3卷，人民出版社1993年版，第382页

④ 《毛泽东选集》第3卷，人民出版社1991年版，第817页。

基础上客观、全面、系统地再现事物的本来面貌、相互关系和历史进程，使事物的本质、规律和各种矛盾由存在形态经过理性思维过程上升为理论形态，凝结为一系列科学的概念、范畴，构成一整套正确的观点、命题、原理。其二，它在客观再现和反映事物现状的同时，必须以对事物本质和规律的把握为前提，去准确有效地预测事物的未来前景，明白无误地指出事物的发展方向，从观念上合乎实际地创造出事物的新形象和新蓝图，使理性思维由事物的“现存”进展到事物的“应有”。其三，它必须不满足于对事物的说明和阐释，力求在说明和阐述中体现出方法论，具备由理论向方法转化的机制和条件，使自身既成为一种理性思维成果，又成为一种有效的指导方法，由此超越精神范围，积极地介入生活，转化为实践。其四，它必须充分反映人民群众的利益，体现人民群众的要求，为人民群众所接受和认可，成为人民群众改造客观世界的思想武器。其五，它必须具有自我批判精神，决不故步自封、孤芳自赏，相反能够容纳、接受社会实践和其他思想理论提出的新问题和新材料，不断从中捕捉新信息、概括新观点、提炼新结论，以自己的开放建立起与现实生活的密切联系，时刻随着实践的发展而发展。

科学理论之科学性的这几个方面，不是相互割裂的，而是内在统一的。我们以此去判定理论之是否科学，不能机械地加以比照，应当进行辩证的考察。事实表明，科学理论的科学性，既体现在理论的各个原理和各个组成部分之中，又体现在理论从创立到发展到完善的各个环节和各个阶段之中。而尤为重要的是，理论的科学性由实践来赋予并由实践来验证。任何新的科学理论的提出，都是总结、概括实践经验的结果，离开了实践，任何理论都没有科学性可言，即便已经获得了的科学性，也必将会丧失。在这方面，马克思列宁主义、毛泽东思想和邓小平建设有中国特色社会主义理论，可说是为一切理论、一切科学理论树立了典范。这些科学理论都是植根于实践之中并在概括实践经验的基础上、在批判地继承和吸取前人优秀思想成果的基础上、遵循着思维发展的内在规律而创立的。它们从一开始就被实践赋予科学性质，并且在指导实践过程中不断汲取新的养料，使其科学性得以充分展示和不断发展。像这样的科学理论，具科学性不仅不会随时间的推移逐渐黯淡以至消失，而且会在实践的锤炼中愈加放射出科学理论的光辉。正是从这个角度，邓小平特别强调：“马克思主义是打不倒的”，“马克思主义的真理颠扑不破”，“世界上赞成马克思主义的人会多起来的”。[①]

科学理论的内在的科学本性要求我们在鉴别和区分是否科学理论时，既不能以某一理论在某一方面某一环节上具有合理性，就以偏概全、以点代面，由此断定该理论为科学理论；也不能因某一理论属于科学理论就将它绝对化，不加分析地肯定和照抄照搬其中的所有观点和所有结论。理论是否科学，关键是看它的精神实质和基本倾向，看它的主体内容和核心观点。整体上是错误的理论，不排除它在某一方面有合理的东西，但它并不因此就是科学的，如现代西方哲学和社会科学中的诸多流派。已经被确认为科学的理论，也可能会在某一具体观点上发生失误，其某些具体原理也可能会不适应于变化了的时间、地点和条件，但这并不能影响其整体的科学性。邓小平说得好：“我们坚持的和要当作行动指南的是马列主义、毛泽东思想的基本原理，或者说是由这些基本原理构成的科学体系。至于个别的论断，那么，无论马克思、列宁和毛泽东同志，都不免有这样那样的失误。但是这些都不属于马列主义、毛泽东思想的基本原理所构成的科学体系。”[②]这告诉我们：对待科学理论的态度要科学，既要克服经验主义，又要克服教条主义。

三、科学理论的当代意义

在马克思主义者看来，不管多么科学、多么正确的理论，如果只是把它空谈一阵，束之高阁，并不实行，那么，这种理论再好也是没有意义的。我们研究科学理论，不能局限于对其科学性的说明，必须结合它的基本功能，对其在社会发展中的地位和作用，特别是它对当代社会的重要意义作出系统的阐发。

有关科学理论的基本功能，我们可以分为两大方面。一是认识功能。认识功能，包括科学理论对相关理论（包括自身）进行鉴别和判断，采取肯定或否定态度的批判功能；对进入认识视野的各种事物及其属性以及有关这些事物的各种知识进行有目的取舍的选择功能；从对事物的现象和特征中说明其来龙去脉，阐发其本质联系和发展规律的解释功能；由事物的现状推知事物的未来状态、过程、关系，有根据地构建事物理想模型的预见功能等

① 《邓小平文选》第3卷，人民出版社1993年版，第382页。

② 《邓小平文选》第2卷，人民出版社1994年版，第171页。

等。二是实践功能。实践功能,包括科学理论转化为方法、作用于人们改造客观世界并发生影响的指导功能;对实践活动和社会行为、对整个社会关系和社会秩序加以规划和调控的管理功能;在解放思想、转变观念、维护信仰、塑造人格等方面发挥启蒙、引导、校正作用的教化功能;经过应用研究和开发过程、使理论直接介入生活领域并产生客观效果的实在功能,等等。功能的这种划分和规定并非十分严格,只是意在基本上概括科学理论所发挥的作用。以此为基础,我们可以进一步揭示科学理论在当代社会的特殊意义。

第一,科学理论在当代社会结构中已成为一个特别重要的因素。由人通过其相互关系组成的社会,是一个由多种要素构成的有机整体。马克思讲:人适应自己的生产力生产出他们在其中活动的"社会关系",适应自己的物质生产水平生产出结成"社会关系的人",还生产出作为社会关系抽象的表现的"各种观念、范畴"[①]。这样一些被人生产出来的"生产物",就作为社会的基本要素构成了社会的基本结构。在历史由低级到高级的发展过程中,各种社会要素不断整合调整,科学理论日益被从精神即"各种观念、范畴"这个大要素中突出出来,在日趋复杂的社会结构中逐渐被赋予独立要素的地位。特别是在当代社会,科学理论作为独立要素的这种地位在整个社会系统中已经愈来愈显著,其重要性也愈来愈明显。有的同志曾指出,中国出毛病,不是出在自然科学上,而是出在社会科学上。这话很深刻、很有道理。

第二,科学理论对当代社会发展的动力作用得到了进一步发挥。历史唯物主义认为:在促进社会发展的诸多动力中,精神动力是其中之一;而精神动力,从一定意义上讲,毋宁说是科学理论动力。从历史上看,理论的作用已是有目共睹,在社会变革转型时期尤其如此。不同的是,先进的、革命的、科学的理论所发挥的作用与社会进步和文明发展相一致,而落后的、反动的、荒谬的理论则与社会进步和文明发展相背离。前者如马克思主义的理论与实践,后者如法西斯主义的理论与实践。这种情况,使科学理论的作用愈显崇高和伟大。在当代中国,是否坚持和发展邓小平建设有中国特色社会主义理论,这是关系中华民族前途命运的大事。

第三,科学理论对整个精神领域和人的精神面貌正发挥着更为深刻的影响。整个精神领域,包括从非理性到理性、从思维活动到认识成果等诸多

① 《马克思恩格斯选集》第 4 卷,人民出版社 1995 年版,第 539 页。

方面的内容；人的精神面貌，受其内在的立场观点和价值追求因素影响，总是呈现出多种状态。在这种情况下，没有科学理论的指导和武装，社会就没有凝聚力，就会出现混乱。无数事实证明，科学理论在整个精神领域中，既是最为重要和最为根本的内容，又起着导航引向的关键作用。科学理论的主导地位确立了，整个精神领域就蓬勃向上，充满生机。我国的现实生动地、不可辩驳地说明了这点。党的十四届六中全会决议指出："邓小平建设有中国特色社会主义理论，是马克思列宁主义基本原理与当代中国实际和时代特征相结合的产物，是毛泽东思想的继承和发展，是当代中国的马克思主义，是我们党在新时期各项工作的根本指针和中华民族振兴的强大精神支柱。全面、正确、积极地坚持和实践这一理论，是我们党和国家经受住各种风险考验，实现社会主义现代化的根本保证。"这是千真万确的真理。

本文原载于《发展论坛》1997 年第 6 期，1998 年 10 月获全国党校系统第二届优秀科研成果二等奖，1998 年 12 月获山东省第十三次社会科学优秀成果三等奖。

论十一届三中全会对马克思主义学风的恢复和高扬

商志晓

时隔20年,我们联系改革开放的新形势和新发展,进一步回味和体验党的十一届三中全会的历史功绩和重要地位,会获得许多深层次的感受和启示。其中重要一点,就是这次全会对马克思主义学风的恢复和高扬。作为重要历史功绩之一,十一届三中全会恢复和高扬马克思主义学风,既以思想上的拨乱反正,思想路线的重新确立而载入史册,又以冲破精神枷锁,勇于实践探索,形成生动活泼的政治局面而启动了改革开放新时期思想的不断解放、实践的不断深化和理论的不断发展。正确认识和深刻理解十一届三中全会的这一伟大贡献,对于我们今天进一步解决好学风问题,牢固树立马克思主义学风,具有重要的意义。

一、恢复和高扬马克思主义学风,是十一届三中全会面临的一项基本任务

学风问题,实质上是对待马克思主义的态度问题。这个对待马克思主义的态度问题,通常在学习、运用和发展马克思主义过程中有两种截然不同的表现:一是从本本出发,理论脱离实际;二是从实际出发,理论联系实际。前一种态度不符合马克思主义的基本要求,是非马克思主义或反马克思主义的学风;后一种态度体现了马克思主义的精神实质,是马克思主义的学风。两种不同的学风,以是否科学对待马克思主义,是否理论联系实际为分水岭,因而学风问题从根本上说就是一个思想路线问题,并且在思想路线以至思想方法、工作作风、党的作风中体现出来。

十一届三中全会召开之前，我们党在长期革命斗争中形成的优良作风，特别是理论联系实际的马克思主义学风遭到了严重破坏，党内外学风不正，作风不良的情况大量存在并在诸多方面表现出来。究其原因，一方面，是由于十年“文化大革命”期间唯心主义盛行，形而上学猖獗，极“左”思潮占统治地位，党的实事求是的思想路线不能得到贯彻执行；另一方面，则是由于“文化大革命”结束后的头两年，我们党和国家的工作在徘徊中前进，“文化大革命”的错误和“左”倾路线不仅没能得到很好的纠正，反而又提出并推行了一些新的严重背离马克思主义精神实质的错误方针，其中，“两个凡是”最具代表性。

“两个凡是”是当时中央主要负责人在粉碎“四人帮”后不久提出来的。1977年2月7日，“两报一刊”（《人民日报》《解放军报》《红旗》杂志）发表《学好文件抓住纲》的社论，首次公开提出“两个凡是”的基本观点，即“凡是毛主席作出的决策，我们都坚决拥护，凡是毛主席的指示，我们都始终不渝地遵循”。

显然，“两个凡是”是根本错误的。它的错误在于：其一，它不是纠正而是肯定“文化大革命”的错误。“文化大革命”是毛泽东发动和领导的，毛泽东晚年所犯的错误多是发生在这一时期。如果对毛泽东在“文化大革命”中作出的决策和指示都要拥护和遵循，就谈不上客观公正地来解决“文化大革命”存在和遗留的问题。邓小平就说过：“按照‘两个凡是’，就说不通为我平反的问题，也说不通肯定一九七六年广大群众在天安门广场的活动‘合乎情理’的问题。”[①]其二，它表面上是维护毛泽东的权威，实际上却会损伤毛泽东的光辉形象。如何看待和评价毛泽东及毛泽东晚年犯的严重错误，这成为“文化大革命”结束之后的一个焦点问题。能否用掩饰毛泽东错误的方式来维护毛泽东的形象？能否将毛泽东的错误充分肯定下来呢？都不行。按照“两个凡是”的观点来对待和评价毛泽东，不是对毛泽东的崇敬，而是一种损害。这既不合乎毛泽东本人的意愿，也与马克思主义精神背道而驰。其三，它易于引发并已经引发了教条主义和思想僵化。“两个凡是”是本本主义的翻版，是教条主义的表现。它忽略并抹杀现实需要和实际要求，完全不顾形势的发展和群众的意愿，一味从“本本”中寻找根据，获取支持。这样做，必然是脱离实际，脱离群众，必然会窒息人们的思维，扼杀人民群众的创造力

① 《邓小平文选》第2卷，人民出版社1994年版，第38页。

和创新精神。“两个凡是”犹如雪上加霜，使人民群众在尚未摆脱“文化大革命”造成的教条主义和思想僵化状态之时，又加上一层新的束缚，其严重后果，正像十一届三中全会公报援引邓小平的话所指出的那样：“一个党，一个国家，一个民族，如果一切从本本出发，思想僵化，那它就不能前进，它的生机就停止了，就要亡党亡国。”①

显而易见，在十一届三中全会召开之前，被“文化大革命”严重破坏了的党的优良传统没有得到恢复，党的实事求是的思想路线没有得到确立；唯心主义，形而上学仍大行其道，人们的思想观念仍处于僵化保守状态之中；在新的形势和新的现实面前，人们不能开动脑筋、解放思想；在新的矛盾和新的任务面前，人们难以放开手脚，积极开拓；甚至人们的言行标准和是非界限，又再度模糊起来。这一切，归结到一个问题上来，就是理论联系实际的马克思主义学风没有得到恢复，主观背离客观的教条主义作风没有得到纠正。

面对“文化大革命”造成的混乱，面对“两个凡是”的观念束缚，面对新的教条主义，恢复和高扬马克思主义学风、确立正确的思想路线，启动人们的思想解放，作为一项必须解决的历史性任务，摆在了十一届三中全会面前。

二、恢复和高扬马克思主义学风，是十一届三中全会的一个重要历史功绩

问题的提出包含着问题的解决，历史任务总是在各种条件充分具备时才鲜明地呈现出来。十一届三中全会不仅承载起了恢复和高扬马克思主义学风的历史责任，而且还出色地完成了这一任务并作出了重大贡献，

“文化大革命”结束后，我们国家可谓百废待兴。纠正长期形成的“左”倾路线，并非一日之功；而在纠正过程中又出现诸多人为障碍，这使拨乱反正的工作充满艰难和曲折。在消除混乱、恢复经济、凝聚民心、实现转折、促进工作重点转移、启动现代化建设的同时，我党恢复优良传统、树立马克思主义学风，克服教条主义和思想僵化的工作，也一直在推进之中。这一推进工作，既呈现为一个循序渐进的过程，又充斥着不同观点之间的思想斗争。

早在 1975 年，邓小平第一次复出、主持中央党政军日常工作之时，他在

① 《十一届三中全会以来重要文献选读》上册，人民出版社 1987 年版，第 12 页。

大刀阔斧地进行全面整顿、狠抓生产建设和经济工作的同时，就把整顿党的作风，建立健全民主政治生活制度作为一项重要工作抓了起来。他明确提出要把我党理论联系实际、密切联系群众、自我批评的优良作风发扬起来；他坚决反对割裂毛泽东思想的错误做法，指出“割裂毛泽东思想这个问题，现在实际上并没有解决”①。他要求人们，学习毛主席著作，不是只会背诵几段语录，主要是学习和掌握精神实质。

“两个凡是”错误方针提出之后，邓小平旗帜鲜明地指出：“两个凡是”不行，“两个凡是”不符合马克思主义，认为“这是个重要的理论问题，是个是否坚持历史唯物主义的问题”②。邓小平反对对毛泽东思想采取“两个凡是”的态度，指出：“我们不能够只从个别词句来理解毛泽东思想，而必须从毛泽东思想的整个体系去获得正确的理解”③。他专门讲到学风问题，认为：“这些年来，由于‘四人帮’的破坏，在学风方面出了不少问题，例如压制讨论、互相封锁等。”他指出：“一个新的科学理论的提出，都是总结、概括实践经验的结果，没有前人或今人，中国人或外国人的实践经验，怎么能概括，提出新的理论？”④

思想上的斗争，学风上的对立，终于酿成了一场真理标准问题的大讨论。真理标准问题讨论，从 1978 年 5 月开始，逐渐在全国展开，形成一次声势浩大、影响深远的思想解放运动。这场讨论，针对教条主义，直指思想僵化，意在冲破“两个凡是”的思想束缚。它重申实践是检验真理唯一标准这个马克思主义基本观点，反对拿现成的公式去限制、宰割，裁剪飞速发展的社会实践，要求人们勇于研究新的实践中提出的新问题。当真理标准问题讨论遭到当时中央主要负责人及“两个凡是”支持者的阻挠和压制时，邓小平及老一辈无产阶级革命家对讨论给予了积极支持和正确引导。邓小平在一次全军政治工作会议上，严肃批评了指责真理标准讨论的人说：“我们也有一些同志天天讲毛泽东思想，却往往忘记、抛弃甚至反对毛泽东同志的实事求是，一切从实际出发，理论与实践相结合的这样一个马克思主义的根本观点，根本方法。”⑤

---

① 《邓小平文选》第 2 卷，人民出版社 1994 年版，第 37 页。
② 《邓小平文选》第 2 卷，人民出版社 1994 年版，第 38 页。
③ 《邓小平文选》第 2 卷，人民出版社 1994 年版，第 43 页。
④ 《邓小平文选》第 2 卷，人民出版社 1994 年版，第 57～58 页。
⑤ 《邓小平文选》第 2 卷，人民出版社 1994 年版，第 114 页。

上述这一切，为十一届三中全会的召开、为这次全会恢复和高扬马克思主义学风做了前期舆论准备。特别是真理标准问题大讨论，不仅直接为全会奠定了思想基础，而且它本身对马克思主义学风的坚持及在学风问题上获得的成果，就成为全会恢复和高扬马克思主义学风的重要组成部分。赖有这些前期准备工作，才有十一届三中全会的顺利召开，十一届三中全会才能在各方面实现历史性的转折和突破。

在先期举行了一个多月的中央工作会议就各方面的重大问题进行了充分有效的讨论之后，十一届三中全会于 1978 年 12 月 18～22 日顺利召开。这次全会在重新确立了党的政治路线、组织路线、作出一系列重大决策的同时，在恢复和高扬马克思主义学风方面做出了积极努力并取得了重大突破。对此，全会公报作为一个主要问题专门予以总结和阐发，指出："会议对进一步继承和发扬毛泽东同志所倡导的马克思主义学风，即坚持唯物主义的思想路线问题，展开了深入的讨论。会议一致认为，只有全党同志和全国人民在马列主义、毛泽东思想的指导下，解放思想，努力研究新情况新事物新问题，坚持实事求是，一切从实际出发、理解联系实际的原则，我们党才能顺利地实现工作中心的转变，才能正确解决实现四个现代化的具体道路、方针，方法和措施，正确改革同生产力迅速发展不相适应的生产关系和上层建筑。"①

具体来说，十一届三中全会对马克思主义学风的恢复和高扬，主要体现在以下几个方面：

第一，重新确立党的思想路线并使之增添了新的内容。我们党的思想路线，是在长期革命斗争和建设实践中，在把马克思主义与中国具体实际结合过程中形成和确立起来的。这条思想路线的基本内容就是：实事求是，一切从实际出发，理论联系实际。我们通常把它称为实事求是的思想路线。这样一条马克思主义思想路线，在"文化大革命"和"左"倾思想统治时期，遭到了严重破坏。十一届三中全会把遭到破坏的这条思想路线重新确立了起来，并结合新的形势和要求，加入了"解放思想"这样一条重要内容。邓小平在中央工作会议闭幕会上所作的《解放思想，实事求是，团结一致向前看》这篇重要讲话中对解放思想的重要意义以及解放思想与实事求是的密切关系作了精辟的阐述，认为只有解放思想，才能达到实事求是，而只有实事求是，

① 《十一届三中全会以来重要文献选读》上册，人民出版社 1987 年版，第 11 页。

才能真正地解放思想，二者相互依赖，缺一不可。把“解放思想”纳入党的思想路线的基本规定之中，是我党对思想路线的必要补充，是思想路线在内容上的深化和丰富，解放思想与实事求是相结合，能更加准确完整地体现党的思想路线的基本精神。

第二，重申实践是检验真理的唯一标准并对真理标准问题讨论予以高度评价。实践作为检验真理的唯一标准，这本是马克思主义的基本常识，是党的思想路线的题中应有之义，但在马克思主义学风遭到严重破坏的年代，实践标准却为本本上的公式所代替，在真理标准问题讨论进展之中，十一届三中全会旗帜鲜明地申明实践标准，对于促进全党同志和全国人民解放思想，端正思想路线，产生了重要作用；对于纠正被林彪、“四人帮”颠倒了的许多理论是非，打破各种精神枷锁，发生了深刻影响。

第三，正确评价毛泽东和科学阐发毛泽东思想，将这一工作进一步引向深入。对毛泽东功过的评价，是一项严肃认真的工作，自“文化大革命”结束之后就倍受人们关注。我们说学风问题实质上是一个对待马克思主义的态度问题，而这个态度问题在十一届三中全会前后，则直接表现为如何对待毛泽东和毛泽东思想问题。在这个问题上，“两个凡是”是一种态度，全盘否定则是又一种态度，这两种态度都是根本错误的。十一届三中全会和邓小平在当时的一些重要讲话，代表着科学、正确的态度，这种态度就是：首先对毛泽东的历史功勋给予充分肯定，明确指出毛泽东是伟大的马克思主义者；在此前提下，并不回避毛泽东晚年犯的错误，认为犯错误是一个革命领袖也难以避免的；但即使如此，我们也不能以毛泽东晚年错误去否定毛泽东一生的功绩，更不能由此去否定毛泽东思想；毛泽东思想是我们党的指导思想，我们要完整理解和准确阐发，要继续高举毛泽东思想伟大旗帜，用以指导我们的行动。十一届三中全会公报这样写道：“党中央在理论战线上的崇高任务，就是领导，教育全党和全国人民历史地，科学地认识毛泽东同志的伟大功绩，完整地、准确地掌握毛泽东思想的科学体系，把马列主义、毛泽东思想的普遍原理同社会主义现代化建设的具体实践结合起来，并在新的历史条件下加以发展。”[①]全会提出的科学认识毛泽东和毛泽东思想的崇高任务，在两年之后的十一届六中全会通过的《关于建国以来党的若干历史问题的决议》中得以最终实现；而发展毛泽东思想的崇高任务，则是通过邓小平建设

① 《十一届三中全会以来重要文献选读》上册，人民出版社 1987 年版，第 12～13 页。

有中国特色社会主义理论的提出和创立得以圆满完成。十一届三中全会为我党完成对毛泽东的科学评价和对毛泽东思想的准确理解，打下了良好的基础。

第四，倡导人们研究新情况、解决新问题，发扬党的优良传统，形成生动活泼的政治局面。十一届三中全会既要解决许多过去遗留问题，又要结束“文化大革命”之后两年来的工作徘徊状态，开辟一个新的历史时期，为此，全会要求全党同志和全国人民必须把注意力放在对新情况、新问题、新矛盾的研究上，要开动脑筋，大胆地实事求是地提出问题并解决问题，会议（包括中央工作会议）进行期间，许多同志畅所欲言，形成了一种民主气氛。陈云在小组发言中，曾提出了解决“文化大革命”遗留问题的六条意见，触及了许多重大历史问题和冤假错案，为民主讨论，开好会议带了一个好头。全会公报指出：会议真正实现了又有民主又有集中，又有纪律又有自由，又有统一意志又有个人心情舒畅，生动活泼的一种政治局面，会议在恢复党内民主、发扬党的优良传统方面做出了榜样。

三、十一届三中全会对马克思主义学风的恢复和高扬，具有重要的现实意义和历史意义

十一届三中全会通过确立党的思想路线，重申实践标准，科学评价毛泽东、发扬党的优良传统等方面的成就，实现了对理论联系实际马克思主义学风的恢复和高扬，这在当时以至此后 20 年间，体现了其非凡意义和巨大价值。

就其现实意义来看，可以这样说：在十一届三中全会所代表的那个历史转折时期，如果没有思想路线的确立，没有理论联系实际马克思主义学风的恢复和高扬，就难以达到对“文化大革命”遗留问题的正确处理，难以实现政治上、组织上的拨乱反正并重新确立正确的政治路线和组织路线，说到底，就难以根除“左”倾错误影响，难以把我们的注意力转移到社会主义现代化建设上来，难以作出改革开放的重大决策并开始新的长征。邓小平当时就反复阐明过这样的观点：不解放思想和实事求是，不能理论联系实际，我们的四个现代化就没有希望，我们就有亡党亡国的危险。

在思想、政治、经济三个领域之间，有一个相互依赖而又依次递进的关系。经济决定政治进而决定思想，而思想又影响着政治以至经济。在十一

届三中全会前后，我们要把工作中心转移到经济建设上，开辟社会主义现代化建设的新局面，不能不受制于一系列政治问题，如平反冤假错案，纠正"左"倾错误等；而要解决好政治领域中的问题，却又赖于思想领域的工作，需要解放思想，实事求是，以新的思维和价值标准来判断是非曲直。这样一来，思想路线的确立，马克思主义学风的恢复就犹如一个纽结，成了能否实现历史转折的关键。如果说这体现的是思想、政治、经济之间的逻辑关系的话，那么这种逻辑关系在实际生活中的表现，就是先由真理标准大讨论促进思想的解放和学风的转变，进而解决譬如平反冤假错案、恢复党内民主政治生活等政治问题，最后才实现经济领域突飞猛进的发展（如农村包产到户改革等）。思想、政治、经济之间这种逻辑关系和历史关系，具体展示了十一届三中全会恢复和高扬马克思主义学风的现实意义。而且，它还很好地说明和解释了为什么原来想主要讨论经济问题的十一届三中全会却在进行之中不得不涉及政治问题和思想理论问题，为什么十一届三中全会在作出工作重点战略转移决策的同时，不能不重新确立党的思想路线、政治路线和组织路线。

十一届三中全会恢复和高扬马克思主义学风的现实意义是巨大的，而它的历史意义则是深远的。作为旧时期终结和新时期发端的标志，十一届三中全会对至今以来20年的历史发展有着深刻而全面的影响，它既以向经济建设作战略转移而带来社会主义现代化建设事业的巨大发展，又以政治上的拨乱反正而开始了新时期的民主政治建设并取得显著成就，还以克服教条主义和思想僵化而迎来了全社会思想的活跃和精神的振奋。单就十一届三中全会解放思想、转变学风的历史影响而言，我们通过新时期20年来人们思想观念的不断解放、理论认识的不断发展，自由程度的不断提高等方面即可窥见。

首先，20年间，我们的思想不断解放，观念不断更新。从农村改革到城市改革，从经济体制到政治体制，从计划经济与市场调节相结合到建立社会主义市场经济体制，从开辟经济特区到多地区多领域开放，从打破铁饭碗到企业扩大自主权，从承包制到股份制，从姓"社"姓"资"之争到姓"公"姓"私"之辩，几乎每一个改革步骤和推进过程，都伴随着思想的斗争和观念的碰撞，并以思想的解放和观念的更新为之开辟道路。如果说真理标准讨论，十一届三中全会是新时期第一次思想解放的高潮并由以开启了新时期思想解放滔滔洪水之闸的话，那么随后思想解放的浪潮则从未中断停歇，并且掀起了一次次的高峰。正是思想的不断解放和观念的不断更新，才促进了改革的不断前进和实践的不断深化，而思想的不断解放和观念的不断更新，无疑是得益于十一届三中全会在思想和学风上取得的进展和奠定的基础。

其次，20年间，我们的认识不断深化，理论不断发展。建设有中国特色的社会主义是一项全新的事业，它要求我们在认识上要有新的突破，在理论上要有新的创造，在社会主义改革开放和现代化建设实践过程中，我们逐步把握和认识了有关建设有中国特色社会主义的发展道路、发展阶段、根本任务、发展动力、外部条件、政治保证、战略步骤、党的领导和依靠力量以及祖国统一等一系列基本问题，在什么是社会主义，如何巩固和发展社会主义方面形成了比较系统的科学理论，这就是邓小平理论。邓小平理论的精髓是解放思想，实事求是，而它本身就是解放思想、实事求是的产物。邓小平理论的形成和发展，是理论联系实际的结果，是马克思主义与中国具体实际相结合的结果，是坚持和弘扬马克思主义学风的结果。

最后，20年间，我们的自由程度不断提高，改造世界的能力大大增强。自由与必然相对，必然表现为客观规律和现实进程，自由则是对客观规律和现实进程的认识和改造，对必然的认识愈正确、深刻，我们获得的自由程度就愈高。改革开放以来，我们遇到过许多过去未曾遇到的困难，碰到过许多过去未曾碰到过的矛盾，但每一次我们都能够克服困难，解决矛盾，化险为夷，继续前进。在克服一个个困难、解决一个个矛盾的过程中，我们对有中国特色社会主义建设规律这个“必然”获得了愈加深刻的认识，我们的自由程度大大提高。显然，这与我们树立了马克思主义学风有密切的联系。因为要达到对“必然”正确而深刻的认识，既需要良好的精神状态，也需要科学的思想方法，而马克思主义学风倡导人们解放思想、实事求是，理论联系实际，目的就是使人们去除思想束缚，增强自主性，激发创造性，就是使人们按照唯物而辩证的思维，掌握科学的认识方法，去有效地把握并改造必然。在这方面，十一届三中全会同样功不可没。

四、树立并高扬马克思主义学风，是当前以至今后长期内必须抓好的工作

纪念十一届三中全会召开20周年，总结这次全会恢复和高扬马克思主义学风的经验，我们会获得这样的基本认识：学风问题非常重要，必须常抓

不懈；马克思主义学风需要弘扬，必须大张旗鼓。

自党的十五大以来，江泽民在总结历史经验和阐发目前任务时，多次讲到学风问题。江泽民在十五大报告中指出："对待马克思主义，有个学风问题：究竟是从本本出发，还是用马克思主义的立场观点方法来研究和解决中国的现实问题。"他在为纪念邓小平逝世一周年所写的《深入学习邓小平理论》的文章中强调："理论是否联系实际，不仅是一个学风问题，而且是一个政治问题，关系我们事业的兴衰成败。"中共中央在深入学习邓小平理论的通知中，把学风问题作为一个方面专门予以论述，要求全党必须在学风上有一个明显的进步，指出："学风问题是对待马克思主义的态度问题，是关系党的兴衰和事业成败的重大政治问题。能不能坚持理论联系实际的马克思主义学风，是理论上和政治上是否成熟的一个重要标志。"这些重要指示和论述，对于我们当前和今后继承和发扬十一届三中全会以来恢复和树立起的马克思主义学风，对于我们克服和解决在学风问题上仍然存在的许多缺点，对于我们更好地贯彻理论联系实际的原则，取得学风上的更大进步，指明了方向，指出了目标。

当前，树立和高扬马克思主义学风，仍是我们必须抓紧抓好的一项重要工作，仍是我们必须解决好的一个重要问题。

原因之一，我们虽然有了能够指导解决当代中国社会主义前途和命运问题的科学理论——邓小平理论，但在如何发挥其指导作用、如何运用和发展这一理论问题上，必须有好的学风，必须端正学风。对待马克思主义，有一个学风问题；对待毛泽东思想，有一个学风问题；对待邓小平理论，同样有一个学风问题。而且由于邓小平理论直接反映着体现着我们这个时代的精神，与现时代的生活和实践有着密不可分的联系，对邓小平理论的态度问题，学风问题就尤显重要。对待邓小平理论的科学态度，应当是抓住根本，着眼实质，联系实际，学以致用，要把坚持与发展结合起来，把运用与丰富结合起来，把捍卫与创新联系起来。

原因之二，我们的改革开放和现代化建设正处于一个关键时期，要克服前进道路上的艰难险阻，必须进一步解放思想，开拓进取，这同样需要树立和高扬理论联系实际的马克思主义学风。我们已经有20年改革开放的经验和物质基础，已经形成了坚定前行的党心、民心和社会稳定环境，这是我们再造辉煌的基础和条件，但同时，我们又面临着许多新问题和新矛盾。为此，我们思想解放的进程不能中断，而要进一步深化；我们实践探索的步伐不能停止，而要大踏步前行。我们要在新世纪获得大发展，取得大成就，不能不靠思想的不断解放为之清除懒惰和满足，不能不靠勇于开拓精神为之克服风险和困难。

原因之三，我们在学风问题上虽然取得了很大成绩，积累了很多经验，打下了良好基础，但实际工作和生活中仍然存在学风不正的问题，必须予以坚决克服。毫无疑问，目前我们在学风问题上的主流是好的，基础是牢固的，基本倾向是积极健康向上的，但这并不意味着我们就完全解决好了学风问题。事实上，对马克思主义和党的文件政策照抄照搬、照本宣科、不从本地区本部门具体实际出发的教条主义，断章取义、各取所需、有选择地拿来为我所用的实用主义，做表面文章、搞大呼隆、不能下功夫去研究和解决实际问题的形式主义，在党内外，社会各领域以至少数领导干部中还大量存在。这些不良风气不解决，就会阻碍党的路线、方针、政策的贯彻落实，就会损伤马克思主义的威力和声誉。

历史和现实告诉我们：学风是否端正，学风问题解决得好不好，与党的事业，与社会主义事业关系重大，什么时候解决好了学风问题，树立起马克思主义学风，我们的事业就兴旺发达，前程似锦；反之，我们的事业就遭受挫折，前景暗淡。延安整风运动，我们高扬马克思主义学风，教条主义、主观主义无藏身之地，我们夺取了抗日战争和解放战争的胜利，建立了新中国。"文化大革命"期间，学风不正，歪风邪气横行，全党全国处于混乱之中，经济陷入崩溃边缘，社会主义事业几乎被葬送。两个时期形成了鲜明的对照。

十一届三中全会开辟了一个新的历史时期，这一历史时期已走过20年时间。20年间，我们坚持马克思主义学风，实践和理论获得了长足的发展，使之成为我党历史上以至国际共产主义运动史上理论联系实际搞得最好、最富于成果的历史时期之一。总结经验，着眼长远，我们必须进一步树立，坚持马克思主义学风，必须在马克思主义学风方面取得更大的进步和收获。只要学风端正了，学习搞好了，我们的事业就会不断发展，让我们高举起十一届三中全会重新竖起的马克思主义学风这面旗帜，迈入新的世纪，去夺取更大的胜利。

本文原载于《理论学刊》1998年第6期，1999年12月获山东省第十四次社会科学优秀成果二等奖。

当前国企职工下岗分流和基本生活保障方面的主要问题

艾思同　张春光

全国国有企业下岗职工基本生活保障和再就业工作会议之后，笔者所在的课题组各成员分赴几个省、市（地）和企业进行了调查。从面上的情况看，各地基本都及时传达贯彻了会议精神，各级领导空前重视并采取了许多措施，工作已初见成效，但各地进展并不平衡，存在的问题和难点也较多。本文将几个主要问题分述如下。

一

一些企业领导的不规范行为未得到有效遏制，有关下岗职工切身利益的政策规定未落实到位。这既造成了许多职工非正常下岗，又影响了正常的下岗分流，还使部分职工产生不满情绪。这已成为目前不利于安定团结和企业改革的直接因素。

除受到产业结构调整等客观因素影响外，确有为数不少的企业职工下岗是由于企业领导素质不高、自律意识不强、短期行为严重、缺乏责任心和进取心造成的。有的企业领导把企业当作谋私的工具，不少企业对领导缺乏有效的监督制约机制，由此造成企业经营管理混乱，国有资产流失严重，职工人心涣散失去积极性，效益连年滑坡，最终导致企业严重亏损，职工大量富余而不得不下岗分流。

部分企业在进行下岗分流工作方面，多以牺牲下岗职工切身利益为代价，阻碍了正常的再就业。

其一，职工大量“隐性下岗”。有的企业多年效益低下，长期处于停产半停产状态，于是对部分职工放长假，让他们每月来厂报到一次，然后回家各谋出路，发放少量工资或不发工资，少报或不报下岗人数。工人对“正式”下岗存有种种后顾之忧而仍与企业保持名义上的关系，以为这就保住了自己的身份和后路。但事实上他们早已下岗，且拿不到最低标准的工资和报销医疗费，下岗职工的一些优惠待遇他们也享受不到。表面上看，这些职工没有被推向社会，但实际上他们纯粹是自谋生路，生活状况很差，正常途径的再就业与他们无缘。这种情况在欠发达地区和长期亏损的企业较为普遍，且数量较大。虽然目前这种“隐性下岗”还没有给政府和企业带来“麻烦”，但从长远来看，这种不正常现象不利于下岗职工生活保障和再就业目标的实现。

其二，一些企业领导不是积极地采取力所能及的分流安置措施，不是立足于搞活和发展企业去进行内部消化，而是以减员增效为借口，拿改革作挡箭牌，以下岗减员为时髦，利用传媒舆论，片面靠“减员”来降低成本，强行让职工大量下岗。

其三，安排下岗的行为、程序很不规范，随意性大，缺乏执行的标准，缺乏民主监督和制约，缺乏公开、公正和竞争，搞“亲化”“派化”。有的企业对不参加集资或入股的职工便责令其下岗，有的借安排下岗以谋私，使职工处于人人自危的境地；有些企业领导在安排使用下岗职工方面投机取巧，欺上瞒下，表里不一，另搞一套，歧视和刁难下岗职工，过分挑剔，掠夺式使用劳动力，钻下岗政策的空子，谋取小集体和个人私利。

其四，在帮助解决下岗职工的养老、失业保险、医疗、住房、基本工资、再上岗等诸多事关职工切身利益的问题上，一些企业领导态度冷漠，不愿负责，应付和推诿。不少企业多年借故不为职工缴纳养老保险金，不为下岗职工报销应报的医疗费。有的企业对职工中特殊人员（例如几代人或夫妻双方在同一企业的、中老年职工、家庭负担较重者、老弱病残、哺乳期女工等）的具体情况不加考虑和照顾，这些情况虽属少数但其负面影响较大。

大多数下岗职工能够体谅政府和企业的难处，使他们普遍不满和怨恨的是，企业改革长期收效不大，有关部门一些官员和企业领导人的不良行为、腐败无能，社会分配不公和他们自身利益受到的不应有的损害。他们感到下岗下得冤，认为自己的下岗是由于企业领导没有搞好企业造成的，而不是自己不好好干导致的；企业领导人把企业搞垮了、自己的腰包装满了，却仍能易地当官，没人追究其责任；企业上中层干部拿高工资高奖金、住好房、坐好车，而自己却下了岗，生活贫困窘迫。他们认为，企业的改革动不动就拿他们开刀，都是少数“企业家”“改革家”“能人”把他们作为改革的对象，职工始终处于被动“挨宰”的地位；部分下岗职工甚至认为，企业改革是以损害他们的利益为代价的，而不论本企业改革成功与否，企业的领导们都能坐享其成。部分下岗职工心态不好，有失落感、自卑感，精神压力大，自尊心受挫，对前景迷茫、悲观，认为下岗后失去了地位、饭碗和依靠，有被淘汰和遗弃之感。

调查表明，一些企业领导人的不良行为不仅使企业的有形资产遭受损失，而且还使企业的“无形资产”——职工群众对国家和企业的感情、责任，参与改革和建设的主动性、创造性受到挫伤，使他们对企业改革产生怀疑、冷漠甚至抵触。加之社会上存在着不正之风、分配不公等现象，使得下岗职工的思想和行为发生一些不良的变化，这对企业深化改革和社会安定团结都有十分不利的影响。

二

从一些地方政府前段工作的状况来看，在领导、组织、政策措施的整体配套、操作运行、检查和落实等方面，与搞好国企职工下岗分流和基本生活保障的要求尚不相称，存在对体制转轨的“不适症”。这是当前不利于此项工作有效开展的最为突出的问题。

领导组织体制和工作运行机制尚不统一贯通和健全有力。各自为政、缺乏统筹、条块分割、分散作业，不能有机联系协调，形不成整体合力的问题比较突出，有些部门之间互不通气，为各自利益而推诿扯皮互不配合；一些地方开展此项工作职责不清，责任不明，任务笼统而未分解细化，落实不到位，缺乏目标责任制，缺乏检查、考核和奖惩，已经出台的各种政策规定尚未衔接整合和配套；有些地方劳动部门的职权、职能和内部机构设置均与所担负的任务职责不相适应。从调查的情况看，除有关部门承担的部分工作外，此项任务主要由劳动部门来承接，其中又主要由劳动服务公司承担。劳动服务公司统一协调不了其他同级部门，劳动部门也难以统一协调其他有关的同级部门，诸如税务、工商、经委、商业、民政等。有些地方的领导对此项工作不够重视，支持不力，认为这是额外负担和找麻烦的事，致使解决问题进展缓慢。

有“两头热、中间冷”，“上下攻、中间顶”的“梗阻”现象。许多地方下岗职工已经或将要从事个体经营的，办照费用很高，税务、工商、治安、卫生防疫、技术监督、城建、环保、交通等部门都要收费，对国企下岗职工的优惠政策未落实，且负担有加重的趋势，原因是“条”不听“块”的，“块”不理“条”的，各自为本部门利益和个人任务指标着想。有的部门报喜不报忧，只对上负责，对下岗职工的事能推不揽，基层上报的问题被层层滤掉，“小闹小解决，大闹大解决，不闹不解决”。许多下岗职工反映，电视和报纸上说的好政策，就是落实不到他们身上，政府出台的政策得不到很好贯彻。有的地方办下岗证要求种种“严格”条件，七卡八卡，能拿到的没有多少人，原因是办证带来的麻烦事太多。许多部门仍然沿用老一套的行政方法，满足于开会传达、发文件，层层照转照发，能否落实则无人问津。许多文件发至企业后便被束之高阁，职工群众无从知晓。

制约下岗分流和再就业的“瓶颈”主要有三个方面：一是解决下岗困难职工和促进再就业的资金筹集难度大，欠发达地区和长期亏损企业较多的市地县尤其困难。二是职工下岗分流的后顾之忧仍未解决，养老保险金、医疗保险、失业保险、住房、劳动关系、工龄计算、工伤事故、生老病死等关系到下岗职工切身利益的事项仍没有明确的规定。许多下岗职工不愿割断与企业的“脐带”，原因即在于此。有人指责下岗职工不转变观念，这是不了解情况产生的误解。三是转岗培训能力不足和不适应市场。

三

从当前一些地方政府和企业开展工作的着力点看，有片面强调下岗减员而忽视搞活企业（尤其是企业领导班子建设）和促进再就业的倾向。

党中央和国务院作出下岗分流的决策，旨在通过解决企业人员臃肿问题，使亏损企业摆脱困境，确保企业改革目标的实现，促进国民经济发展良性循环。减员是为了增效，减员是手段，增效才是目的。有些地方领导和企业却把减员当成了目的，片面认为企业效益不好就在于职工太多，认为下岗减员是搞好企业的主要办法。于是把精力放在如何使职工下岗上面，采取许多强有力措施减员以求增效。从一些中小企业的实际看，减员数量已经不少，但并未真正增效，却失去了不少业务技术骨干，中上层干部所占比重越来越大，职工越来越没有积极性。

有些政策措施和舆论宣传出现负面效应。有的地方许诺每年要保证下岗职工拿到2500元的基本工资、生活费，用意无疑是好的。问题是，不少在岗职工都达不到这个标准，他们表示，如果这些政策真能兑现，大家都下岗回家好了，没必要在企业干了。

广大职工最迫切的期望是企业有个好班子带领大家走出困境，振兴企业。暂时下岗他们能够承受，最不能接受的是企业败坏在一些心术不正、腐败变质的领导者手里。多数工人有极强的归属感和群体意识，他们始终心系多年为之辛勤工作的企业，其积极性远未得到发挥，下岗对他们来说是很痛苦的事，并不是时髦的好事。只要领导体制解决得好，有了凝聚力和感召力，没有市场他们可以寻找开拓，缺乏资金设备和技术他们可以自己千方百计解决。广大职工中蕴藏的积极性和创造力是无穷的，需要的是领导者用诚心去唤起，用一个好的体制和机制去调动，而不是仅仅用下岗减员一种手段就可以解决问题的。

本文原载于《红旗文稿》1999年第6期，2000年11月获全国党校系统第三届优秀科研成果二等奖。

企业集团发展规模经济的现状、问题及对策

企业集团发展规模经济及结构调整课题组

一、企业集团发展规模经济的现状分析

1995年，我国注册登记的企业集团达2万多家，在企业集团发展中，规模化已成为重要的发展趋势。1991年，国务院曾批转了国家计委、国家体改委和国务院生产办公室《关于选择一批大型企业集团进行试点的请示》，确定了首批55家大型企业集团进行试点。1997年，国务院又批转了国家计委、国家经贸委、国家体改委《关于深化大型企业集团试点工作意见的通知》，并对120家国家级企业集团进行了试点，发展大型企业集团的试点工作进入了新的发展阶段。国家有关部门为进一步推动和规范规模化企业集团的发展，相继出台了一系列的配套政策，如对运作规范的大型企业集团在国家计划中实行了单列；批准建立企业集团财务公司；建立母子公司体制，以及对部分企业集团进行了国有资产授权经营的试点，集团的投资权限有所扩大；还有一批企业集团获得了外事审批权和自营产品进出口权，以及少部分企业集团实行由集团公司统一纳税等。这些政策措施的出台和贯彻落实，对推动政企分开、转换企业经营机制、落实企业自主权、促进企业组织结构调整、推动生产要素合理流动、强化集团功能建设以及规范政府对企业集团的管理都具有重要的意义，为试点的大型企业集团的运营创造了良好的外部环境条件，标志着我国企业集团已走向发展规模经济的轨道。

我国企业集团在发展规模经济中呈现出一些特点，主要包括：(1)发挥政府的行政力量和市场机制的双重作用，并逐渐转向市场机制发挥主导推

动作用。在体制转轨的初期，企业集团规模扩张以行政划转为主要形式，并往往局限于条条或块块的范围，而随着我国市场经济体制框架的基本形成，市场机制对资源配置发挥着基础性的作用，因而市场机制对企业集团发展规模经济起着主导的调节作用，主要标志是：竞争机制发挥着推动企业集团扩大规模的杠杆作用，企业集团规模扩张又是以企业的自愿和市场的需求为前提，通过优势企业集团对劣势企业的兼并、收购、控股、参股等途径来进行。而这时政府的作用只是弥补市场调节的缺陷，诸如制定产业政策，制定竞争规则，防止企业集团达到规模经济而形成垄断，以免窒息经济运行的活力。(2)企业集团发展规模经济实现由纵向到横向的转变。由于我国企业长期处于“大而全”“小而全”的组织结构状况，经济规模狭小，组建集团的初期，应当较多地以优势企业为依托，名优产品为龙头，带动同行业及相关的企业发展经营范围较单一的企业集团，进而实现规模扩张，发展规模经济。现在更多的企业集团由纵向向横向发展，由过去专一的企业集团发展到规模庞大的综合性企业集团，形成了多元性的规模经济。

目前，我国企业集团在规模化发展方面取得了重大突破，形成了一批大型企业集团，其中有许多经验值得总结。

(一)在经济体制转轨时期，各级政府普遍重视抓大型企业集团，这是发展规模经济、实现规模效益的重要组织保证

实施集团的规模化发展战略，有利于培育起一大批具有竞争实力的大型企业集团，成为国民经济的骨干力量，并有能力与国外大公司、大集团相抗衡，确保国家产业安全。如 1998 年组建了石油、石化、宝钢 3 个特大型集团公司。这 3 家大型集团公司在组织领导体制方面，由国家经贸委负责，实行总经理负责制，总经理为法定代表人，总经理、副总经理和总会计师职务由国务院管理。国务院还向集团公司及有关成员企业派出稽查特派员，对其资本运营和盈亏状况实施监督。同时，地方政府也普遍重视抓少数大型企业集团，推动其发展规模经济。

(二)从发展战略高度实行统筹规划，明确重点，以推动企业集团上规模，上档次，不断增强市场竞争力

目前许多地方、部门重视对企业集团的统筹规划及明确发展重点，避免企业集团的盲目发展，以推动企业集团实现规模化、集约化，形成独具的竞争优势。如上海市发展企业集团，做到统筹规划，将 14 个工业局改组为 7 个控股公司，形成了少数几家大企业集团。山东省在 1996 年底已形成 1600

多家企业集团，但全省统筹考虑，最终还是确定着重抓 8 家省级大型企业集团，并根据需求变化的特点不断进行调整。在每一个行业抓住了少数具有规模经济的大型企业集团，就抓住了国民经济的骨干力量，也就抓住了国民经济的命脉，就有能力应付我国加入世贸组织所面临的各种挑战。

（三）理顺集团产权关系，建立和完善母子公司体制，为发展规模经济型企业集团创造了体制条件

我国许多企业集团特别是大型企业集团，根据建立现代企业制度的要求来理顺产权关系，推进公司制改造，构建与现代市场经济相适应的运行机制。如在国家 120 家试点企业集团中，建立母子公司体制框架的有 92 家，占其总数的 76.7%，从而在集团内部集团公司（核心企业）与全资企业、控股企业之间形成了以资本为联结纽带的母子公司关系，以及建立起相应的法人治理结构。其中集团公司是战略规则、资本运营、技术创新等重大经营活动的决策中心；全资企业、控股企业是在集团公司统一管理、统一规划、统一指导下的独立核算的利润中心；全资企业、控股企业的下属生产单位是成本中心。随着改革的深化，许多集团公司改造成为国有独资公司，有的开始改组成为国家授权投资的机构，也有部分集团公司实现了投资主体的多元化；全资企业、控股企业逐渐改建为集团公司的全资子公司、控股子公司或分公司。母公司将生产经营功能向子公司转移，调动了子公司的积极性，同时又有利于母公司集中精力加强经营管理，发挥整体规划、投资决策、财务控制、协调分配关系和重要人事管理的功能。

（四）制定政策扶持大型企业集团的发展，是推动企业集团发展规模经济的重要保证

国家为减轻企业集团负担，由国家计委会同财政部已将第一批试点企业集团的 140 亿元“拨改贷”资金本息余额转为国家资本金。1995～1997 年，国家计划中安排试点企业集团的基本建设资金 2000 亿元（其中含有开发银行软贷款、银行贷款额度和利用外资），体现了国家金融政策对试点企业集团的倾斜。国家开发银行还实行对口对集团公司提供软贷款，对增强集团公司投资功能、理顺集团母子公司关系起到了重要的作用。

二、企业集团发展规模经济面临的问题

（一）认识不到位，或有偏颇，是企业集团发展规模经济的思想障碍

主要表现为两个方面：(1)我国各地都形成了多形式、多种类型、多种所有制结构的企业集团，但有些主管部门乃至企业集团的管理者，对企业集团能盈利就知足，而对企业集团走向规模化，乃至培育成国家级、世界级的市场竞争主体缺乏足够的认识。由此导致各地抓企业集团仍存在着一个数量偏多的问题，优的不强，强的不优。(2)对企业集团合理规模的科学界定缺乏研究，如有的地方认为企业集团资产应在1亿元以上，销售收入在20亿元以上；也有的地方认为在规模上不应追求大。对集团规模经济缺乏严格意义上的科学理解，容易导致不是集团规模过小，就是规模过大，不利于资源的高效合理配置。

（二）企业集团组织形式不规模，未形成母子公司体制，制约着企业集团发展规模经济

当前许多企业集团仍然停留在生产经营的联合上，往往以人才、技术、信息等生产要素方面的合作或供产销一条龙等作为企业集团内部联系的纽带。实际上这是一种松散的联合，一旦某些环节出现摩擦或矛盾，很容易引发连带效应。与此同时，这种关系在某种程度上助长集团成员的懒惰思想，会过多地依赖集团其他企业来销售中间产品，以及产生有利则联、无利则散的经营观念。从根本上说，这是由于缺乏约束和激励机制所致。企业集团的规模越大，这种无资本联结纽带，缺乏约束和激励机制的企业集团就越难以维系。目前也有许多企业集团的建立虽然也由大型骨干企业为核心来组建，但集团内部仍未形成多层次的组织结构，主要表现为紧密层企业较少，或根本无紧密层企业，亦即没有真正建立起以资产为联结纽带的核心层、紧密层和半紧密层等多层次的集团组织体制。缺乏母子公司体制，企业集团就难以向大型化、规模经济的方向发展。

（三）过分强调企业集团的多角经营，轻视发展规模化的专业型企业集团

企业集团发展多角经营是一种重要的经营方式，它具有规避经营风险的作用。但多角经营应是有条件的，如果企业集团经营规模较大，市场覆盖率较高，且具有较强的市场竞争力，那么有雄厚经济实力，以及具有开拓其

他行业的技术、管理能力等，进行多角经营也是可行的。但就目前我国企业及企业集团的状况看，不宜过早或无限度地发展多角经营。这可以从企业集中度和规模化状况得以印证。

近几年来，我国企业集中度不断提高，但与发达国家相比仍有很大的差距。以汽车工业为例，世界10个最大汽车公司集中了全世界产量的80%，美国产量最大的3家公司集中了全国80%以上的汽车产量，而我国居前3位的汽车产量所占比重还不足50%。目前世界汽车生产企业的年批量生产的最小有效规模，整车为40万辆。而中国目前的整车厂达120多家，超过了美、欧、日厂家的总和，位居世界第一，但1995年产量超过10万辆汽车的企业只有5家，这5家汽车制造企业生产集中度为57.3%；即使目前最大的三家汽车企业集团一汽、东风、上汽，其各自的年产量都不足20万辆，集中度仍然没有提高。我国的机械工业、电子工业、石化工业、钢铁工业、煤炭工业等规模经济明显的行业莫不如此。行业集中度低，表明企业集团规模不大，甚至达不到规模经济的要求。在这种情况下，不能有效地集中人力、物力、财力促使企业集团在生产方面上规模，提高集中度，提高劳动生产率，降低产品成本，而去搞多角经营，分散投资，就难免使生产经营的方方面面都确立不起优势。尤其是企业进入所不熟悉的行业搞多元化经营，由于缺乏竞争优势反而会加大风险，甚至还会把原有的优势丢掉，降低市场竞争力。

（四）核心企业规模有限，投资功能不强，制约着企业集团发展规模经济

企业集团发展规模经济，在很大程度上取决于核心企业的经济实力。核心企业规模过小，尤其缺乏投资功能，就难以带动其他层次集团成员的发展。核心企业一般承担管理、规划及关键产品的生产，若关键产品生产能力和创新能力上不去，整个产品生产就难以上规模；同时，核心企业无力投资，特别是不能向紧密层或半紧密层投资，难以实行控股或参股，就不能有效地控制这些企业按照核心企业的规划发展规模经济。以汽车为例，目前开发一款新型汽车的费用至少为1.5亿美元，而由于我国汽车集团核心企业的实力不强，导致几乎没有一家汽车集团核心企业能够单独负担起开发新车的费用。很显然，核心企业无力扩大投资，影响着整个集团规模的扩张；同时企业集团缺乏规模优势，又直接影响开发创新能力的提高。

(五)现行经济管理体制方面存在的问题,阻碍着企业集团发展规模经济

由于企业隶属于不同的地区或部门,因而牵扯到人员管理、税收渠道、地方财政收入、主管部门管理费的提取、利润分成等诸多利益关系的调整,导致各种关系难以协调。本来适宜于组建更大规模的企业集团,却搞不起来,各地或企业之间各行其是,存在着同行业或同类型企业集团的过度繁衍,导致企业集团之间的过度竞争,谁都难以实现低成本扩张的局面,很难有效地发挥规模经济。

企业集团要有一个大的发展,要求集团自身尤其是集团公司具有建立在新机制基础之上的自我发展能力,同时有良好的外部发展环境和规范的体制条件。综观我国现阶段的改革现状,这两个方面的体制条件都不够完备。当然,不同类型的企业集团在发展规模经济中遇到的困难或问题,在性质和程度上是不同的。一些包袱较重的老企业面临的问题往往是活力不足或缺乏发展后劲;一些转机建制较好、资产质量较高的企业力求发展,但更多地受到来自外部环境的制约或摩擦。体制条件不完备和企业集团发展规模经济陷入矛盾和冲突之中,这是我国企业集团发展规模经济步履维艰的重要原因。

三、推动企业集团发展规模经济的对策

(一)树立正确的企业集团规模经济发展观

不能树立正确的企业集团规模经济发展观,就不可能推动企业集团规模经济的快速健康发展。企业集团达不到合理规模,就难以产生以 N 倍的投入获取大于 N 倍的产出,就不会产生规模效益。企业集团规模过小,难以降低单位产品成本,产品就不会形成价格竞争优势。要实现不断降低单位产品成本的目标,在技术条件不变的情况下,只有靠追加生产要素的投入,使批量生产能力不断提高,从而使单位产品的成本不断降低,亦即形成规模经济,才能最终确立产品的价格优势。而且随着市场竞争的日益激烈,使技术垄断周期日趋缩短,从而使平均利润率也呈现下降的趋势。在此种状态下,企业只能靠形成规模经济,为薄利多销创造必要条件,不断扩大市场占有率,以获得更多的利润。未来的国际竞争、国与国之间的竞争,在很大程度上还是大公司、大企业集团之间的竞争,哪个国家拥有形成规模经济的大

公司、大企业集团多，这个国家的经济实力就强；反之亦然。总之，必须对拥有规模经济的市场竞争主体的市场存在价值和生存与发展的必要性有一个清醒的认识，这也是判断是否对市场竞争主体发展规模经济进行扶持的理论依据。

当然也必须看到，并非企业集团的组织规模越大，规模经济效益就越好；相反，由于生产要素投入过大，超过一定限度，就会出现平均成本上升、规模不经济的状况。发展企业集团，规模过小不行，但也并不是越大越好。企业集团的经济规模，不由人们的主观愿望所决定，而是由各种生产要素（生产资料、资金、劳动力等）在集团内集中程度所产生的规模效益的要求所决定的。确立企业集团的合理经济规模固然要考虑市场的容量、市场发展前景及现有企业生产能力等多种因素，但从培育企业集团的市场竞争优势而言，应以生产要素的优化组合为前提，根据不同类型产业生产力的要求、集团核心企业的经济技术实力和管理水平来确定，重要的应以实现规模经济为原则。现实地考察，达到规模经济的要求，如汽车的批量生产能力至少要达到 40 万辆，电冰箱为 100 万台，原油加工装置应在 500 万吨以上，乙烯装置为 30 万吨以上，钢铁为 1000 万吨，火电机组为 30 万千瓦以上，煤炭采面年产量达 100 万吨以上，等等。由此可见，实现我国企业集团发展规模经济还面临着艰巨的任务。

（二）推动企业集团向大型化发展，以至实现规模经济，重要的在于促使集团核心企业增强实力

核心企业和其他集团成员单位保持相对独立的经济实体、独立的法人地位及各自独立承担财产责任，说明企业集团并不具有法人资格。但作为特殊的市场竞争主体，集团内部实行统一规划、统一组织、统一协调、统一管理、统一对外的管理体制，尤其核心企业的经济地位和特有的组织管理功能，能代表企业集团在其内部制定企业集团的长远发展规划，明确集团的发展方向；制定投资政策和调控资金的投向、数量、结构和期限；审批、控制某些下属单位的财务预决算，检查和评价下属组织的生产经营状况，调控集团内的分配关系，并以企业集团的名义行使权利，承担相应的责任特别是形成集团的投资中心。这就要求核心企业必须扩大规模，不仅具有对紧密层企业和半紧密层企业控股或参股的能力，而且具有向外扩张的能力，尤其是通过兼并、收购、托管等来实现目前的低成本扩张。这实际上是利用社会存量资产进行重组来增强核心企业实力。因为利用社会存量资产重组较内部扩

张不仅能大大缩短建设时间和投产时间，迅速形成巨大生产能力，而且能使核心企业迅速进入市场并占领市场，及时满足市场需求，提高企业竞争力。随着市场经济体制的不断完善，政企分开，产权关系进一步明晰，国家可授权集团公司（核心企业）经营国有资产，授权的范围可扩大到集团外部，亦即不仅是集团内部的国有资产，而且与其相关的外部的国有资产都可授权其经营，以在更大范围、更高层次上提高资源的配置效率，获取规模效益。

（三）控制企业集团数量，扩大企业集团的单体规模

企业集团数量和规模一般呈负相关关系，即一个区域企业集团数量越多，企业集团的平均规模就越小。由于我国企业集团核心企业之间很少交叉持股，因而企业集团数量和规模就呈现出较强的负相关特征。因此，控制我国企业集团数量就更具特别重要的意义。一般来说，企业集团规模应呈倒金字塔形，即大型企业集团要多，小型企业集团要少，而我国企业集团却恰恰相反。我国控制企业集团数量盲目增长应主要采取经济手段，辅之以法律的、行政的手段。一方面要限制企业集团的盲目形成，采取提高企业集团进入壁垒的办法，对达不到一定规模的企业集团限制其产生；同时对已过度竞争的行业要限制企业集团的繁衍，应鼓励现有企业、企业集团之间的再联合，以实现集团规模再扩张。目前尤其需指出的是，国家应从宏观上抓紧生产力布局规划工作，引导各地区按要素禀赋特征和比较优势，发展本地区支柱企业集团，防止地区间集团结构雷同现象发生，实现企业集团发展方向与国家产业主攻方向的衔接。另一方面，对现有的企业集团要在全国范围内进行优化调整，要支持具有较大优势的集团公司对行业内其他集团公司进行控股、参股，或支持集团公司之间相互持股或合并，以减少雷同企业集团的数量，从而扩大企业集团的规模。对不适应集团化经营的企业集团，特别是在那些规模经济特征不明显的行业，该摘牌的要坚决地摘。

（四）调整企业集团结构，促进专业型企业集团的规模扩张

目前我国企业集团规模普遍较小，至今仍没有世界级大集团，但盲目追求规模扩张尤其是拼凑规模的多元化发展问题却很严重。在发展中片面追求庞大的规模，不加选择或过度地把几乎无内在联系的企业吸纳到集团中，战线拉得过长，加大了摩擦成本，导致管理的失控，因而难以获得真正意义上的规模经济效益。从我国目前企业集团的现状看，不能靠通过把什么类型的企业都往集团中硬塞来扩大经济规模，也不能靠涉足众多产业的多元化经营来扩大集团规模，而要调整企业集团的结构，要把集团从过度地从事

综合性生产经营中解脱出来，要突出专业性的企业集团，从而集中人力、物力和财力，把企业集团的专业性生产经营规模搞上去，否则还是因搞了综合性生产经营而分散了投资，削弱了企业的竞争力。在推动专业性企业集团发展过程中，应引导集团成员走配套生产的规模经济之路。配套生产达到了规模经济，就能够提供成本低廉及富有创新力的配套产品，最终产品也就会具有强大的市场竞争力。

（五）推进企业集团建立以母子公司体制为基础的运作机制

当前应按照现代企业制度的要求，积极推进企业集团的公司制改建。这里也要强调防止搞行政性公司的形式主义的翻版。公司制改制的取向应是实现投资主体多元化，这有利于形成混合经济，促进多种经济成分共同发展；也有利于集团以资本为纽带，进行跨地区、跨部门、跨所有制的联合发展。集团公司制改建的重点是母公司的改制，建立母子公司管理体制。母公司对其成员企业以产权为依据进行管理，主要体现在重大项目投资决策权、主要经营者的任免权和资产收益分配权。条件具备的企业集团，也可由控股经营公司向纯控股公司转化，精简母公司职能机构，将生产经营功能向子公司转移，充分调动每个成员企业的积极性，同时将母公司精力集中于战略规划管理，发挥投资决策、扩大融资、市场开拓和协调、研究与开发、财务监控和重要人事管理的功能，形成强有力的战略决策中心、投融资中心、技术开发中心、人才培训中心、销售服务网络等。通过建立规范的母子公司体制，培育出一种能驾驭规模庞大的企业集团的管理体制，以提高集团管理素质，提高控制能力，从而发挥出组织成本低的优势，同时又有效地克服摩擦成本的攀升。

（六）加强宏观调控，努力扶持企业集团形成规模经济

贯彻国家产业发展战略，在规模经济特征明显的产业引导企业集团大力发展规模经济，以形成产业发展的支柱力量。推动产业间的协调发展及不断升级，需要将产业政策细化，明确不同时期的产业主攻方向，促进重点产业的优先发展。对每个产业的企业集团，不可能都予以扶持以形成规模经济，而应有选择地实行重点扶持。在扶持的方法上要从企业集团总量规模、生产批量和产品结构的合理性、管理和技术的先进性、资源利用的高效性以及国际竞争力等方面来考虑作为选择和扶持的标准。通过重点扶持，组建形成大型企业集团，并吸引其他相同的企业加入集团中来，按专业化分工协作的要求进行生产，实现横向成系列，纵向一条龙，以形成规模经济，形

成少数在国内外市场具有较强竞争力的大型企业集团，彻底结束我国目前企业投资分散、乱上项目、重复建设、小批量、小生产、低效益、过度竞争的落后混乱局面。实现重点扶持，需实行倾斜政策相配套。政策扶持主要体现在资源分配和利益调整时，通过政策倾斜来推动企业集团形成规模经济。根据我国的经济教训，借鉴发达国家的成功经验，强化政府的宏观调控功能，实行政策倾斜的办法，是在各产业中扶持少数几家大企业集团，使之尽快形成具有最佳规模经济生产能力的市场竞争主体。如在汽车产业，可考虑重点扶持2～3家大型汽车企业集团。要利用经济政策如财政税收政策、金融政策等使重点扶持的企业集团的资源优先得到保证，贷款予以优惠，企业财产权优先得以落实，经济利益优先实现，还包括要允许这样的企业集团成立财务公司，成为集团的融资中心、投资中心、结算中心等，形成新的投融资机制，理顺集团内的资产关系，真正发挥集团公司的主导作用，提高集团公司对成员企业的控制力，使企业集团形成协调运作的体系。

不断改善对企业集团的宏观管理。在市场经济条件下，政府对企业集团的干预是必要的，包括必要的指导、协调、监督和服务。政府对企业集团应以间接管理为主，主要通过制定社会经济发展规划和产业政策，引导和扶持企业集团健康发展；培育各种要素市场，鼓励资产存量的优化配置，促进生产要素合理流动；防止垄断，制定竞争规则等。政府对大型企业集团国有资产的管理，应按照政府社会经济管理职能与国有资产所有者职能分开、国有资产监管职能与经营职能分开的原则，不断完善对企业集团的国有资产管理。国有资产监管机构经国有资产管理部门授权，依据《公司法》《国有企业财产监督管理条例》对规模化企业集团实施监管，监督和考核国有资产的运营效果和保值增值情况。特别是授权企业集团经营国有资产后，必须明确国有资产运营责任，要对授权经营国有资本的企业集团建立国有股权经营责任体系、国有资产经营考核奖惩体系、国有控股企业财务监控体系。

本文原载于《改革》2001年第2期，2002年12月获山东省第十七次社会科学优秀成果二等奖。

（课题组负责人、执笔人：迟树功
课题组成员：詹小洪　黄少安　杨渤海
谭少杰　孙日谦　刘双珉）

我党理论创新的根本任务：从“夺权·革命”思维彻底转入“执政·建设”思维

李永清

“经过八十年的发展，我们的党员队伍，党所处的地位和环境，党所肩负的任务，都发生了重大变化。我们党已经从一个领导人民为夺取全国政权而奋斗的党，成为一个领导人民掌握着全国政权并长期执政的党；已经从一个在受到外部封锁的状态下领导国家建设的党，成为在全面改革开放条件下领导国家建设的党。”在这样一种新的历史条件下，“全党同志要坚持从新的实际出发，以改革的精神研究和解决党的建设面临的重大理论和现实问题，使党保持先进性和纯洁性，充满创造力、凝聚力和战斗力”。[①] 这是江泽民同志在庆祝中国共产党成立80周年大会上的讲话中所作的科学分析。

简言之，80年来我党最大的变化，就是从过去领导人民为夺取全国政权奋斗的“夺权党”转变为今天在全面改革开放的条件下领导国家建设的“执政党”，其中发生了三个根本性的变化：一是地位变了，共产党及其所代表的阶级从被统治的地位上升为统治地位；二是环境变了，由战争与革命的斗争环境变为和平发展的建设环境；三是任务变了，“夺权党”的根本任务是夺取全国政权，“执政党”的根本任务是领导国家建设。这三大变化，需要我们在理论上有根本性的创新与转变。

① 江泽民：《在庆祝中国共产党成立八十周年大会上的讲话》，人民出版社2001年版，第25～26页。

一、从传统的“战争与革命”的时代观彻底转向“和平与发展”的新时代观

在传统理论中，夺权离不开革命，革命离不开战争。要实现无产阶级领导人民夺取政权的历史任务，暴力革命是其一般规律和基本道路。俄国、中国以及世界上所有社会主义国家，其政权无一不是通过战争与暴力革命而取得的。一战催生了社会主义国家苏联，二战催生了中国等十几个社会主义国家。

进入20世纪中叶以后，时代的主题发生了根本性的变化，从“战争与革命”逐步转入了“和平与发展”。从根本上来讲，这种转变是人类社会进步的结果。社会的进步，从经济、政治、文化三个大的方面逐步地削弱和消除了不同阶级、不同社会阶层、不同民族和国家之间因利益的不可调和而造成的战争根源。

从古至今，战争的缘起无非三种因素：一是经济利益，二是政治权力，三是文化差异。这三种因素，在20世纪中叶以后都逐步得以化解。

经济利益方面的冲突通过世界经济的一体化、市场化逐步得以化解。在奴隶社会和封建社会，战争双方争夺的是人口、土地和其他自然资源及物质产品。在市场经济不发达的情况下，财产的大规模转移和重新分配只能凭借战争与掠夺，因此，战争是不可避免的。在资本主义社会早期，战争争夺的是殖民地、市场，这与整个世界市场经济的不完善和世界各国经济发展的不均衡有着直接的关系。从20世纪下半叶开始，随着各国经济的发展和贸易壁垒的日益打破，世界经济朝着一体化方向发展的进程越来越快。特别是苏东剧变以后，原本对立的两个经济体系趋向一致。我国加入WTO，更大大推动了世界经济的一体化和全球化。可以这样讲，今天的世界，经济利益的分配已经由过去几千年来靠战争争夺的方式转变为靠市场竞争的方式。因此说，由争夺经济利益而缘起的战争因素，随着经济全球化的推进大大削弱。

政治权力方面的冲突通过世界范围的民主化逐步得以化解。在一个国家内，只要真正实现了票决的民主制度，政权的更替可以无须再用枪杆子来决定。在现代民主制度建立之前，任何政治势力和领袖人物都可以宣称自

已是人民和国家利益的真正代表者，是政权的当然所有者。但是，到底谁真正得到大多数人民的拥护，必须靠战争来裁决，真正的得民心者一般来讲会取得军事上的胜利。现代民主制度建立以后，和平的选举代替了血腥的战争，得票多者自然成为执政者。并且，这种票决每几年进行一次，逐步消除了战争的政治根源。在国际间，历史向我们昭示了这样一种情况：凡是战争的发动者，必是专制国家的独裁者。奴隶社会、封建社会自不必说，因为那时没有民主国家。人类历史进入资本主义社会以后，两次世界大战及无数次小的战争，战争发动者几乎都是独裁国家。道理很简单，只有专制国家的独裁统治者，才视国家为自己的私有财产，才企图借助战争扩大自己的统治地盘和人口。而对每一个普通公民来讲，一个国家国土的大小、人口的多少与他们没有多大关系。他们最关心的是在和平的环境中个人生活的幸福，而不是在血腥的战争中领土的扩张。因此说，随着世界民主化浪潮的推进，世界上所有的国家都将会成为民主国家，由争夺政治权力而缘起的战争因素也得以消除。

文化差异方面的冲突通过文化的广泛传播与交流可以得以化解。文化差异可以引起战争，但文化差异的形成关键是封闭、愚昧、统治者对人民的愚弄所致。对于幸福生活的追求，对于真善美的评判，只要有良好的教育、自由的新闻制度、充分的沟通和交流，人们自然会趋向一致，并逐步地消除偏见和隔阂。同时，文化的广泛传播和交流也是以相互承认和包容为前提的，只要承认文化的多样性，不同文化背景的国家也不会发生战争。20 世纪中叶以后，科技的发展使得电台、电视台、互联网等电子媒介普及全世界，任何对思想、知识、信息的封锁都将成为历史。自由、公正、互助与和平将成为全人类的共同价值。因此说，由文化冲突而缘起的战争因素也会得以消除。

由此可见，人类社会在 20 世纪下半叶从“战争与革命”的时代转入“和平与发展”的时代，的确是历史进步的必然。在观念的变革上，我们必须赶上时代的潮流。如果我们的观念还定格在“战争与革命”的传统思维中，那无论在国际问题上还是在国内问题上，都容易犯僵化的、教条式的“左”的错误。唯有彻底转变传统的时代观，代之以“和平与发展”的时代观，在国际上，才能与不同文明和社会制度的国家长期共存，在竞争比较中取长补短，在求同存异中共同发展；在国内，才能集中精力建设富强、民主、文明的现代化国家。

二、从片面追求生产关系的变革，彻底转向真正尊重生产力发展的客观规律

传统观念认为，社会主义社会代替资本主义社会不同于人类历史上任何一种社会制度的更替。其他社会的更替（奴隶社会取代原始社会、封建社会取代奴隶社会、资本主义社会取代封建社会）都是先有新的生产关系在旧社会母体中生成，后有新的社会政治制度产生。而社会主义社会代替资本主义社会，只有无产阶级先取得国家政权，建立社会主义政治制度，凭借政治的力量，才能建立新的生产关系。

这一传统理论，非常有利于无产阶级用作理论武器服务于夺取政权这一政治目的。它向工人阶级及其他劳动群众昭示，美好的社会主义社会不会自然而然地来到，社会主义的实现必须依靠无产阶级及其他劳动群众的革命运动，打碎旧的国家机器，建立新的国家政权才能达到，因此，“夺权”“革命”是劳动群众进入美好社会的唯一途径。

马克思曾明确指出：“无论哪一个社会形态，在它所能容纳的全部生产力发挥出来以前，是决不会灭亡的；而新的更高的生产关系，在它的物质存在条件在旧社会的胎胞里成熟以前，是决不会出现的。”他认为，判断社会革命时代是否到来，“必须时刻把下面两者区别开来：一种是生产的经济条件方面所发生的物质的，可以用自然科学的精确性指明的变革，一种是人们借以意识到这个冲突并力求把它克服的那些法律的、政治的、宗教的、艺术的或哲学的，简言之，意识形态的形式。我们判断一个人不能以他对自己的看法为根据，同样，我们判断这样一个变革时代也不能以它的意识为根据；相反，这个意识必须从物质生活的矛盾中，从社会生产力和生产关系之间的现存冲突中去解释”。[①] 客观地讲，无论是十月革命的成功还是中国革命的成功，乃至所有社会主义国家政权的取得，都不是高度发达的社会生产力与资本主义生产关系矛盾激化的结果，而是封建地主阶级与农民阶级、本民族利益与外族入侵这两种矛盾激化的结果，是一战与二战的特殊历史条件为无产阶级及其他劳动群众赢得政权创造了机遇。

当一个政党及其所代表的群众处在被统治地位、面临的是夺取政权这一首要任务时，强调生产关系变革的必然性和必要性无疑有利于夺权的实

---

① 《马克思恩格斯选集》第2卷，人民出版社1995年版，第33页。

现。但当这个政党及其所代表的群众夺取政权以后，面临着国家建设的任务时，就必须真正尊重生产力发展的客观要求。这种要求主要包括两个方面。一是要认识到生产力发展的主要动因不在于生产关系对生产力的反作用，而在于生产力自身的矛盾运动，即人们认识自然、运用自然的能力——科学技术发展的水平。科学技术才是推动人类社会发展的第一生产力。二是要把是否有利于生产力的发展作为确立什么样的生产关系的唯一标准，而不能以“意识形态的形式”作为确立什么样的生产关系的标准。在这一问题上，要彻底贯彻马克思主义的历史唯物主义思想。对人类社会的发展动力，马克思主义早就有了明确的回答。概括起来讲，就是科学技术进步所带来的生产力的发展、生产力与生产关系的矛盾运动、有利于解放生产力的阶级斗争。在夺权与革命时期，我们强调阶级斗争的动力作用，强调生产关系及上层建筑变革的重要性，这对于组织革命阶级与反动阶级做斗争、推翻旧的社会制度，无疑是正确和必要的。但在夺取政权以后，在执政与建设时期，应彻底屏弃“阶级斗争为纲”的思想，屏弃片面追求生产关系变革的做法，既要注重改革的动力作用，又要侧重强调生产力自身的矛盾运动，强调生产力发展对社会发展的决定作用，强调科技进步对生产力发展的推动作用。唯有如此，作为工人阶级先锋队的共产党，才能真正成为先进生产力发展要求的代表，才能更好地领导全国人民进行社会主义建设。

三、从对财产个人所有权的否定与剥夺，转向对财产个人所有权的肯定与保护

在传统的“夺权·革命”思维中，对财产的个人所有权是持根本否定态度的。道理很简单，无产阶级及其他劳动群众革命、夺权不仅是为了使自己在政治上上升为统治阶级，而且还要在经济上剥夺统治阶级及所有富有者的财产。没有对财产个人所有权的彻底否定，就难以对自己的革命行动作出正义的解释。

这一传统的理论，对革命、夺权的造反者来讲是非常适用的。正是在这一理论的指导和武装下，20 世纪上半叶，十几个国家的被统治、被压迫的穷苦大众以革命的行动剥夺了本国统治阶级及所有富有者的财产。在许多国家中，一段时间内，对财产个人所有权的否定与剥夺不仅限于生产资料，而且直指富有者的生活资料，如 20 世纪 20 年代的苏俄；不仅限于对富有者财

产个人所有权的否定和剥夺，而且延伸到对所有公民财产个人所有权的否定和剥夺，如 1974 年前后的柬埔寨。

历史证明，当对财产个人所有权否定与剥夺走向极端后，直接的后果是对社会经济的极大破坏和人民生活水平的急剧下降。苏俄的战时共产主义、中国的“共产风”都曾给两国经济与人民生活带来极大灾难。历史也同样证明，对财产个人所有权的否定，最终会使社会发展的根本动力衰竭。“一大二公”的所有制形式和计划经济的模式，可以在一段时间内解决社会经济发展的秩序问题，带来经济的短期发展，但它不会从根本上解决社会经济发展的动力问题。回顾建国 50 多年来我国经济和社会发展的动力问题的解决，有两个时期最好，一是 1949 年建国至 1957 年，二是 1978 年改革开放至今。这两个时期动力机制之所以好，最重要的就在于承认个人占有、使用部分资产的权力，并保护人民群众的劳动所得，保护个人的合法财产。最差的是 1958～1978 年“左”的路线占上风的这一段时间，根本原因就在于否定了任何个人的财产占有权和使用权，严重破坏了人民群众的劳动积极性和创造性，使社会发展失去了根本的动力。实践证明，任何社会、任何国家，人的需求才是社会发展的原动力。一个人需求满足的程度，是和财产关系密切联系的。保护财产个人所有权，就是保护人们生产劳动的积极性，就是保护社会发展的原动力。反之，否定财产的个人所有权，将使任何人最终失去劳动的积极性，将使社会发展失去最根本的推动力。

作为夺权者、造反者，否定财产个人所有权，特别是统治阶级及富有者的财产个人所有权是必需的。但当其地位和任务发生根本改变以后，作为领导人民建设的执政者，就必须肯定和保护个人财产权。否则，或者陷入平均主义的贫困中，或者就是新一轮的“均贫富”革命。

四、从传统的劳动价值学说转向新的劳动价值学说，从单一的按劳分配转向多向度的按生产要素分配

马克思一生的两大发现之——剩余价值学说，通过对劳动创造价值的研究，证明一切价值都是工人的劳动创造的，资本家的一切财富都是对工人劳动价值的占有，从而揭示了资本家剥削工人的秘密，找到了资产阶级和无产阶级冲突的经济根源，为无产阶级推翻资产阶级、剥夺资产阶级占有的财富提供了最强有力的理论依据。在无产阶级及其劳动群众夺取全国政权、

变革旧的生产关系的时候，这一理论是非常有力的。它实际上充分论证了无产阶级及其劳动群众剥夺统治阶级及一切富有者财产的合理性和正义性。

经过几十年的演进，当我们的党从一个领导人民为夺取全国政权而奋斗的党转变为一个掌握着全国政权并领导国家建设的党的时候，当改革开放步步深入，不得不回答和解决国家建设中面临的生产、交换、分配、消费以及财产所有权等一系列问题的时候，作为一个执政党，作为国家建设的领导者，我们必须客观地评价社会各个阶层在建设中的作用，必须考虑怎样建立一种更有利于调动社会各方面积极性的生产关系和财产制度。

在这样一种新的历史任务和要求面前，我们不得不转变传统的劳动价值观念，不得不承认劳动的涵盖范围实际是很宽广的，它不仅包括工人、农民等社会阶层的劳动，而且还包括知识阶层的科学研究、管理阶层的管理、投资者的投资决策……社会的财富，是这些劳动共同创造的。一定意义上讲，后者的劳动是更复杂、更艰苦的劳动。不承认这些劳动，否定这些劳动，只有体力劳动和简单的脑力劳动，现代化建设将寸步难行。

在这样一种新的历史任务和要求面前，我们不得不承认生产的发展、社会财富的创造，是多种生产要素参与和相互作用的结果。活劳动在社会财富的增值过程中起到主要的作用，但仅仅有活劳动，没有其他生产要素的介入，活劳动至多只能形成男耕女织的小生产，绝不会产生扩大化的再生产，更形不成现代化的大生产。在现代化的生产中，除劳动力这一生产要素外，土地、资本、技术、信息、管理等生产要素任何一项都不可缺少。从不可或缺这一要求讲，在现代化生产中，所有生产要素都是同等重要的，它们之间不存在高低轻重之分。它们人格化的代表，即各种要素的投入者之间也不存在高低贵贱之分。无论是工人、农民、知识分子、干部和解放军指战员，还是民营企业的创业人员、技术人员、个体户、私营企业主等等都是现代化事业的建设者。承认各种生产要素的不可或缺性，就必须遵从市场规则，按生产要素分配。否则，就难以吸收和汇集各种生产要素的投入和组合，就无法调动各种生产要素所有者的积极性。

在这样一种新的历史任务和要求面前，我们不得不承认富有者的财富并不全是靠剥削或巧取豪夺而得来的。他们的财产里面，包含着个人及家族劳动的汗水和心血，包含着智慧的结晶，包含着投资风险的收入。否则，把一切富有者继续当作罪恶的化身，必欲除之而后快，那所有社会成员只能永远贫穷。

在这样一种新的历史任务和要求面前，我们不得不承认，不能简单地把有没有财产、有多少财产当作判断人们政治上先进与落后的标准，既要看到财产所有者财产的来源，也要看到其财产支配和使用的指向和作用。一个人、一个家族消费能力是有限度的，财产越多，其消费比例越低。绝大部分以个人名义占有的财富，实际上是社会财富，它以物化劳动的形式参与着社会财富的再生产。越是正视这一实际并保护投资者的财产，越会使更多的财产投入生产领域；反之，看不到个人财产的社会价值和作用，不能在法律上乃至整个社会造就个人财产权神圣不可侵犯的大环境，只会使财富更多地滞留在消费领域或外流到其他国家，这对一个国家建设的不利作用将是致命的。

五、从“阶级对立斗争”思维彻底转向“阶层利益整合”思维

当一个政党处在领导人民夺取政权的历史时期，它的第一要务是取得政权。在一个选举制度缺失的国度里，这种对现存政权的取代只有通过暴力革命。而暴力革命只有当统治阶级和被统治阶级的矛盾达到不可调和时才有可能发生。在这一时期，激化阶级矛盾，发动群众认识阶级矛盾的不可调和，并组织群众开展急风暴雨式的阶级斗争，是一个政党领导被统治阶级取得政权必不可少的活动。在夺取政权时期，唯有以“阶级斗争为纲”，才能使一般性的、自发的群众斗争上升为自觉的、以夺取政权为目的的政治革命。此时，“阶级对立斗争”思维是完全必要的和正确的。正是依靠这一理论和实践，中国共产党领导人民推翻了三座大山，建立了中华人民共和国，也正是依靠这一理论和实践，实现了向社会主义的过渡。

当一个阶级上升为统治阶级以后，“阶级对立斗争”思维就应当逐步退出历史舞台。否则，那只有两种前途：一是将阶级斗争延续化和扩大化，不断地寻找对手和敌人；二是使这一理论为新的被统治者所利用，开展新一轮争夺政权的暴力斗争。1957 年以后，在“左”的思想的影响下，我党进入了阶级斗争扩大化的迷途，不断地在党内外寻找新的敌人，提出“资产阶级就在共产党内”，最终导致了史无前例的“文化大革命”。历史和现实都充分证明，无产阶级政党从“夺权党”转变为“执政党”以后，其思维必须从“阶级对立斗争”转向“阶层利益整合”。这样，才符合历史发展的要求，才能更好地

完成协调各方、领导国家建设的新的历史任务。

这种思维的转变，既是“夺权党”转向“执政党”的需要，也具有现实的基础。新民主主义革命的胜利和社会主义改造的成功彻底解决了帝国主义和中华民族、封建主义和人民大众、无产阶级和资产阶级的矛盾，“阶级斗争”已失去了旧有的阶级基础。从我国历史上来看，1956 年进入社会主义以后，无论是在 1957 年到 1978 年这一时期，还是在改革开放至今这段时间，我国都不存在矛盾尖锐对立的阶级，而只存在利益不完全相同的阶层。过去，工人、农民、知识分子、干部和解放军指战员各个阶层的根本利益是一致的。今天，我国的社会阶层构成发生了新的变化，出现了民营科技企业的创业人员和技术人员、受聘于外资企业的管理技术人员、个体户、私营企业主、中介组织的从业人员、自由职业人员等社会阶层。这些新的社会阶层，与工人、农民、知识分子、干部和解放军指战员一样，都是有中国特色社会主义事业的建设者，他们之间也不存在不可调和的阶级矛盾，其根本利益也是一致的。这样一种社会现实要求执政的共产党，绝不能再以“阶级对立斗争”的思维去认识问题和解决问题，而只能以“阶层利益整合”的思维去认识问题和解决问题。我们承认不同的社会阶层有自己的利益要求，但是，作为执政党，首要的是整合它们之间的利益，协调它们之间的要求和矛盾，使不同的社会阶层在建设有中国特色社会主义这一大目标下取得共识，发挥特长，共同发展。而绝不能激化矛盾，制造新的不可调和的阶级斗争。对于极少数危害国家安全的犯罪分子，完全可以绳之以法，而无须再以阶级斗争的眼光看待。

彻底地从“阶级对立斗争”思维转向“阶层利益整合”思维，还需要哲学观念上的更新。过去，我们在论述事物的对立统一规律时，侧重其对立的一面，强调对立是绝对的、统一是相对的。这种哲学，突出了矛盾的不可调和性，有利于发动群众与统治阶级做斗争，符合夺取政权的需要。但是，当我们成为执政党后，再片面强调事物对立的一面，却不利于对各种社会矛盾的协调。实际上，任何矛盾既是对立的，也是统一的。面对具体的矛盾，是促使矛盾激化，还是缓解乃至消弭矛盾，人们的主观能动性具有很大作用。作为一个夺权党，强调矛盾对立的方面，通过激化矛盾来解决矛盾，取得政权，无可非议。但作为一个明智的执政党，就必须强调矛盾统一的一面，通过缓和矛盾来解决矛盾。过去的许多哲学观念，有其认识客观规律的科学的一面，也有其作为思想武器服务于阶级斗争和夺权需要的一面。夺权时期有用的观念，绝不能成为执政时期的思想包袱和障碍。与时俱进，构建新的意识形态和价值体系，这是执政党必须完成的理论任务。

六、在党的自身建设方面，要彻底完成从“夺权党意识”向“执政党意识”的转变

“夺权党”和“执政党”在许多方面有其明显的不同。要实现“夺权党意识”向“执政党意识”的转变，必须明确认识这些不同。

党的地位和功能不同。“夺权党”处在被统治地位，在公民、国家、政党三个政治要素之中，它的功能是领导社会上绝大多数民众，反对现存的国家统治。“执政党”处于国家的领导地位，在公民、国家、政党三个政治要素中，它的功能是协调公民和国家的关系，使国家权力更好地保障和服务于公民权利。

党的任务和要求不同。“夺权党”的首要目标是推翻现存统治，取得政权，党的一切工作都紧紧围绕这一中心任务进行。而“执政党”的首要任务是治理国家，领导建设，推动经济及社会的全面发展。

党的先进性的内涵不同。“夺权党”的先进性集中表现为它的革命性。能否把对现存社会不满的利益群体发动并组织起来，积极地展开斗争，推翻现存的统治集团，这是“夺权党”是否先进的根本标志。“执政党”的先进性集中表现为它领导国家建设的能力和水平。能否促进生产力的发展，促进文化的进步，满足最广大人民的根本利益，这是“执政党”是否先进的根本标志。

对党员要求的标准不同。因为“夺权党”的首要任务是革命，因此，谁最具有革命的积极性和坚定性，谁能在对敌斗争中忘我奋斗、不怕牺牲，谁就应成为党的一员。对一般民众来讲，穷则思变，处在社会最底层的工人、雇农受压迫、受剥削最深，他们革命性最强，因此，是“夺权党”的中坚力量。“执政党”的首要任务是领导建设，那么，在社会主义建设中，谁能够为国家建设作出更大的贡献，为社会创造更多的财富，为人民做更多的事情，谁就理应成为党的一员。

党所代表的利益群体的广泛性不同。在夺取政权时期，“夺权党”代表的只能是工人、农民和其他被统治、受压迫的社会中下层的利益，它的斗争矛头直指统治阶级，所以不可能代表社会中上层的利益。因此，“夺权党”代

表的社会阶层具有一定的限度。而作为“执政党”，它要尽可能地代表最广大人民的根本利益。这一“最广大人民”的概念，涵盖着现存社会的所有阶层，既包括具有更多地支配社会经济资源和政治资源优势的社会上层，也包括生活水平较低的社会中下层，特别对那些处于社会底层的弱势群体，执政党更应该考虑到他们的处境和利益。执政党应当按照宪法的要求，保障每一位公民的权利，使每一位公民的政治权利、经济权利和社会权利都能得到落实，使每一个公民的生活水平都能随着经济和社会的发展不断提高。特别是在共产党一党领导、多党合作的现存政党制度下，除了民主党派成员的利益由各自党派代表外，其他所有社会成员的利益都要由执政的共产党来代表。

党的领导方式不同。在缺乏民主传统的旧中国，“夺权党”大部分时间是处在“非法”状态，无论是秘密斗争还是大规模的战争，都要求党的领导方式必须是高度集权的命令式领导，舍此不可能完成“夺权党”的任务——取得全国政权。而成为执政党以后，党和人民的意志有条件成为国家的意志，这就要求党的领导方式要完成从高度集权的命令式领导向主要依靠法律来领导的转变，执政党领导人民制定法律，还要带头遵守法律，推动法律的实施和执行。依法治国必须成为党领导人民治理国家的基本方略，党的组织和所有成员必须在宪法和法律允许的范围内活动。

党的领导地位巩固与否的检验手段不同。作为“夺权党”，能够领导全国人民夺权政权，这本身就是广大人民群众对党的领导地位的承认和支持，是人民的选择，历史的选择。但成为“执政党”后，检验的唯一标准就是人民群众的拥护程度。而人民群众的拥护程度，又取决于这个政党是否真正代表最广大人民的根本利益。所以，“人民满意不满意、拥护不拥护、答应不答应、赞成不赞成”就成为“执政党”领导地位是否具有合法性的新的衡量尺度。随着我国社会主义民主建设的不断推进，马克思主义倡导的普遍、平等、直接、秘密的选举制度的进一步完善，人民的选择将成为党的领导巩固与否的新的检验手段。中国共产党作为执政党，只有始终代表先进生产力的发展要求、代表先进文化的前进方向、代表中国最广大人民的根本利益，才能永远立于不败之地。

本文原载于《当代世界与社会主义》2002 年第 4 期，2004 年 4 月获山东省第十八次社会科学优秀成果二等奖。

中国城市居民主观幸福感量表

邢占军

一、引言

编制一套有效而可靠的主观幸福感测量工具，是主观幸福感实证研究的前提，也是不少研究者孜孜以求的目标。对幸福进行测量有着悠久的历史。早在古希腊时代，哲学家柏拉图曾用一种独特的方法计算出，王者的生活比独裁者的生活快乐 729 倍。18 世纪末，英国功利主义伦理学鼻祖边沁(Jeremy Bentham)也设计了一套完整的计算方法来度量个人的苦乐状态及社会的苦乐趋势。然而，真正意义上的主观幸福感测量则是从 20 世纪 50 年代开始的，大致可梳理为生活质量和心理健康两种走向。

生活质量意义上的主观幸福感测量，一般将主观幸福感界定为人们对自身生活满意程度的认知评价。研究者们选取的主观幸福感维度主要包括总体生活满意感和具体领域满意感。目前见到的较早的生活满意感量表是 Neugarten 等人 1961 年发表的“生活满意感量表”(LSI)。20 世纪 60 年代中期，Cantril 编制了“自我标定量表”(SAS)，要求人们按照自己的评价标准，对自己现在、过去以及预期未来的生活满意程度作出等级评价。这种方法在 20 世纪 70 年代被 Andrews 和 Withey 等人进一步发展。20 世纪 80 年代以后，不少研究者尝试构建多专案(multi-item)总体满意感量表。1985 年 Diener 等发表的生活满意感量表(SWLS)就是一种广为运用的多专案总体满意感量表。

在心理健康意义上的主观幸福感测量方面，一些精神疾病诊断量表被广泛运用，其中比较著名的是20世纪70年代Derogatis等人编订的SCL-90。在这类量表上得分高低被认为是幸福与否的一个重要标准。一些研究者认为人们的幸福感状况取决于一定时期内积极情感和消极情感的权衡。如果人们较多体验到愉快的情感而较少体验不愉快的情感，便可推定他们是幸福的；否则就不幸福。从这一假定出发，Bradburn在1963年编订了情感平衡量表（ABS）。类似的还有Lawton等人编制的费城老年医学中心积极情感与消极情感量表（PGCPANAS）、Watson等人编制的积极与消极情感量表（PNAS）。但也有研究者对短期情感反应能否用来说明一个人整体的幸福感状况表示怀疑。Kozma和Stones针对上述量表所存在的不足，编制了纽芬兰纪念大学幸福度量表（MUNSH）。

国内研究者对主观幸福感的测量，大致是从20世纪80年代中期开始的。一些研究者在研究我国人民生活质量的过程中，不同程度地涉及主观幸福感测量问题。他们大致沿用了国外同类研究的思路和方法。这类研究一般也涉及总体满意感的测量，但基本上没有见到总体满意感的多专案自陈量表使用报告。国内心理健康层面主观幸福感研究主要针对的是一些特殊群体。在老年人主观幸福感研究方面，一些研究者对纽芬兰纪念大学幸福度量表进行了修订。有人在我国大学生中试用了Fazio修订的总体幸福感量表（GWBS）。还有研究者对我国少儿群体主观生活质量进行了测量，他们所编制的问卷也具有明显的心理健康取向。

港台研究者在对当地居民的主观幸福感研究过程中，也在主观幸福感测量方面进行了有价值的探索。例如，Kee-Lee Chou在一项有关社会支援对香港年轻人主观幸福感影响的研究中，对16～19岁香港年轻人的主观幸福感进行了测量。Chou的测量是从抑郁症倾向、积极情感状态和消极情感状态三个方面分别进行的。Lu Luo自20世纪90年代以来对台湾居民的主观幸福感进行了研究，编订了中国人幸福感量表（CHI）。该量表测量维度包括积极情感、消极情感、生活满意感，并考虑到与中国文化有关的一些因素。

综上所述，基于不同研究目的和研究传统，从一开始主观幸福感测量研究中便存在着两种类型的指标，即生活质量指标和心理健康指标。但是，我们不难发现对这两类指标加以整合的努力，也几乎从一开始就存在着。尽管生活质量和心理健康的研究界限在逐渐分明，但两类指标整合的趋势在20世纪90年代以后却愈加明显。被视为生活质量指标的总体生活满意感和具体生活领域满意感,以及较多地作为心理健康指标的情感反应(正性情感与负性情感),尽管都有其自身的规律,然而从更高的层次看来,它们之间往往又存在着大量的联系,因而它们被越来越多地作为一个整体来加以考虑。不仅如此,近来有的研究者指出,主观幸福感的测量还应当包括力量感、自主意识、愉悦感、自信心等指标。这类看似矛盾的提法,实际上反映了主观幸福感测量中不得不面对的一个现实,即能否以及如何实现主观幸福感的享乐性指标与发展性指标、状态性指标与倾向性指标等多方面的整合。

进行这种整合的努力,从一开始就面临着巨大的挑战。我们发现,作为一种体验,幸福反映的是人们实实在在的感受,而不是少数专家所能概括的若干指标。对这种体验的任何形而上的推断,都可能使结论离人们的实际体验越来越远。为此,我们决定仍沿用大多数相关研究所采用的方法,从现象而不是从逻辑推断着手。一方面,尽可能多地搜集国内外常用的主观幸福感量表,并对这些量表运用于我国城市居民的测量特性进行检验,吸收其中的一些能够较好反映我国城市居民主观幸福感的维度或专案;另一方面,选取我国城市居民中的典型个体进行有针对性的深度访谈和座谈,尽可能全面地了解我国城市居民主观幸福感体验的具体内容。在此基础上编制专案,并采用因素分析和逻辑分析相结合的方法对专案进行筛选,形成中国城市居民主观幸福感量表。

二、研究一:几种常用主观幸福感量表运用于中国城市居民的测量特性分析,以及对《城市居民主观幸福感调查表Ⅰ》的相关研究

(一)目的

对SWLS等几种常用主观幸福感量表在中国城市居民中的试用情况进行分析,探讨寻找一种适合于研究我国城市居民主观幸福感测量工具的可能性;对《城市居民主观幸福感调查表Ⅰ》所包含的150个专案进行分析,探讨这些专案(或其中部分专案)构建《城市居民主观幸福感量表》的可能性。

(二)方法

1.被试

本研究在山东省济南市范围内选取536名被试作为样本。样本构成情况如下:性别(男,51.6%;女,48.4%);年龄(25岁以下29.4%;25~35岁

38.0%；35～50 岁 25.5%；50 岁以上 7.1%）；受教育程度（大专以上 66.6%；高中 27.6%；初中及以下 5.7%）；职业（机关事业单位工作人员37.9%；企业职工 31.6%；在校大学生 16.3%；离退休人员 7.5%；下岗待业人员6.7%）；个人收入状况（低于 500 元 25.0%；500～1000 元 19.1%；1000～1500 元 36.5%；1500 元以上 19.4%）。

2.研究工具

①总体满意感量表（the Satisfaction With Life Scale）。该量表是美国研究者 Diener 等人 20 世纪 80 年代编制的多专案总体满意感量表。量表由 5 个专案组成，每个专案采用 7 等级记分法。分值越高，幸福感越强。该量表被证实具有良好的测量特性，近年来被广泛运用于主观幸福感的跨文化研究。②夏普量表（Short Happiness and Affect Research Protocol，SHARP）。由加拿大研究者 Stones 和 Kozma 等人根据他们早先编制的纽芬兰纪念大学幸福度量表修订而成。该量表由 12 个专案组成，采用 0、1 二值记分法，分值越高，幸福感越强。③情感平衡量表（Affect Balance Scale）。由美国研究者 Bradburn 编制，该量表包含 10 个专案，其中 5 个专案测量的是积极情感，另 5 个专案测量的是消极情感，也采用 0、1 二值记分法。以上三量表均由原作者本人提供英文版本，由不少于三位具备心理学专业硕士以上学历研究人员分别进行中文翻译，经讨论后取得一种最佳的译法，并邀请心理学专家对译文进行审校。④中国人幸福感量表（Chinese Happiness Inventory）。我国台湾研究者 Lu Luo 编制。该量表包含 48 个专案，所测量的维度包括积极情感、消极情感的缺乏、生活满意感以及与中国文化有关的因素。本研究采用的是包含 20 个专案的简本，每个专案由程度不同的 4 种陈述组成，从负向到正向依次记为 0、1、2、3 分，分值越高，幸福感越强。⑤《城市居民主观幸福感调查表Ⅰ》。包含 150 个专案，也采用 0、1 二值记分的方法，是我们在吸收国外相关研究成果以及前期访谈和座谈的基础上编制而成的。

3.施测

采用团体测量方式，由研究者本人或经过专门培训的测评人员进行团体施测。测评表采用纸笔自陈格式，统一书面指导语。施测时间为 2001 年 11 月。

4.资料分析

本研究资料采用 SPSSWIN10.0 和 LISREL8.14 套装软体处理。

（三）结果与讨论

1.几种常用主观幸福感量表运用于中国城市居民的测量特性分析

（1）信度分析

本研究考察了几种常用自陈主观幸福感量表的内在一致性系数，作为检验它们运用于我国城市居民的信度指数。结果表明，中国人幸福感量表信度最好，其次是总体生活满意感量表，情感平衡量表较差，夏普量表最差。但去掉专案 1（“我对自己当前的生活感到满意”）后的夏普量表内在一致性信度达到了 0.8019（见表 1）。

表 1　几种自陈主观幸福感量表运用于我国城市居民的内在一致性系数

量表	SWLS	SHARP	SHARP（去掉专案 1）	ABS	CHI
信度系数（α）	0.7661	0.2998	0.8019	0.5433	0.8883

（2）效度分析

①效标效度。本研究采用单专案（single-item）自陈幸福感量表作为效标，对几种常用主观幸福感自陈量表进行了效标效度检验。自陈主观幸福感量表由一个专案组成，即“我是一个幸福的人”，要求被试根据自己同意与否的程度作出判断。量表按 7 级记分，分值越高，幸福感越强。用各量表总得分与效标分数之间的相关系数，作为效标效度的指数。结果表明，我国城市居民在几种常用主观幸福感自陈量表得分与效标分数之间的相关系数均达到非常显著水平，但均未达到中等相关。其中，总体生活满意感量表和中国人幸福感量表效标效度最好，情感平衡量表稍差，夏普量表最差。但去掉专案 1 后的夏普量表效标效度也达到较高水准（见表 2）。

表 2　几种自陈主观幸福感量表运用于我国城市居民的效标效度

量表	SWLS	SHARP	SHARP（去掉专案 1）	ABS	CHI
相关系数（r）	0.422	0.251	0.418	0.335	0.420

②构想效度。采用验证性因素分析对各量表的原构想结构进行了拟合度检验。

一般认为在反映拟合度的各种指标中，卡方（x^2）与自由度（df）之比的可接受范围在 2∶1 到 5∶1 之间;拟合度指数(GFI)、修正拟合度指数(AGFI)、常态拟合指数(NFI)、非常态拟合指数(NNFI)、比较拟合指数(CFI)、增加拟合指数(IFI)、相对拟合指数(RFI)的值在 0～1 之间变化,达到 0.90 以上比较理想;残差平方根的均值(RMR)一般不超过 0.100。从表 3 可以看出,总体生活满意感量表、中国人幸福感量表和夏普量表构想效度都较好,情感平衡量表构想效度较差。

表 3　几种自陈主观幸福感量表运用于我国城市居民的模型拟合度指数

	x^2/df	GFI	AGFI	NFI	NNFI	CFI	IFI	RFI	RMR
SWLS	5.39	0.98	0.94	0.96	0.93	0.97	0.97	0.92	0.039
SHARP	4.03	0.93	0.90	0.86	0.87	0.89	0.89	0.83	0.058
ABS	28.56	0.82	0.72	0.37	0.17	0.37	0.38	0.17	0.130
CHI	2.53	0.93	0.91	0.87	0.91	0.92	0.92	0.85	0.042

(3)讨论

一般而言,当西方的一些测量工具运用于我国被试时,人们会或多或少地存在一定的疑虑,即从西方被试身上所得到的这类工具,在不同的文化背景下是否通用?这种担心是不无道理的。尤其是当面对诸如主观幸福感这样的复杂心理体验时,我们更是不可忽略文化价值等因素所起的作用。由于受同样传统文化的影响,台湾学者所编订的 CHI 在试用于我国城市居民时,取得了最好的信度和效度,而西方学者编制的一些被证实具有较好测量性能的量表在某些方面则效果欠佳。这值得我们深思,同时也进一步提醒我们在对待外来测量工具时必须谨慎从事。尤其是在效标效度方面,尽管所考察的几种量表效度指数均达到了非常显著水平,但离心理测量所要求的一般水平仍有相当距离。因此,编制一套适用于我国居民的主观幸福感量表是很有必要的。当然,也不排除翻译因素对量表测量性能影响的可能性。

从总体上看来,这几种量表尽管存在诸多缺憾,但除个别量表外,还是具有相当的稳定性的,特别表现在内在一致性信度和构想效度方面。这表明作为一种积极的情感体验,人类的主观幸福感可能也存在着诸多相似之处。因此,在编制适合于我国居民的主观幸福感量表时,应当充分吸收这些量表的可取之处。值得一提的是,这几种量表往往只是从认知或情感等孤立的角度出发对主观幸福感加以测量，很难揭示出主观幸福感的全貌。这样的测验结果，可以从一定程度衡量社会发展水平，但对个体诊断则少有帮助。为此，在编制我国居民主观幸福感量表时，应当注意对体现主观幸福感的各个方面加以有效的整合，构建合理的维度，力争实现指示性功能与诊断性功能的统一。

2.对《城市居民主观幸福感调查表Ⅰ》的相关研究

(1)对《城市居民主观幸福感调查表Ⅰ》的专案分析

采用因素分析和逻辑分析相结合的方法对《城市居民主观幸福感调查表Ⅰ》所包含的150个专案进行了专案分析。专案分析采用的是逐步排除法：①排除与自陈主观幸福感量表相关不显著的专案；②逐步排除某些极端专案，这类专案的排除可以导致公共因数的明显减少；③排除因素负荷小于0.40的专案；④排除虽对同一公因数影响显著，但明显与其他专案不属同一种类的个别专案。按照上述方法反复进行排除，得到了43个专案构成的《城市居民主观幸福感测验Ⅰ》。采用主成分分析法(principle components)、方差最大(varimax)正交旋转法对被试在《城市居民主观幸福感测验Ⅰ》各个专案上的得分进行探索性因素分析，获得了特征根大于1的12个公共因数(见表4)，其累积方差贡献率为55.097%，分别命名为知足感、公平感、充裕感、价值感、自主感、抑郁感、舒适感、无力感、社会信心体验、家庭关系体验、愉悦感、现代感，形成了该测验的12个维度。

表4　经方差极大正交旋转后的一阶因素负荷矩阵

原题号	F1	F2	F3	F4	F5	F6	F7	F8	F9	F10	F11	F12
A4	0.703											
A1	0.662											
A61	0.619											
A26	0.578											
A6	0.544											
A14	0.493											
A17	0.432											
B6		0.759										

续表

原题号	F1	F2	F3	F4	F5	F6	F7	F8	F9	F10	F11	F12
B10		0.686										
B8		0.659										
B4		0.600										
B7			0.763									
B17			0.661									
B9			0.628									
B13			0.559									
A54				0.695								
A9				0.663								
A16				0.658								
A49				0.508								
A68				0.462								
A51					0.682							
A40					0.599							
A19					0.562							
A12					0.534							
A67					0.472							
A65						0.769						
A82						0.686						
A63						0.570						
A75						0.482						
A13							0.647					
A21							0.583					
A72							0.580					
A55							0.464					

续表

原题号	F1	F2	F3	F4	F5	F6	F7	F8	F9	F10	F11	F12
A33								0.734				
A44								0.666				
A27								0.541				
A71								0.443				
A37									0.665			
A79									0.565			
A69									0.548			
A41									0.485			
A81										0.834		
A73										0.833		
A45											0.719	
A8											0.671	
A30											0.653	
A15												0.821
A11												0.741

(2)《城市居民主观幸福感测验Ⅰ》的测量特性分析

经检验,《城市居民主观幸福感测验Ⅰ》的内在一致性系数为0.8730;被试在该测验上的得分与其在自陈幸福感量表、SWLS、CHI上得分的相关系数分别为0.460、0.477、0.620。这表明,该测验具有良好同质信度和效标效度。

(3)对我国城市居民主观幸福感结构的初步探讨

我们试图采用因素分析的方法对我国城市居民主观幸福感的结构进行初步探讨,以便为正式形成的《城市居民主观幸福感量表》的构想效度检验提供经验依据。对《城市居民主观幸福感测验Ⅰ》所包含的12个一阶因数进行高阶因素分析,获得了特征根大于1的3个公共因数(见表5),累积方差贡献率为51.053%,分别命名为健康体验、满足体验和发展体验。

表 5　经方差极大正交旋转后的二阶因素负荷矩阵

	1	2	3
N2	0.704		
N12	0.700		
N7	0.675		
N4	0.640		
N1		0.778	
N3		0.754	
N10		0.611	
N5		0.594	
N9		0.555	
N8		0.462	
N11			0.864
N6			0.675

(4)讨论

早在 20 世纪 40 年代,美国心理学家 Cattell 就采用因素分析的方法成功地编制了著名的 16 种人格因素问卷(简称 16PF)。采用这种方法进行量表的编制,可以没有任何的理论根据,但必须尽可能多地搜集和编制能够反映某种心理现象的测题。通过对一定容量的样本施测,对被试在各题上的得分进行因素分析,从而得出构成该种心理现象的若干维度。由于在前期测题的搜集和编制中,具有较大的主观性;在利用因素分析进行取舍时,又具有较大的机械性,因此这种方法也受到了较多的质疑,国内很少见到类似的研究。本研究受主观幸福感前期理论构建的局限,从幸福感研究的经验主义传统出发,决定主要采用因素分析的方法进行专案分析。同时考虑到因素分析方法存在的诸多局限,也采用了逻辑分析的方法加以补充。研究表明,这种思路是可行的。

将主观幸福感这种心理现象,从知足感、公平感、充裕感、价值感、自主感、抑郁感、舒适感、无力感、社会信心体验、家庭关系体验、愉悦感、现代感等 12 个维度来加以把握是有一定说服力的。这些维度既包含了国外已有研究所涉及的主观幸福感的一些重要方面,也体现了我国文化背景下的一些特色（例如，社会信心体验和家庭关系体验，很可能反映了我国民众对社会和家庭的更多关注）。但总体看整个测验测题偏少，且在各个维度上分布不均匀，还需在今后的研究中逐步加以完善。

迄今为止，国内外相关研究中较有影响的观点是，主观幸福感由正向情感、负向情感和生活满意感三种成分构成。这种观点显然较多地考虑了主观幸福感体验的形式方面，而对更为关键的主观幸福感体验的内容则关注不够。本研究从主观幸福感体验的内容出发，认为我国城市居民主观幸福感主要由健康体验、满足体验和发展体验三种成分构成，大致体现了人们的幸福感体验由低到高、由近及远的趋势，值得进一步加以验证。

三、研究二：对《城市居民主观幸福感调查表Ⅱ》的相关研究

（一）目的

对《城市居民主观幸福感调查表Ⅱ》所包含的104个专案进行分析，探讨用这些专案（或其中部分专案）构建《城市居民主观幸福感量表》的可能性。探讨用倾向性指标和状态性指标来综合反映主观幸福感状况的可能性。

（二）方法

1.被试

本研究在山东省济南市范围内选取214名被试作为样本。样本构成情况如下：性别（男，59.0%；女，41.0%）；年龄（25岁以下10.5%；25～35岁51.9%；35～50岁27.1%；50岁以上10.5%）；受教育程度（大专以上74.1%；高中17.4%；初中及以下8.5%）；职业（机关事业单位工作人员26.3%；企业职工18.3%；专业技术人员42.7%；在校大学生3.8%；离退休人员4.2%；下岗待业人员4.7%）；个人收入状况（低于500元18.1%；500～1000元30.5%；1000～1500元25.2%；1500元以上26.2%）。

2.研究工具

①《城市居民主观幸福感调查表Ⅱ》。包含104个专案，也采用0、1二值记分的方法。包含了《城市居民主观幸福感测验Ⅰ》的全部43个专案，以及《城市居民主观幸福感调查表Ⅰ》中的部分边缘专案，另外还针对《城市居民主观幸福感测验Ⅰ》部分维度包含专案偏少的问题，增加了这些维度上的

专案。值得一提的是，为了全面考察主观幸福感，《城市居民主观幸福感调查表Ⅱ》还专门增加了反映状态性指标的18个专案，这些专案是在ABS和SHARP量表的基础上形成的。②幸福感自陈量表。该量表由一个专案组成，即“我是一个幸福的人”，要求被试根据自己同意与否的程度作出判断。量表按7级记分，分值越高，幸福感越强。

3.施测

同研究一。施测时间为2002年1月。

4.资料分析

本研究资料采用SPSSWIN10.0处理。

（三）结果与讨论

1.对《城市居民主观幸福感调查表Ⅱ》的专案分析

采用因素分析和逻辑分析相结合的方法对《城市居民主观幸福感调查表Ⅱ》所包含的104个专案进行了专案分析。专案分析采用的是逐步排除法（同研究一）。经反复排除，得到了48个专案构成的《城市居民主观幸福感测验Ⅱ》。采用主成分分析法、方差最大正交旋转法对被试在《城市居民主观幸福感测验Ⅱ》各个专案上的得分进行探索性因素分析，获得了特征根大于1的12个公共因数（见表6），其累积方差贡献率为59.849%，分别命名为知足充裕体验（N1）、负向情绪体验（N2）、正向情绪体验（N3）、舒适感（N4）、公平感（N5）、创新意识（N6）、抑郁感（N7）、社会信心体验（N8）、愉悦感（N9）、家庭氛围体验（N10）、自主感（N11）、价值感（N12）。由此，得出了该测验的12个维度。

表6　经方差极大正交旋转后的一阶因素负荷矩阵

原题号	F1	F2	F3	F4	F5	F6	F7	F8	F9	F10	F11	F12	F13	F14	F15
52	0.704														
113	0.680														
130	0.654														
75	0.652														
119	0.629														
69	0.591														

续表

原题号	F1	F2	F3	F4	F5	F6	F7	F8	F9	F10	F11	F12	F13	F14	F15
121	0.566														
91	0.557														
157		0.684													
124		0.676													
20		0.671													
167		0.619													
55		0.614													
148		0.611													
64		0.514													
71		0.483													
158		0.435													
42			0.707												
35			0.656												
59			0.646												
39			0.638												
78			0.634												
21			0.578												
105			0.547												
123			0.476												
164				0.656											
166				0.589											
163				0.557											
145				0.554											

续表

原题号	F1	F2	F3	F4	F5	F6	F7	F8	F9	F10	F11	F12	F13	F14	F15
162				0.509											
144				0.505											
65					0.744										
60					0.727										
40					0.658										
12					0.616										
82					0.562										
57					0.482										
13						0.755									
41						0.678									
28						0.590									
79						0.553									
10							0.698								
114							0.623								
24							0.580								
76							0.447								
160								0.626							
90								0.610							
104								0.571							
17								0.559							
36								0.510							
156									0.677						

续表

原题号	F1	F2	F3	F4	F5	F6	F7	F8	F9	F10	F11	F12	F13	F14	F15
97									0.639						
31									0.610						
153									0.459						
101										0.705					
110										0.652					
125										0.431					
103											0.752				
83											0.695				
169											0.498				
80												0.657			
84												0.611			
63													0.617		
50													0.609		
81													0.429		
74														0.653	
46														0.590	
18															0.716
37															0.644

2.《城市居民主观幸福感测验Ⅱ》的测量特性分析

经检验，《城市居民主观幸福感测验Ⅱ》的内在一致性系数为 0.9178；被试在该测验上的得分与其在自陈幸福感量表上得分的相关系数为 0.644。表明，该测验的同质信度和效标效度都达到了优良的水平。

3.对我国城市居民主观幸福结构的初步探讨

我们又采用因素分析的方法，对我国城市居民主观幸福感的结构进一步加以探讨，以便验证研究一所得出的城市居民主观幸福感结构，同时为正式形成的《城市居民主观幸福感量表》构想效度的检验进一步提供经验依据。对《城市居民主观幸福感测验Ⅱ》所包含的12个一阶因数进行高阶因素分析，获得了特征根大于1的3个公共因数(见表7)，累积方差贡献率为56.615%，分别命名为健康体验、满足体验和发展体验。

表7　经方差极大正交旋转后的二阶因素负荷矩阵

	1	2	3
AA7	0.694		
AA14	0.682		
AA4	0.671		
AA2	0.614		
AA9	0.608		
AA5	0.533		
AA1		0.746	
AA10		0.714	
AA13		0.699	
AA8		0.454	
AA11		0.427	
AA3			0.828
AA6			0.778
AA15			0.443
AA12			0.427

4.讨论

本研究表明，研究一所揭示的我国城市居民主观幸福感的测量维度是比较稳定的。从对两个不同样本被试在《城市居民主观幸福感测验Ⅰ》和《城市居民主观幸福感测验Ⅱ》各专案得分进行因素分析所抽取的公因数情况来看，二者均包含了舒适感、公平感、价值感、自主感、抑郁感、愉悦感、社会信心体验、家庭关系体验等8个因素。而在《城市居民主观幸福感测验Ⅱ》中，知足感和充裕感合并为一个维度（知足充裕体验），与上述8个因素一起，构成了城市居民主观幸福感的基本维度。本研究也初步证实了研究一提出的我国城市居民主观幸福感的结构具有相当的稳定性。只是《城市居民主观幸福感测验Ⅱ》仍没有解决好整个测验测题偏少且在各个维度上分布不均匀的问题，有待在今后的研究中逐步加以完善。

如前所述，心理健康意义上的主观幸福感测量比较关注幸福感的状态性指标，并编制了不少相应的量表，其中ABS和SHARP便是较为常用的两种。本研究在这两种量表的基础上，编制了18个反映我国城市居民主观幸福感的专案。资料分析表明，被试在这些专案上的得分与其在自陈主观幸福感量表上的得分，相关并不高。其中相关显著的8个专案（正向情感和负向情感各4个）被吸收到《城市居民主观幸福感测验Ⅱ》，高阶因素分析并没有取得理想的结果，也就是说，本研究并不支援主观幸福感是由倾向性指标和状态性指标构成的结论。

四、研究三：Ryff心理幸福感量表运用于中国城市居民的测量特性分析，以及对《城市居民主观幸福感调查表Ⅲ》的相关研究

（一）目的

对Ryff心理幸福感量表在我国城市居民中的试用情况进行分析，探讨将其运用于研究测量我国城市居民主观幸福感的可能性；对《城市居民主观幸福感调查表Ⅲ》所包含的170个专案进行分析，探讨用这些专案（或其中部分专案）构建《城市居民主观幸福感量表》的可能性；考察备选答案的不同呈现形式对测验使用效果的影响。

（二）方法

1.被试

本研究在山东省烟台市和泰安市范围内选取390名被试作为样本。样本构成情况如下：性别（男，52%；女，48%）；年龄（25岁以下42.2%；25～35岁21.6%；35～50岁32.3%；50岁以上3.9%）；受教育程度（大专以上76.6%；高中17%；初中及以下6.4%）；职业（机关事业单位工作人员45.8%；

企业职工 21.3%；在校大学生 29.4%；离退休人员及下岗待业人员3.5%）；个人月收入状况（低于 500 元 32.8%；500～1000 元 34.7%；1000～1500 元 32.3%；1500 元以上 3.9%）。

2.研究工具

①Ryff 心理幸福感量表。Ryff 心理幸福感量表所包含的维度涉及人的自我实现的 6 个明显的方面：自主（autonomy）、环境驾驭（environmental mastery）、个人成长（personal growth）、积极的人际关系（positive relations with others）、生活目的（purpose in life）和自我接受（self-acceptance）。有三个版本，分别包含了 84 个、54 个、18 个专案，在每个维度上分别包含 14 个、9 个、3 个专案。要求被测者依据自己的体验在这些专案上作出 6 级选择：很不同意、不同意、有点不同意、有点同意、同意、非常同意。Ryff 心理幸福感量表的题本、解释及量表特性英文资料由 Ryff 本人提供。另外，她还提供了由我国学者翻译的该量表中译本。该量表由研究者本人翻译。译后与 Ryff 提供的中译本进行了比较，吸取了该译本的一些较好的译法。②《城市居民主观幸福感调查表Ⅲ》。包含 170 个专案，采用 6 级记分的方法。包含了《城市居民主观幸福感测验Ⅱ》中的 41 个专案（去掉了维度 N2 和 N3 所包含的 8 个专案），以及《城市居民主观幸福感调查Ⅱ》和《城市居民主观幸福感调查表Ⅰ》中的部分边缘专案，另外还针对《城市居民主观幸福感测验Ⅱ》部分维度包含专案偏少的问题，增加了这些维度上的专案。③幸福感自陈量表（见研究三）。

3.施测

同研究一。施测时间为 2002 年 3 月。

4.资料分析

本研究资料采用 SPSSWIN10.0 和 LISREL8.14 套装软体处理。

（三）结果与讨论

1.对 Ryff 心理幸福感量表测量特性的检验

（1）信度分析

本研究考察了 Ryff 心理幸福感全量表及其各分量表的内在一致性系数，作为检验它们运用于我国城市居民的信度指数（见表 8）。结果表明，Ryff 心理幸福感总量表及分量表 3、分量表 4、分量表 5 信度较好，其他尚可。

表 8　Ryff 心理幸福感量表运用于我国城市居民的内在一致性系数

	总量表	分量表 1	分量表 2	分量表 3	分量表 4	分量表 5	分量表 6
α 系数(国外)	—	0.83	0.86	0.85	0.88	0.88	0.91
α 系数（我国市民）	0.94	0.70	0.78	0.81	0.82	0.82	0.67

(2)效度分析

①效标效度用量表总得分及各分量表得分与效标分数之间的相关系数，作为效标效度的指数。结果表明，我国城市居民在 Ryff 心理幸福感总量表及各分量表上的得分与效标分数之间的相关系数均达到非常显著水平，其中总量表与分量表 2 达到中等相关，而分量表 1 相关较低(见表 9)。

表 9　Ryff 心理幸福感量表运用于我国城市居民的效标效度指数

	总量表	分量表 1	分量表 2	分量表 3	分量表 4	分量表 5	分量表 6
相关系数(r)	0.55	0.19	0.50	0.38	0.44	0.42	0.45

②构想效度采用验证性因素分析分别对 Ryff 心理幸福感量表 3 个版本的原构想结构进行了拟合度检验。从表 10 可以看出，版本 3 的构想效度在部分指标上较版本 1 和版本 2 好，但从整体上看这 3 个版本的构想效度都不理想。

表 10　3 个版本 Ryff 心理幸福感量表运用于我国城市居民的模型拟合度指数

	x^2/df	GFI	AGFI	NFI	NNFI	CFI	IFI	RFI	RMR
版本 1 (84)	7.42	0.72	0.65	0.65	0.63	0.68	0.68	0.59	0.089
版本 2 (54)	6.99	0.84	0.75	0.77	0.73	0.79	0.80	0.70	0.077
版本 3 (18)	2.77	0.90	0.86	0.67	0.71	0.75	0.76	0.61	0.067

2.对《城市居民主观幸福感调查表Ⅲ》的相关研究

(1)对《城市居民主观幸福感调查表Ⅲ》的专案分析

采用因素分析和逻辑分析相结合的方法对《城市居民主观幸福感调查表Ⅲ》所包含的 170 个专案进行了专案分析。专案分析采用的是逐步排除法(参见研究一)。经反复排除,得到了由 69 个专案构成的《城市居民主观幸福感测验Ⅲ》。采用主成分分析法、方差最大正交旋转法对被试在《城市居民主观幸福感测验Ⅲ》各个专案上的得分进行探索性因素分析,获得了特征根大于 1 的 15 个公共因数(见表 11),其累积方差贡献率为60.312%,分别命名为成长体验、价值感、知足感、心理健康、舒适感、充裕感、人际适应体验、自我效能感、创新意识、愉悦感、家庭关系体验、公平感、自我接受体验、压力感、社会信心体验,形成了该测验的 15 个维度。

表 11　经方差极大正交旋转后的一阶因素负荷矩阵

原题号	A	B	C	D	E	F	G	H	I	J
39	0.743									
25	0.730									
43	0.701									
68	0.671									
50	0.662									
27	0.653									
3	0.650									
15	0.601									
18	0.556									
77		0.663								
52		0.653								
84		0.649								
40		0.592								
48		0.572								
60		0.542								
67		0.486								
11		0.469								
85		0.450								

续表

原题号	A	B	C	D	E	F	G	H	I	J
51			0.763							
74			0.735							
36			0.678							
12			0.673							
6			0.625							
14				0.746						
13				0.723						
24				0.678						
7				0.645						
22				0.622						
17					0.738					
8					0.734					
2					0.669					
26					0.630					
30					0.532					
89						0.683				
63						0.681				
72						0.659				
69						0.580				
91						0.530				
5							0.718			
59							0.715			
53							0.681			
31							0.586			
81								0.654		

续表

原题号	A	B	C	D	E	F	G	H	I	J
71								0.617		
44								0.512		
80								0.509		
54									0.742	
61									0.658	
28									0.573	
65									0.557	
46										0.734
70										0.680
88										0.535
76										0.481

(2)《城市居民主观幸福感测验Ⅲ》的测量特性分析

经检验,《城市居民主观幸福感测验Ⅲ》的内在一致性系数为 0.9435,被试在该测验上的得分与其在自陈幸福感量表上得分的相关系数为 0.635。这表明,该测验具有优良的同质信度和效标效度。

(3)对我国城市居民主观幸福结构的进一步探讨

我们采用因素分析的方法对我国城市居民主观幸福感的结构进一步加以探讨,以便为正式形成的《城市居民主观幸福感量表》的构想效度检验提供经验依据。对《城市居民主观幸福感测验Ⅲ》所包含的 16 个一阶因数进行高阶因素分析,获得了特征根大于 1 的 3 个公共因数(见表 12),累积方差贡献率为56.237%,分别命名为健康体验、发展体验和满足体验。进一步证实了研究二和研究三所得出的我国城市居民主观幸福感结构。

表 12　经方差极大正交旋转后的二阶因素负荷矩阵

	1	2	3
AA7	0.694		
AA14	0.682		

续表

	1	2	3
AA4	0.671		
AA2	0.614		
AA9	0.608		
AA5	0.533		
AA1		0.746	
AA10		0.714	
AA13		0.699	
AA8		0.454	
AA11		0.427	
AA3			0.828
AA6			0.778
AA15			0.443
AA12			0.427

3.讨论

西方研究者对幸福感的测量，主要是从生活质量和心理健康两种意义上展开的。生活质量意义上的幸福感测量将幸福感称之为“主观幸福感”(subjective well-being)。主观幸福感一般被界定为人们依据自己的标准对自身生活满意程度的认知评价。这种研究取向被认为是奠定在享乐主义哲学基础之上。Ryff 等人从亚里士多德的哲学思想出发，认为幸福不仅是获得快乐，而且还包含了通过充分发挥自身潜能而达到完美的体验。她们采用另一术语“心理幸福感”(psychological well-being)，以区别于主观幸福感。从 20 世纪 80 年代后期开始，Ryff 等人在对幸福感上述理解的基础上，提出了心理幸福感的多重测量维度，并编制了 Ryff 心理幸福感量表。心理幸福感的倡导者对心理幸福感的测量和相关研究，提醒我们在对幸福问题进行实证性研究时，应当从多个侧面入手，全面揭示幸福的内涵。主观幸福感研究较多关注的是人们现实物质需要的满足所带来的心理体验。而心理幸福感研究则强调人生价值与自我潜能的实现所伴随的心理体验。其实这两个方面对完整的幸福感而言，都是不可或缺的，因而对幸福感的测量也应当体现出构成幸福体验的这两个基本方面。

值得注意的是，将 Ryff 心理幸福感量表运用于我国城市居民这一群体时，没有取得预想的效果，尤其是其构想效度很差。这可能与本次研究的取样有关，但更大的可能性在于受到文化价值等方面差异的影响。这进一步提醒我们在对待外来测量工具时必须谨慎从事。对《城市居民主观幸福感调查表Ⅲ》以及在其基础上形成的《城市居民主观幸福感测验Ⅲ》的相关研究，初步验证了 Ryff 等人的上述理论假定。其实，《城市居民主观幸福感测验Ⅰ》和《城市居民主观幸福感测验Ⅱ》已经包含了与自我发展有关的一些专案，并在高阶因素分析中表现为“发展体验”这一维度。只是由于前期资料收集的制约，这一维度上的专案一直偏少。吸收了 Ryff 心理幸福感量表中的部分有价值的专案后，使得这一维度的专案数量和对幸福感总得分的方差贡献率都有了明显的增加。幸福感测验的专案数在高阶因素分析维度上很平衡。但从一阶因素分析结果来看，15 个维度上的专案分布仍不平衡，有待于进一步完善。

在前两次调查中，我们所采用的幸福感调查表均要求被试对每个专案的陈述内容，根据自己的情况或看法作出“同意”与“不同意”的选择。这种备选答案呈现方式，被试回答方便，可以有效地防止出现选择中的中性化倾向。但是，在测试过程中，我们发现在许多专案上，这种呈现方式不能精确地反映被试对该专案同意或不同意的程度，也导致了部分被试在选择中感到很为难。另外，0、1 二值记分方式也为资料处理带来了诸多局限。为此，我们在本研究中采用“很不同意”“不同意”“有点不同意”“有点同意”“同意”“非常同意”的 6 种备选答案呈现方式。资料分析结果表明，采用这种呈现方式的主观幸福感测验达到了优良的信度和效度，测验结构也没有出现根本的变化，因此可以断定测验备选答案呈现形式的变化对测验使用效果没有明显的影响。考虑到 6 种备选答案呈现方式具备多种优点，可以在今后的主观幸福感量表编制中更多地采用这种形式。

五、研究四：《城市居民主观幸福感量表》的制订

（一）目的

对《城市居民主观幸福感调查表Ⅳ》进行专案分析，在此基础上构建《城市居民主观幸福感测验Ⅳ》；对《城市居民主观幸福感测验Ⅳ》进行测量性能

检验；制订山东省常模，从而完成《城市居民主观幸福感量表》的编制。

（二）方法

1.山东省常模样组的形成

根据研究目的，将测试物件确定为山东省18周岁以上城市居民（1984年4月10日以前出生）。按照最小简单随机抽样所需最小样本含量的标准确定山东省常模样本量为1067（置信度95%，最大容许误差为3%），考虑到调查中量表填写差错问题，为了更精确，我们最终确定样本容量为1103份。按照分层随机抽样的原则，我们依据山东省17个大中城市（地级以上）的GDP、工资、消费和可支配收入等指标，划分六类区域。第一类为青岛，第二类为济南，第三类为淄博、潍坊、东营、莱芜，第四类为威海、烟台，第五类为枣庄、济宁、日照、临沂、泰安，第六类为聊城、滨州、德州、菏泽。在每一类城市中随机抽取了青岛、济南、潍坊、枣庄、威海、聊城六个城市。对于所选取的每个城市，我们又按照随机的原则抽取了相应的县（市、区）作为基本调查单位[共得到17个县（市、区）]。对于每个县（市、区）我们根据它代表的抽样区域的调查物件总量按比例分配抽样数，根据抽样数随机抽样进行施测。整个抽样过程是科学的，抽取的样本是理想的。最后确定的有效被试的组成情况见表13、表14。

表13　山东省城市居民主观幸福感常模样组被试人数地理分布

编号	城市	被试人数（人）
1	威海	135
2	潍坊	222
3	枣庄	262
4	济南	121
5	青岛	182
6	聊城	181

表14　山东省城市居民主观幸福感常模样组被试构成情况

变数	变数含义	人数（人）	百分比
性别	男	596	54.0
	女	505	55.8

续表

变数	变数含义	人数(人)	百分比
年龄	18～34 岁	589	53.4
	34～54 岁	393	35.6
	55 岁以上	113	10.2
受教育程度	初中及以下	291	26.4
	高中(含中专、职高)	434	39.3
	大专及以上	372	33.7
婚姻状况	已婚	815	73.9
	未婚	284	25.8
个人收入/年	4000 元以下	268	24.3
	4000～10000 元	436	39.5
	10000 元以上	372	33.7

2.研究工具

①《城市居民主观幸福感调查表Ⅳ》。包含 84 个专案,采用 6 级记分的方法。包含了《城市居民主观幸福感测验Ⅲ》中的 69 个专案,以及《城市居民主观幸福感调查Ⅰ》《城市居民主观幸福感调查表Ⅱ》《城市居民主观幸福感调查表Ⅲ》中的部分边缘专案,没有增加新的专案。②《生活满意感量表》,由 8 个专案组成,要求被试就其生活总体,以及经济状况、家庭生活、健康状况、社会交往、工作状况、休闲活动、居住环境等具体领域的满意状况进行 6 级评价。该量表主要参考了 LuLuo 编制的生活满意感量表。③Diener 的总体满意感量表(见研究一)。④幸福感自陈量表(见研究三)。

3.施测

同研究一。施测时间为 2002 年 4 月。

4.资料分析

本研究资料采用 SPSSWIN10.0 套装软体处理。

(三)结果与讨论

1.对《城市居民主观幸福感调查表Ⅳ》的专案分析

采用因素分析和逻辑分析相结合的方法对《城市居民主观幸福感调查表Ⅳ》所包含的 84 个专案进行了专案分析。专案分析采用的是逐步排除法

（参见研究一）。经反复排除，得到了由 54 个专案构成的《城市居民主观幸福感测验Ⅳ》。采用主成分分析法、方差最大正交旋转法对被试在《城市居民主观幸福感测验Ⅳ》各个专案上的得分进行探索性因素分析，获得了特征根大于 1 的 10 个公共因数（见表 15），其累积方差贡献率为56.104％，分别命名为知足充裕体验（A）、心理健康体验（B）、社会信心体验（C）、成长进步体验（D）、目标价值体验（E）、自我接受体验（F）、身体健康体验（G）、心态平衡体验（H）、人际适应体验（I）、家庭氛围体验（J）。由此，形成了该测验的 10 个分测验。

表 15 经方差极大正交旋转后的一阶因素负荷矩阵

原题号	A	B	C	D	E	F	G	H	I	J
39	0.743									
25	0.730									
43	0.701									
68	0.671									
50	0.662									
27	0.653									
3	0.650									
15	0.601									
18	0.556									
77		0.663								
52		0.653								
84		0.649								
40		0.592								
48		0.572								
60		0.542								
67		0.486								
11		0.469								

续表

原题号	A	B	C	D	E	F	G	H	I	J
85		0.450								
51			0.763							
74			0.735							
36			0.678							
12			0.673							
6			0.625							
14				0.746						
13				0.723						
24				0.678						
7				0.645						
22				0.622						
17					0.738					
8					0.734					
2					0.669					
26					0.630					
30					0.532					
89						0.683				
63						0.681				
72						0.659				
69						0.580				
91						0.530				
5							0.718			
59							0.715			
53							0.681			
31							0.586			

续表

原题号	A	B	C	D	E	F	G	H	I	J
81								0.654		
71								0.617		
44								0.512		
80								0.509		
54									0.742	
61									0.658	
28									0.573	
65									0.557	
46										0.734
70										0.680
88										0.535
76										0.481

《城市居民主观幸福感测验Ⅳ》10项分测验原始分的均数、标准差及量表分的转化 10项分测验的原始分的均数及标准差见表16。原始分是从10个分测验直接得到的分数。这10个分测验各自包含的专案数不同，因而不能合计（相加）。为了能够进行合计，必须将原始分转化为量表分。首先，将原始分数转化为可以加和的标准分数（Z分数）。但标准分有负值，必须再转换为常模量表分数。根据常模样本在城市居民主观幸福感10个分测验上的Z分数分布情况，将其转化为平均分（即常模）均为16分，标准差为3的量表分数。

表16 《城市居民主观幸福感测验Ⅳ》10个分测验原始分的均数和标准差

分测验	平均数	标准差
身体健康体验（G）	16.540	3.790
心理健康体验（B）	33.458	7.710
家庭氛围体验（J）	17.914	3.119

续表

分测验	平均数	标准差
人际适应体验(I)	16.967	3.319
心态平衡体验(H)	14.285	3.469
目标价值体验(E)	21.913	4.765
成长进步体验(D)	23.458	3.651
社会信心体验(C)	20.852	5.000
知足充裕体验(A)	30.979	8.701
自我接受体验(F)	20.920	3.549

2.对《城市居民主观幸福感测验Ⅳ》的测量特性分析

(1)信度分析

经检验,《城市居民主观幸福感测验Ⅳ》的内在一致性系数为0.9405;分半信度为0.9126。表17是该测验10个维度的内在一致性系数,也均在0.63以上。这表明,该测验具有良好的信度。

表17 《城市居民主观幸福感测验Ⅳ》10个分测验的内在一致性系数

维度	A	B	C	D	E	F	G	H	I	J
信度系数(α)	0.8834	0.8447	0.8059	0.8439	0.8184	0.7073	0.7036	0.7526	0.6851	0.6308

(2)效度分析

本研究分别采用被试在单专案主观幸福感自陈量表、生活满意感量表和总体生活满意感上的得分作为效标,对《城市居民主观幸福感测验Ⅳ》的效标效度进行了检验,结果见表18、表19。这表明,该测验具有良好的效标效度。

表18 《城市居民主观幸福感测验Ⅳ》的效标效度

量表单	专案主观幸福感自陈量表	生活满意感量表	总体生活满意感量表
相关系数(r)	0.576	0.724	0.503

表 19 《城市居民主观幸福感测验Ⅳ》10 个分测验的效标效度(以生活满意感量表为效标)

维度	A	B	C	D	E	F	G	H	I	J
信度系数(α)	0.829	0.484	0.441	0.541	0.440	0.452	0.7036	0.319	0.475	0.370

(3)城市居民主观幸福感的结构

对《城市居民主观幸福感测验Ⅳ》所包含的 10 个一阶因数进行高阶因素分析，获得了特征根大于 1 的 2 个公共因数(见表 20)，累积方差贡献率为 55.176%。对这两个公因数各自所包含成分进行分析表明，第一个公因数包括人际适应体验、心理健康体验、家庭氛围体验、心态平衡体验、身体健康体验，主要与人们的身心健康状况相关，将其命名为身心健康体验。第二个公因数包括知足充裕体验、成长进步体验、社会信心体验、自我接受体验、目标价值体验，主要与人们的享有与发展状况相关，将其命名为享有发展体验。由此，我们推断我国城市居民主观幸福感是由身心健康体验和享有发展体验两个方面构成的。

表 20 经方差极大正交旋转后的二阶因素负荷矩阵

	F1	F2
G	0.810	
B	0.790	
J	0.623	
I	0.612	
H	0.610	
E		0.485
D		0.844
C		0.732
A		0.731
F		0.481

(4)讨论

至此，《城市居民主观幸福感量表》已经初步形成。该量表包含了 54 个专案，由 10 个分测验组成，具有良好的测量特性。该量表内容简洁，施测费时较少(做完全套测验仅需 15 分钟左右)，操作简便易行，可以作为对我国城市居民主观幸福感进行动态检测和追踪研究的一种可供选择的工具。当然，该量表还有一些值得完善的地方，例如，需进一步增删分测验的题目，以使各分测验专案容量更加平衡等。另外，该量表的测量特性，还有待于在进一步的试用中加以检验 。

本研究对主观幸福感结构的探讨，得出了与前三次研究不同的结论。此前的研究一般将我国城市居民主观幸福感的结构归结为健康体验、满足体验和发展体验三个方面，而本研究则归结为身心健康和享有发展两个方面。其实，进一步分析表明，享有发展正是由满足体验和发展体验所包含的成分构成的。在导言中我们曾指出，从内容上看，幸福是人们所体验到的一种理想的（或非常满意的）存在状态。这种体验到的存在状态，反映的是人们是否作为一个正常的人而存在，这个正常存在着的人在物质和精神方面达到了何种程度与水平。这一看法在此得到了印证，前者反映的可能是人们的身心健康状况，而后者反映的则可能是人们的享有发展状况。到底哪种结构更好，尚需进一步的研究加以验证。

六、研究五：《城市居民主观幸福感量表》测量特性的进一步检验

（一）目的

将《城市居民主观幸福感量表》试用于青岛和威海两个不同的样本，进一步考察该量表的测量特性；对城市居民主观幸福感的结构模型进行验证。

（二）方法

1.被试

本研究分别在山东省青岛市和威海市范围内随机取样，形成了两个独立样本（分别包含了 403 名和 420 名被试）。青岛样本构成情况如下：性别（男，50.1%；女，49.6%）；年龄（18～34 岁 44.9%，35～54 岁 40.9%，55 岁以上12.7%）；受教育程度（大专以上 33.7%；高中 39.4%；初中及以下26.9%）；婚姻状况（未婚 26.1%，已婚 73.7%）；个人月收入状况（5000 元以下 28.0%，5000～10720 元 45.4%，10720 元以上 25.3%）。威海样本构成情况如下：性别（男性 51.4%，女性 48.6%）；年龄（18～34 岁 56.7%，35～54 岁 32.3%，55 岁以上 11%）；文化程度（初中以下 37.1%，高中或中专 35.7%，大专以上 27.2%）；婚姻状况（未婚 21%，已婚 79%）；个人年收入状况（4000 元以下 37.4%，4000～13000 元 35.5%，13000 元以上 26.9%）。

2.研究工具

①《城市居民主观幸福感量表》。包含54个专案，采用6级记分的方法（见研究四）。②《生活满意感量表》(见研究四)。

3.施测

同研究一。施测时间为2002年4月。

4.资料分析

本研究资料采用SPSSWIN10.0和LISREL8.14套装软体处理。

(三)结果

1.《城市居民主观幸福感量表》的信度分析

本研究通过对两个样本施测的资料，考察了《城市居民主观幸福感量表》的内在一致性系数，作为检验它们运用于我国城市居民的信度指数。结果表明，考察了《城市居民主观幸福感量表》总量表信度优良，各分量表信度也较好（见表21、表22）。

表21 《城市居民主观幸福感量表》运用于青岛样本的内在一致性系数

	总量表	A	B	C	D	E	F	G	H	I	J
α系数	0.9431	0.8983	0.8380	0.8789	0.8620	0.8338	0.6962	0.7036	0.7768	0.6119	0.6731

表22 《城市居民主观幸福感量表》运用于威海样本的内在一致性系数

	总量表	A	B	C	D	E	F	G	H	I	J
α系数	0.9307	0.8766	0.8391	0.7128	0.8355	0.7731	0.5156	0.7515	0.7768	0.6428	0.5821

2.效度分析

用量表总得分及各分量表得分与其《生活满意感量表》得分的相关，作为效标效度的指标。结果表明，我国城市居民在Ryff心理幸福感总量表及各分量表的效标指数均达到非常显著水平（见表23、表24）。

表23 《城市居民主观幸福感量表》运用于青岛样本的效标效度指数

	总量表	A	B	C	D	E	F	G	H	I	J
相关系数(r)	0.748	0.841	0.516	0.544	0.615	0.537	0.405	0.308	0.476	0.398	0.349

表 24 《城市居民主观幸福感量表》运用于威海样本的效标效度指数

	总量表	A	B	C	D	E	F	G	H	I	J
相阙系数(r)	0.732	0.823	0.516	0.352	0.481	0.453	0.517	0.288	0.416	0.319	0.354

3.对山东省城市居民主观幸福感结构模型的验证性因素分析

根据先前进行的研究，本研究提出了山东省城市居民主观幸福感的两个模型(见图 1、图 2)。采用验证性因素分析分别在两个样本上对这两个结构模型进行拟合度检验，结果表明，这两个模型的拟合度均良好，而且第二个模型略优于第一个模型(见表 25、表 26)。这也从另一个角度证实了《城市居民主观幸福感量表》具有较好的构想效度。

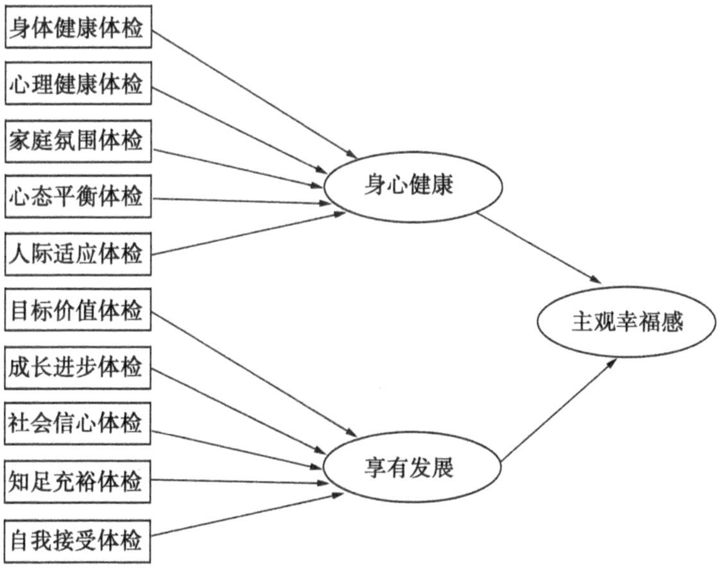

图 1　山东省城市居民主观幸福感结构模型一

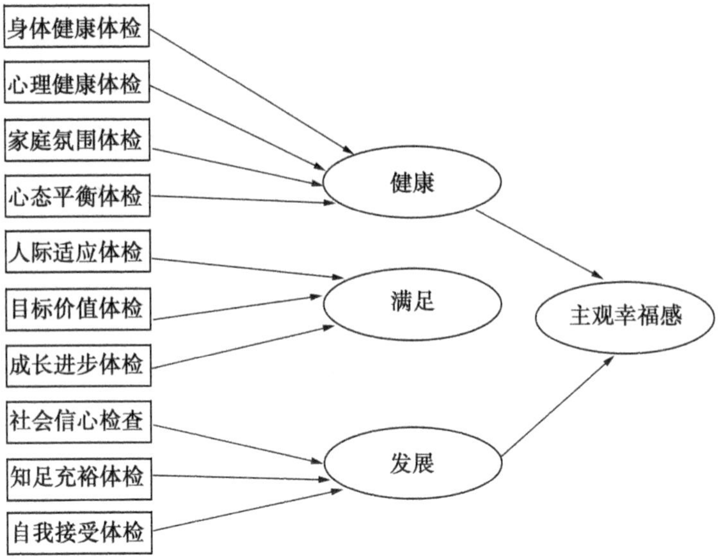

图 2　山东省城市居民主观幸福感结构模型二

表 25　通过两个样本对城市居民主观幸福感结构的模型一拟合度检验指数

	x^2/df	GFI	AGFI	NFI	NNFI	CFI	IFI	RFI	RMR
青岛样本	7.76	0.88	0.81	0.84	0.81	0.85	0.85	0.78	0.074
威海样本	5.23	0.92	0.88	0.85	0.83	0.88	0.88	0.80	0.061

表 26　通过两个样本对城市居民主观幸福感结构的模型二拟合度检验指数

	x^2/df	GFI	AGFI	NFI	NNFI	CFI	IFI	RFI	RMR
青岛样本	6.63	0.90	0.83	0.86	0.84	0.88	0.88	0.81	0.072
威海样本	4.90	0.93	0.88	0.86	0.85	0.89	0.89	0.82	0.060

七、小结

第一，将国内外（主要是国外）现有的几种常用主观幸福感量表试用于我国城市居民，没有发现一种非常适合测量我国城市居民主观幸福感的现成工具。

第二，通过系列研究，在已有相关研究的基础上，采用因素分析和逻辑分析相结合的方法，编制了《城市居民主观幸福感量表》。

第三，对《城市居民主观幸福感量表》的试用表明，该量表及其各分测验具有良好的同质信度的效标效度。

第四，验证性因素分析支持我国城市居民的主观幸福感是由健康、满足和发展三个维度构成的实证假定。

本文原载于《香港社会科学学报》2002年第23期，2004年4月获山东省第十八次社会科学优秀成果二等奖。

论邓小平的历史地位

商志晓

邓小平的历史地位，是指邓小平作为当代中国的一位卓越领导人、成功而伟大的改革家、一代杰出人物在历史上所处的位置、所发挥的作用、所产生的影响以及他与其他杰出人物所构成的相互关系。考察邓小平的历史地位，就要把邓小平及其理论、实践和事业置于不同的历史时期内、在不同的历史过程中分别进行。而且要放眼于更长久的历史过程，使之进入世界历史中，进入整个人类社会发展史中。只有这样，我们对一代伟人邓小平在历史中的价值、意义、作用和影响，才会有全面的把握。

一、社会主义改革开放和现代化建设的总设计师

把邓小平置于改革开放新时期中看其历史地位，集中到一句话就是：邓小平是我国社会主义改革开放和现代化建设的总设计师。

首先，他在思想上、组织上、实践上为改革开放和现代化建设清除了一切路障。改革开放之前和启动之际，我们党、我们国家面临着很大的困难，有许多棘手的问题有待处理。而当时人们的思想还被禁锢在传统观念之中，这种传统观念形成强大的惰性力量，使我们每前进一步都要付出艰苦的努力。这就是为什么我国在1976年10月粉碎“四人帮”、结束“文化大革命”到1978年12月召开党的十一届三中全会之前，有两年多的时间处于徘徊中前进这么一种状态。邓小平敏锐地意识到问题的严重性，有针对性地开展了一系列工作。他领导全党和全国人民，一方面制定改革开放政策并积极推进，另一方面则坚定不移地解决历史遗留问题，大刀阔斧地进行思想、

组织、作风上的整顿。他大力推进思想解放运动，恢复和发扬党的思想路线，认真纠正历史冤假错案，健全和完善党内民主集中制，果断地停止阶级斗争和党内政治斗争，把全党工作的重点转移到经济建设上来。与此同时，他排除各种阻力，对在人民群众中孕育产生的改革热情，特别是中国农民的伟大创造——包产到户给以充分的肯定，保护了农村改革的“幼苗”并使改革在广大农村如火如荼地展开，推进了改革实践的深化。

其次，他全面规划和具体设计了建设有中国特色社会主义的宏伟蓝图及一系列方法和措施等。“建设有中国特色社会主义”这一命题，是邓小平在总结我国社会主义胜利和挫折的历史经验并借鉴其他国家社会主义兴衰成败历史经验的基础上首先提出来的。邓小平不仅提出了这样一个科学命题，而且总体设计和全面规划了建设有中国特色社会主义的宏伟蓝图，其中最重要的是“三步走”战略。邓小平强调抓住机遇发展经济，力争隔几年上一个台阶；提出让一部分人、一部分地区先富裕起来，最终达到共同富裕；他规划了整个经济发展的战略重点，把农业放在基础地位；突出科学技术第一生产力的作用，把科技和教育纳入发展战略之中。在经济体制改革方面，我们由农村到城市，由企业到外贸金融，由浅层次到深层次，由发展社会主义商品经济到建立社会主义市场经济体制，构成了一个个发展阶段并取得了一个个阶段性的成就。政治体制改革从建立社会主义民主政治的要求出发，我们采取了诸多有效步骤，积极稳妥地向前发展。改革如此，开放也是如此。从打开国门到建立经济特区，从开放沿海城市到开放内地。在改革开放的一系列环节上，在建设有中国特色社会主义的整个进程中，我们的一系列重大决策、一整套发展战略、一项项具体措施，无不浸透着邓小平的深思熟虑和满腔心血，无不展示着邓小平的远见卓识和非凡智慧。

最后，他在我们党克服改革开放在前进中遇到困难时起到了关键作用。20 多年的改革开放，并非一帆风顺。其间，我们遇到了许多困难，面对诸多挑战；我们顶住了来自“左”的和右的思潮的冲击，牢牢把握住了改革开放的正确方向。当资产阶级自由化思潮出现时，邓小平毫不犹豫地予以坚决回击，旗帜鲜明地坚持四项基本原则，坚持改革开放的社会主义方向：当“左”的思潮出现时，邓小平号召全党在任何情况下都必须坚持党的基本路线，不能动摇经济建设这个中心，不能停止改革开放前进的步伐。特别是当 1990 年前后国内国际出现一系列政治动荡的关键时刻，邓小平更是展现出一位无产阶级革命家和战略家的雄才大略和超人胆识。他果断地采取一系列措施，稳定了国内局势；他提出正确的策略和对策，应付“苏东剧变”冲击波。随后，针对党内国内人们思想中存在的一些问题，他不辞辛劳，奔波南巡，发表了重要谈话，澄清人们的糊涂认识，指明前进的方向。愈是关键时刻，邓小平的作用愈突出；愈是困难之际，邓小平愈显总设计师的本色与风范。

江泽民在纪念党的十一届三中全会二十周年大会上的讲话中，说过这么一段话：“在回顾二十年辉煌历程的时刻，我们深切怀念我国改革开放和现代化建设的总设计师邓小平同志。在新时期党的基本理论、基本路线和方针政策的形成与发展中，在重大历史关头和对一系列关键问题的决策中，在改革和建设新局面的开拓中，邓小平同志以马克思主义的理论勇气、求实精神、丰富经验和远见卓识，并集中全党包括他的战友们的集体智慧，作出了创造性的伟大贡献。没有毛泽东同志的领导，就没有新中国的建立；没有邓小平同志的领导，就没有建设有中国特色社会主义道路的开创。”①这段话，十分恰当地指明了邓小平改革开放总设计师的作用和贡献。

二、中国“第二次革命”的伟大领袖

我们必须进一步从中国共产党的历史，从中国共产党领导下的革命、建设和改革这样一个在时间上更长远、在内容上更丰富的历史过程中来考察邓小平的历史作用和贡献，由此获得对邓小平历史地位的进一步的认识，这就是：邓小平是我们党把马克思列宁主义与中国具体实际相结合所实现的第二次历史性飞跃的卓越领导人，是中国共产党领导中国人民进行“第二次革命”并取得胜利的伟大领袖。

在中国共产党及其领导下的革命、建设和改革的历史上，我们党在运用马克思列宁主义指导实践的过程中，成功地实现了科学理论与具体实际的结合，虽说理论与实际、认识与实践、主观与客观的结合和统一是具体的、历史的，是在过程中实现的，是一个不断深化、逐步提高的过程，但在结合的具体形式和方法上、在结合的具体任务和目标上，却因时因地因条件而有所不同，这就把马克思列宁主义与中国具体实际的结合分出两个阶段和过程来。一是在新民主主义革命时期，以毛泽东为代表的中国共产党人，运用马克思

① 江泽民：《在纪念党的十一届三中全会召开二十周年大会上的讲话》，人民出版社 1998 年版，第 7 页。

列宁主义科学理论指导中国革命实践，找到了一条“工农武装割据、农村包围城市”的正确道路，进而使中国革命获得了成功，建立了新中国；二是在我们党探索社会主义建设道路的基础上，以邓小平为代表的中国共产党人，在新的历史时期，运用马克思列宁主义、毛泽东思想指导中国社会主义建设实践，找到了建设有中国特色社会主义的正确道路，取得了改革开放和现代化建设的伟大胜利。这两次“成功结合”，这两次历史性飞跃，形成了两次波澜壮阔的伟大革命。

发生于20世纪20年代初到50年代中期、历经30多年的第一次革命，包括两个小过程和两方面内容：一是新民主主义革命，目标是把长期处于半殖民地半封建状态的旧中国变成独立自主的人民当家作主的新中国；二是社会主义改造，目标是在新中国建立之后完成对农业、手工业和资本主义工商业的社会主义改造，建立起社会主义制度。作为第一次革命的这两个阶段，都是在毛泽东同志的领导下完成的，都取得了足以震惊世界、永垂青史的成功。邓小平说：“过去我们进行了新民主主义革命，建国后完成了土地改革，又进行了农业、手工业和资本主义工商业的社会主义改造，建立了社会主义经济基础，那是一个伟大的革命。那个革命搞了三十几年。”①

第一次革命完成之后，我国就进入了社会主义建设时期，在和平建设时期，还要不要革命，过去我们的基本看法是不会再发生革命了。因为我们当时把革命理解为被压迫阶级用暴力夺取政权、摧毁旧的腐朽的社会制度、建立新的进步的社会制度的行为，是在社会基本矛盾处于对抗状态下解放和发展生产力的行为。显然，这样来理解革命是片面的。毛泽东在1956年党的八届二中全会上曾讲过这么一段话：“将来全世界的帝国主义都打倒了，阶级消灭了，你们讲，那个时候还有没有革命？我看还是要革命的。社会制度还要改革，还会用‘革命’这个词，当然，那时革命的性质不同于阶级斗争时代的革命。那个时候还有生产关系同生产力的矛盾，上层建筑同经济基础的矛盾，生产关系搞得不对头，就要把它推翻。上层建筑（其中包括思想、舆论）要是保护人民不喜欢的那种生产关系，人民就要改革它。”②看来，毛泽东当时初步认识到了社会主义制度需要不断改革、改革就是革命等问题。

1978年肇始的改革浪潮，敲响了中国第二次革命的钟声，拉开了第二次

① 《邓小平文选》第3卷，人民出版社1993年版，第134页。

② 《毛泽东选集》第5卷，人民出版社1977年版，第318～319页。

革命的帷幕。第二次革命的实质内容就是改革开放，其根本任务是改变和调整生产关系和上层建筑中不合乎生产力发展要求的因素和方面，解放和发展生产力；其基本目标是实现社会主义现代化，把目前经济文化相对落后的中国建设成为富强、民主、文明的现代化强国。把新时期的改革开放视为一场革命、视为中国的第二次革命，是邓小平明确提出并一贯阐发的。还在十一届三中全会之前，邓小平就把我们逐渐明晰和确立起来的对外开放、体制改革政策及其实践，把我们向四个现代化进军，称为“这是一场根本改变我国经济和技术落后面貌，进一步巩固无产阶级专政的伟大革命”[①]。在改革开放推进过程中，邓小平多次讲，“现在我们搞的实质上是一场革命”，“改革是中国的第二次革命”。改革之所以也是一场革命，是因为我国的改革同过去的革命一样，是为了扫除生产力发展的障碍，解放生产力、发展生产力；是因为我国的改革，不是对原有体制作细枝末节的修修补补，而是从根本上改变旧体制，重新构建新体制，这种体制转变是相当深刻和广泛的，是社会主义制度中某种程度的革命性变革；还因为我国的改革是全面改革，它涉及经济、政治、文化等领域，对整个社会生活和人们的思想观念产生非常广泛而深刻的影响。

在中国共产党 80 多年历史发展中发生的这两次革命，尽管有革命对象、革命性质和革命方式方法等方面的不同，但都是深刻的社会变革，都是解放和发展生产力。这两次革命，分别由毛泽东和邓小平来领导。他们既开辟了崭新的道路，又创立了科学的理论，因而他们的名字也写入了历史中，并由此奠定了各自的历史地位。

三、当代世界社会主义运动的中流砥柱

让我们继续把视野扩展和延伸，那么可以说，继列宁、毛泽东等一个个中流砥柱之后，邓小平是矗立于当代世界社会主义运动中的又一中流砥柱。

在 20 世纪中叶之前，世界社会主义运动蓬勃发展，保持了向上的走势。这表现在科学社会主义理论日益产生广泛影响并与工人运动有机结合，各国革命政党率领工人阶级和革命群众不断向反动统治阶级展开斗争并在一定程度上动摇其统治地位，巴黎公社率先举起武装起义的大旗并提供了许

① 《邓小平文选》第 2 卷，人民出版社 1994 年版，第 135～136 页。

多可资借鉴的经验教训，列宁领导俄国十月革命取得胜利并建立起第一个社会主义国家，东欧一批国家走上社会主义道路，人口最多的中国结束了半殖民地半封建状态而建立起社会主义制度，社会主义国家构成一个强大阵营与资本主义抗衡等许多方面。但从20世纪中叶以来，世界社会主义运动逐渐暴露出一些问题并进入了一个发展相对迟缓甚至停滞的状态之中，走上了曲折坎坷的历程。发展下来，一种令人心寒而又不可避免的结局终于在20世纪80年代末90年代初呈现在世人面前，这就是苏联、东欧各社会主义国家的剧变。由于苏联东欧剧变，世界社会主义运动大分裂、大削弱，进入了前所未有的低潮时期。

从这样一个基本判断出发，就能深切地认识到中国社会主义实践对世界社会主义运动的巨大意义，就能深切地感受到邓小平在当代世界社会主义运动中所起到的中流砥柱作用。这种作用，可从两个大的方面充分展示出来。

其一，在中国社会主义建设长期徘徊、遭受挫折之际，邓小平指引中国社会主义建设走上了正确道路并取得了巨大成功，这为世界社会主义运动提供了机遇，注入了生机，使各社会主义国家受到了鼓舞，得到了启示。

在结束了“文化大革命”之后，中国社会主义能不能走出这个低潮，怎样走出这个低潮，考验着中国共产党人。正是在这样的背景下，邓小平走上了前台，率领中国共产党和中国人民开始了建设有中国特色社会主义的伟大征程，并通过恢复党的思想路线、制定党在社会主义初级阶段的基本路线和一系列方针政策，使一度搁浅的中国社会主义建设这艘巨轮再度起航，不仅走出了低谷，而且还步入了建设、改革和发展的快车道。

中国社会主义建设的启动和崛起，绝不仅仅是中国一国的事情，它对于世界社会主义运动产生了重大影响。中国社会主义建设是世界社会主义运动的一个重要组成部分。中国社会主义建设的曲折或顺利，直接影响到世界社会主义运动的兴衰和其他社会主义国家的发展。在中国进入改革历程前后，世界社会主义汇成了一股强大的改革潮流。从这些角度来看，邓小平指引的建设有中国特色社会主义的正确方向和成功实践，既为当代世界社会主义运动作出了贡献，又在很大程度上阻遏、中止甚至扭转着世界社会主义运动步步下滑的趋势。

其二，在苏联东欧发生剧变、社会主义陷入困境和悲观之际，邓小平力挽狂澜、处变不惊，坚定不移地推进改革开放，并指明社会主义的发展趋势和光明前途，稳定了中国以至世界的社会主义思想、信念和队伍。

苏联东欧的剧变，一夜之间，极大地改变了世界政治格局，使世界社会主义陷入困境。在如此严峻的境地中，许多信奉社会主义的政党、派别和人士都把眼睛盯在中国共产党身上，都把希望寄托在社会主义中国身上。而在我国，当时人们的思想也一度发生混乱。特别是与此同时，国内也发生了一场严重的政治风波，人们的担心和顾虑在增多增大，国人的目光越来越集中于已经领导我国改革开放取得了10多年成功的邓小平身上，正是在这时，邓小平挺身而出，力挽狂澜。一方面，他要求人们稳住阵脚，并特别强调坚持党的基本路线不能动摇，强调必须坚持一系列行之有效的方针政策，有力地顶住并击溃了来自右的和“左”的方面的冲击。另一方面，他高瞻远瞩，指点江山，充分说明社会主义在发展过程中的曲折性和复杂性，充分论证了社会主义代替资本主义的发展趋势和历史必然，要求人们从大局着眼，从历史发展规律着眼，决不可一叶障目、不见泰山。邓小平明确指出：“中国只要这样搞下去，旗帜不倒，就会有很大影响。”“只要中国社会主义不倒，社会主义在世界将始终站得住。”①

事实也正如邓小平指出的那样，中国没有因苏联东欧发生剧变而对社会主义失去信心，更没有因世界社会主义处于低潮而放弃社会主义追求，而是认准目标，坚定不移，一如既往地搞改革开放，搞现代化建设，并一路高歌，取得了建设有中国特色社会主义事业的更大发展。中国社会主义建设的成功和发展，坚定了世界各国众多人士对社会主义的信念和信心，为世界人民尤其是广大第三世界人民树立了搞社会主义的实际榜样，为各国共产党提供了如何把马克思主义与本国实际相结合、走社会主义道路的具体实践经验。暂时的困境并不可怕，一度的低潮亦不足惧，历史的发展不应局限于小时段内看高低，而应在大跨度中求胜负。这种认识的获得以及世界社会主义局面的慢慢好转，无疑在很大程度上归功于中国社会主义的坚如磐石，归功于邓小平一代伟人的高超智慧和坚定意志。邓小平中流砥柱的历史地位，随着中华民族的复兴、特别是世界社会主义运动的复兴，会愈加充分地显现出来。

---

① 《邓小平文选》第3卷，人民出版社1993年版，第320、346页。

四、马克思主义思想学说的当代传人

从思想发展史、理论发展史角度来考察邓小平的历史地位,我们可以说:邓小平是马克思主义的当代传人,是科学社会主义理论实现第四次历史性飞跃的杰出代表。

诞生于19世纪40年代的马克思主义,至今已有一个半世纪多的历史了。在一个半世纪多的历史发展过程中,继马克思、恩格斯之后,一代代、一批批马克思主义后继者高举这一理论旗帜,在实践中运用和发展这一理论,使之保持了永不衰竭的生命力。在这一历史发展过程中,积聚了一个越来越庞大的马克思主义者群体,他们分属于不同的历史时期,活动于不同的国度并承载着不同的历史任务。特别是其中的一些优秀者,即在坚持和发展马克思主义方面作出伟大贡献的领袖们,则成为不同历史时期的杰出代表,站在了伟大马克思主义者的行列中,像我们所熟知的列宁、毛泽东等人。在当代,马克思主义的杰出代表当之无愧地应当把邓小平排在首位,邓小平成为马克思主义的当代传人。

邓小平作为马克思主义当代传人的历史地位,我们可以从科学社会主义理论实现了四次历史性飞跃、马克思主义理论获得了四次大发展这样一个历史进程和思维角度,得到进一步的说明和论证。科学社会主义理论的第一次飞跃,是由马克思、恩格斯完成的。这次飞跃使社会主义理论由空想变成科学,实际上就是科学社会主义理论的创立。科学社会主义理论的第二次飞跃,是由列宁完成的。列宁把科学社会主义理论创造性地运用于帝国主义战争和无产阶级革命的时代,揭示了俄国革命和建设的特殊规律,并成功地进行了社会主义实践,使科学社会主义获得了崭新内容,得到了巨大发展。科学社会主义理论的第三次飞跃,是由毛泽东和以毛泽东为代表的第一代中国共产党人实现的。毛泽东和第一代中国共产党人,把科学社会主义理论创造性地运用于中国革命的实践,经过反复探索,找到了中国自己的革命道路,创立了毛泽东思想,取得了中国新民主主义革命和社会主义改造的伟大胜利。科学社会主义理论的第四次飞跃,就是由邓小平领导完成的建设有中国特色社会主义理论的创立及在这一理论指导下的改革开放实践。邓小平领导完成的建设有中国特色社会主义理论的创立及在这一理论指导下的改革开放实践,邓小平和以邓小平为代表的中国共产党人,在新的历史条件下把马克思列宁主义基本理论与中国社会主义改革开放和现代化建设的实践相结合，成功地走出了一条建设有中国特色的社会主义道路，提出了一整套系统完整的思想观点，形成了当代中国的马克思主义——邓小平理论。

从迄今为止科学社会主义理论实现的四次飞跃中，我们足见邓小平在马克思主义发展史中的地位，足见邓小平在科学社会主义理论和实践发展史中的地位。这种地位，不是邓小平本人自封的，也不是我们中国共产党人出于对自己领袖的偏爱而标榜的，而是由马克思主义、科学社会主义理论在当代发展的实际状况所决定的。其中最根本的，则是因为邓小平解决了一个在马克思主义发展史、科学社会主义理论在长期发展中未能解决或未能解决好的重大课题，这就是在经济文化相对落后的国家如何建设、巩固和发展社会主义的问题。

自从马克思、恩格斯作出的社会主义革命必须在发达资本主义国家同时爆发的预言没有成为现实、而偏偏在经济文化都比较落后的俄国首先启动开始，在经济文化相对落后的国家建设、巩固和发展社会主义的问题，就摆在了马克思主义者和共产党人面前。特别是当经济文化落后的大国——中国也走上了社会主义道路之后，这个问题就变得异常突出。列宁没有来得及探索这个问题就过早地去世了。斯大林的探索有许多成功的方面，但他把自己的探索成果（主要指经济政治体制）模式化、永恒化并推广到其他社会主义国家之中，到头来却窒息了探索。毛泽东的探索有许多积极的内容，但未能从整体上解决问题，不可能真正找到建设、巩固和发展社会主义的正确道路，只有到了 20 世纪六七十年代之后，这一问题由于各社会主义国家的曲折经历而愈显严峻和紧迫时，各社会主义国家才加快了探索的步伐。而在这一探索道路上迅跑并取得重大突破的，就是当代马克思主义者的杰出代表——邓小平，这一探索所取得的最可宝贵的思想成果，就是邓小平理论。邓小平理论“第一次比较系统地初步回答了中国这样的经济文化比较落后的国家如何建设社会主义、如何巩固和发展社会主义的一系列基本问题，用新的思想、观点，继承和发展了马克思主义”[①]。

所以，放在马克思主义发展史中来看邓小平的历史地位，邓小平就是马克思主义的当代传人，就是马克思主义在当代的代表，就是当代最伟大的马

① 《中国共产党第十四次全国人民代表大会文件汇编》，人民出版社 1992 年版，第 12 页。

克思主义者。马克思、恩格斯、列宁、毛泽东等革命导师的科学精神和伟人风采在邓小平身上展现,马克思主义、列宁主义、毛泽东思想的精神实质和基本原则在邓小平理论中发扬。正如党的十五大报告所讲的那样:“在当代中国,马克思列宁主义、毛泽东思想、邓小平理论,是一脉相承的统一的科学体系。坚持邓小平理论,就是真正坚持马克思列宁主义、毛泽东思想;高举邓小平理论的旗帜,就是真正高举马克思列宁主义、毛泽东思想的旗帜。”[①]

五、人类思想文化历程中的一代巨擘

考察邓小平的历史地位,我们还应当把邓小平置放于人类社会发展史中、人类思想文化历程中来认识,站在这样一个历史高度、以如此宽阔的视野看问题,我们会发现并深刻地体会到:邓小平还是人类社会文明进程中的一位思想巨匠,是人类思想文化历程中的一代巨擘。

评价无产阶级领袖和革命导师,既要站在阶级的立场上,也要站在人类的立场上审视他们。革命领袖本来就既是属于无产阶级的、属于社会主义的、属于马克思主义的,又是属于全人类的、属于整个社会的、属于从古到今整个历史的。

诞生于20世纪的中国、出现于20世纪末叶、影响了当代中国的历史进程、开创了中国社会主义事业崭新局面的邓小平,作为无产阶级在当代的伟大领袖和当代马克思主义者的杰出代表,他既属于当代,又随同当代而进入历史之中;既属于中国,又与当代中国一起融入世界;既属于中国共产党和马克思主义,又与他所赖以存在的阶级、政党和思想体系一并走向全人类、走向人类思想文化历程中。个中道理非常简单:凡是民族的,同时是全人类的;凡是当代的,同时是历史的,举凡文化创造、科学思想概莫能外。我们不能因为邓小平和邓小平理论诞生于中国而否定其世界意义,也不能因为邓小平和邓小平理论出现于当代而忽略其历史价值。

在人类历史发展和社会文明进步中视邓小平为一代巨擘,是因为邓小平为促进社会发展和文明进步作出了诸多贡献。

其一,在划分为时代的人类历史中,邓小平科学地把握了一个时代的新特征和新主题。历史是划分为时代的,不同的时代有其区别于其他时代的

① 《中国共产党第十五次全国人民代表大会文件汇编》,人民出版社1997年版,第14页。

特征和主题;同一时代又往往区别出不同的时期,不同时期又会呈现出与其他时期不尽相同的新特征和新主题。特别是愈是靠近现在的历史,由于社会呈加速度发展态势,对时代的划分和认识、对时代特征和主题的理解和把握就愈是显得重要和迫切。因此,谁最早提出了区别新时代的正确思路和方法,谁最早科学提炼出一个时代的新特征和新主题,谁就对人类历史发展作出了贡献,谁就为人们正确认识历史发展、科学把握时代特征和时代主题提供了思想指南和方法指导。邓小平在我们所处的这个时代,敏锐地认识到时代主题已由"战争与革命"转向"和平与发展",正确把握了时代发展在当今呈现出的新特征,这不仅为我国实现工作重点转移、明确社会主义建设任务指明了方向,而且还为世界人民正确把握历史发展、明确社会发展方向提供了参考。

其二,在资本主义和社会主义两种社会制度并存、竞争和对抗中,邓小平成功地提出并设计了社会主义的基本对策和发展战略,初步解决了如何认识和处理社会主义与当代资本主义的关系问题。当代社会依然是矛盾重重,特别是社会主义与资本主义的关系问题,作为一个最为突出的矛盾亟须科学解决。东欧剧变、苏联解体之后,尽管使第二次世界大战之后形成的全球局面有所改变,但却没有从根本上改变两种社会制度竞争对抗、共处共存的基本态势。而且由于苏联东欧剧变的背景之一是在处理与当代资本主义关系问题上发生失误,这就使得当今社会主义国家如何认识和处理与当代资本主义国家的关系问题愈显重要。正是在这样的背景下,邓小平从战略高度认识和处理社会主义与资本主义的关系问题,要求我们着眼于两个基本方面:一是在基本制度上,社会主义与资本主义有着本质的区别;二是在运行机制和运行形式上,在具体体制和管理方法上,社会主义与资本主义又有相通之外,有诸多联系,有互补性,邓小平在实践中积极探索并找到了正确处理社会主义与资本主义二者关系的方式、方法,使这一长期困扰和束缚我们头脑和行为的问题得到了初步解决,这对保持当今社会的稳定和发展、对全球利益的维护有着重要的意义。

其三,在民族对立、民族纠纷与冲突不断的当今世界,邓小平创造性地运用"一国两制"的方式解决历史遗留问题和民族矛盾冲突,为人类社会提供了成功的范例。邓小平在思考和探索解决中国的香港、澳门、台湾问题时,根据历史渊源和现实状况,根据大陆社会主义和港澳台资本主义的实际,大胆地提出了"一个国家,两种制度"的伟大构想。在这一伟大构想的指导下，我国成功地收回香港、澳门，香港、澳门顺利回到祖国怀抱，保持了该地区的繁荣和稳定。用“一国两制”的方式解决香港、澳门问题并进而推动台湾问题的解决、实现祖国的和平统一，这不仅是中华民族的千秋大业，而且对世界其他国家解决类似问题提供了一个很好的模式，对解决民族矛盾冲突和历史遗留问题将产生积极的意义。可以说，“一国两制”理论和实践，是有助于世界和平与发展、有益于社会稳定和进步的。

其四，在传统与现代并存、人们普遍需要更新观念的今天，邓小平倡导思想解放和实事求是，帮助人们树立起正确的价值判断标准。历史的发展，社会的进步，同时表现为观念的更新。而要使得人们的观念得到不断更新，使人们的价值追求始终循着真理发展的轨道前进，就要不断抛却旧观念，去除过时的价值认识，就要从不断变化着的现实出发，力求使主观认识与客观实际融合统一。这样一个过程，就是不断解放思想的过程，就是不断实事求是的过程。人类只有不断解放思想、不断实事求是，才能在更大的程度上、在更高的水平上推动历史发展和社会进步。邓小平既倡导解放思想和实事求是，又是解放思想、实事求是的大师。邓小平倡导和实践解放思想、实事求是，不仅使我们党恢复了思想路线、走上了正确轨道，而且还抓住了人类进步的真谛，教人们以发展的眼光来审视周围的一切。所以，从更深一层次来看待邓小平“解放思想、实事求是”理论，我们就会发现，它对人类观念变革、对人类探寻和树立新的价值判断标准，具有多么重大的影响和多么深远的意义。正因如此，邓小平才由中国走向了世界，才由当今走入了历史。

本文原载于《马克思主义研究》2002 年第 4 期，2004 年 9 月获全国党校系统第五届优秀科研成果二等奖。

发展新的社会阶层中优秀分子入党需破解的几个问题

魏 磊

江泽民同志“七一”讲话提出“应该把承认党的纲领和章程、自觉为党的路线和纲领而奋斗、经过长期考验、符合党员条件的社会其他方面的优秀分子吸收到党内来”①，为我们做好新时期的发展党员工作特别是在新的社会阶层中发展党员指明了方向。这个重要思想，顺民心，合民意，已成为不争的理论突破。现在的关键问题是如何实践操作新的社会阶层中的优秀分子入党的问题。通过近阶段的教学与调研，我们认为有以下几个问题亟须重点解决。

一、如何全面考察和正确认定要求入党的新的社会阶层人员的政治觉悟、思想品质和入党动机

新的社会阶层情况比较复杂，成员素质参差不齐。在现实生活中，常常从多方面表现出“两重性”。比如，他们既是改革开放政策的受益者、拥护者，又对党和政府的一些政策缺乏了解，心存疑虑；他们拥护党的领导，积极要求加入党的组织，其中部分人员又对在企业中建立健全党、工、团组织不积极，甚至有逆反心理；等等。这些都为我们全面考察和正确认定新的社会阶层人员的政治觉悟、思想品质等方面带来难度。为此，中共青岛市委组织部的同志认为对这些人员的考察和认定，不仅要看其口头是否承认党的纲领和章程，而且还要着重看其行动是否真正承认党的纲领和章程，听其言，观其行。在内容上要重点把握以下几个方面：一是看其依法经营管理和企

① 江泽民：《在庆祝中国共产党成立八十周年大会上的讲话》，人民出版社2001年版，第32页。

业信誉情况；二是看其依法纳税情况；三是看其职工工资、工作环境和养老保险等其他福利待遇情况；四是看其对企业党组织工作支持情况；五是看其生活作风和思想品德情况；六是看其对社会公益事业的贡献情况。

调查中我们了解到，这些人的入党动机主要有三种：一是自觉为党的基本路线和纲领而奋斗；二是试图把党的利益和个人利益结合起来，为了增加企业信誉度、知名度；三是为提高个人声望，纯粹谋取个人私利。很多同志提出，一定要从这类群体的特点出发，建立动态科学的考察和认定机制，多渠道、多方面、多角度全面掌握他们工作圈、社交圈、生活圈等方面真实可靠的情况。在研究确定新的社会阶层人员为入党积极分子前，党组织要加强与工商、税务、劳动和社会保障、公安、环保、技术监督、金融等部门的联系和沟通，认真听取并采纳他们的意见和建议，形成配套联动。同时，要认真实行发展党员公示制度，增强发展党员工作透明度。特别要根据其事业发展的范围，深入其所在企业、经常往来的单位以及相关部门等，进行认真细致的考察，找各个层次的职工谈话，全面了解企业生产经营、遵纪守法以及职工生产生活情况，从中摸清发展对象的政治觉悟、思想品质和入党动机，看清他们是否是真正承认党的纲领和章程、是不是真正自觉地为党的基本路线和纲领而奋斗。

二、如何正确理解和具体体现“经过长期考验”

发展这些人入党的培养教育时间要不要与发展工人、农民、知识分子、军人和干部等入党有所区别，以多长时间为宜，这是目前比较有争议的一个问题。很多同志认为，“经过长期考验”是吸收新的社会阶层人员入党的一个基本要求，对于纯洁党的队伍，始终保持党的先进性，不断提高党的战斗力，是十分重要和非常必要的。但如何理解“经过长期考验”？基本上有两种意见，一种意见是把“长期考验”理解为一个时间概念，长期考验就不是一年半载的事，而应该是指周围人们多年的、一贯的评价。另一种意见认为，“经过长期考验”不单是一个时间概念，它应该是一个过程概念，要公正地评价其要求入党以前的表现，又要看其递交入党申请书之后的表现，要客观、历史、全面地看其过去表现如何，现在表现如何，特别是关键时期、重大政治事件时的表现，如“六四”时期的表现、处理“法轮功”问题上的立场等，直到我们能够比较清楚地了解一个人的本质为止。

根据调查研究，我们认为，在新的社会阶层人员中发展党员的初期，为慎重和稳妥起见，可以考虑在一段时间内采取适当延长培养教育时间的方法，一方面让其更多更深地掌握党的基本理论和基本知识，提高对党的认识；另一方面由于他们个体活动空间大，集体活动少，也为党组织更长时间观察其现实表现、甄别其入党动机提供了机会。

三、如何坚持标准，确保发展质量

坚持标准，就是要坚持党章规定的党员标准。党员标准对所有党员都是适用的，我们当然没有必要制定专门用于私营企业主的入党条件，但也不能简单地用“能人标准”代替党员标准。我们要以江泽民同志“三个代表”重要思想为准绳考察要求入党的私营企业主是否是优秀分子，把“能否自觉地为实现党的路线和纲领而奋斗，是否符合党员条件”，作为吸收新党员的主要标准。对于积极要求入党的新的社会阶层的人员特别是私营企业主，评判他们政治上先进与否的标尺，要把握以下标准：一是要将财产来源作为判断其先进与否的前提。只要他们获取财产的方式和手段是合法的，是通过诚实经营得来的，能够依法纳税，就不能将其视为政治的落后。当然，这还只是个前提问题，还不能以此将其界定为政治上是否先进。二是要将财产的使用作为判断其先进与否的重要依据。在判断新的社会阶层人员是否具备党员条件时，要着重考察他们个人收入的支配情况。将收入非法使用的人，其政治上也必定是落后的。只有将个人财产主要用于有利于国家和社会的人，才有可能视其为政治上的先进。三是要将思想状况和现实表现作为衡量其是否先进的主要依据，这是政治评价标准的基本内容。要着重看他们是否具有正确的政治立场，远大的理想抱负，良好的理论素养，高尚的道德情操，强烈的爱党、爱国、爱人民的热情。同时，要考察他们在立场原则问题上的言行和个人利益取舍上的表现，能否将国家、社会和人民的利益放在高于一切的地位上。调研中有些同志明确提出，吸收新的社会阶层中的优秀分子入党，不能看一时一事，而应看一贯表现，力求准确认清和把握他们的入党动机，积极而又慎重地在新的社会阶层中发展优秀分子入党，特别是要严格防止那些入党动机不纯的人混进党内，防止以经济实力强弱、为社会捐助财物的多少和个人名气的大小作为衡量吸收新党员标准的错误做法。

四、如何严格程序，既积极又慎重

从调查来看，在发展新的社会阶层人员入党的培养教育时间上，有两种不同的意见：一种认为这些人社会背景、文化层次、发展经历、思想状况各不相同，对他们的培养教育时间与发展工人、农民、知识分子、军人和干部入党要有所区别，应适当延长；另一种意见认为，任何人入党，不管他的出身、职业、身份如何，不管他们来自哪个阶层，党员的标准是一致的，在培养教育的时间上应一视同仁，不应有其他特殊要求。

调查中一些同志认为，我们一定要针对他们身份的多变性、工作的特殊性、流动的经常性等特点，加强对新的社会阶层中的入党积极分子的考察时间、方法、手段、范围等方面的研究和探索。有的同志提出，在发展党员工作中要严格入党程序，把好入口关，突出抓好三个环节：(1)私营企业主递交入党申请书时，应该要求他们如实申报个人财产情况，包括额度、来源、投资情况、使用方式等。(2)确定为发展对象时，基层党组织要对申请入党的私营企业主进行政治审查，要听取工商、税务、审计、统战等有关部门的意见，并广泛征求党内外群众意见，着重了解其入党动机是否正确，资金来源是否合法，所产生的利润是否主要用于扩大再生产、增加再就业，是否依法经营、照章纳税，是否关心员工的生活、积极改善劳动条件，是否热心公益事业、对社会有所贡献、具有一定的公认度等。(3)批准其入党前，要将发展对象的有关材料先报经县以上地方党委预审，同意后，才能正式履行发展党员手续。如发展党员要实行“三评五谈和公示制度”：所谓“三评”即入党申请人被列为入党积极分子、确定为发展对象和接收预备党员之前，都要经过党外群众评议、党员代表评议、支部委员评议；“五谈”即入党申请人向党组织递交申请书、列为入党积极分子、确定为发展对象、接收为预备党员和转为正式党员之后，党组织都要派专人同他们进行谈话，着重了解他们对党的认识、入党动机、党的基本知识及个人思想状态，帮助提高认识；“公示”即支部大会讨论发展党员前，要把发展对象的情况在一定范围内公开、公布，接受群众监督。还有其他一些创造性的意见和建议，如确定入党积极分子要经过党员和群众的“双推”、入党介绍人党委审批以确保其素质、发展党员责任追究制，等等。

调查中一些同志认为，接收新的社会阶层人员入党，审批权限不宜上收，人为地形成党员的不平等。更多的同志认为，可以具体情况具体分析，视情况确定是否需要提高审批权限，一般情况下可采取上提一级的办法，从内部掌握，防止出现个别新的社会阶层人员借入党捞取政治资本，以此扬名或为自己非法牟利。同时，要继续坚持发展党员预审制和发展党员责任追究制度，避免出现发展党员工作中的不正之风。

调查中许多同志还提出，这些人入党以后，也会带来一些新的问题。如党员管理问题。党外只有法律规定，党内还有纪律约束。中纪委的规定对他们是否合适？是否一党两制？再如私营企业主的从政问题。随着民主化进程的不断推进，非党员都可以参加地方行政领导的竞选，难道当了党员就不能了吗？其他还有党费的收缴问题以及担任政协委员、人大代表的私营企业主是留在党外好，还是进入党内好？这些都是新的历史条件下将会遇到的新问题，需要不断实践创新、制度创新、理论创新。

新的社会阶层特别是私营企业主的优秀分子入党问题，是一个政治性极强的大课题，十分敏感。如果不慎重，操作失误，就可能出现一些不必要的争论，甚至出现不同声音，直接影响党的建设和我们社会主义现代化事业进程。解决新的社会阶层特别是私营企业主的优秀分子入党问题，一定要注意策略，慎重从事，循序渐进，稳步推进。为此，要着重做好以下几个方面的工作：

第一，在政策上要加强具体指导。按照江泽民同志“七一”重要讲话的要求，在党内要逐步统一思想，在对外宣传上要把握尺度，不搞无谓的争论，以免影响广大人民群众对党的感情，影响党在群众中的创造力、凝聚力，影响党的战斗力。同时，有关部门的试点要加速进行，尽快拿出操作方案，尽快付诸实践，以免被动。

第二，正面引导，典型引路，用事实教育有不同思想的人。要选准那些真正为党的事业和共产主义事业而奋斗的人入党，让他们发挥示范带头作用，以教育那些想入党又有某些顾虑的人，同时也教育那些对新生阶层中的优秀分子入党有某种偏见的人。

第三，在数量上要加强宏观和微观的控制，坚持成熟一个发展一个，宁缺毋滥，避免出现用“能人标准”替代“党员标准”的现象，防止不加区别、不讲条件盲目发展的情况发生，更不能在党员群众中造成“先富者先入党”、党组织成为“富人俱乐部”的恶劣印象。

本文原载于《理论学习》2002年第10期，2004年9月获全国党校系统第五届优秀科研成果二等奖。

论虚拟生存

贾英健

关于人的生存问题研究，人们比较一致的观点认为，它是阐释马克思哲学的一个重要维度。如果把生存论的研究放到由于网络技术的发展而生成的网络时代这一语境下进行思考的话，我们便会发现，一种与人的现实生存不同的虚拟生存，正在演化为人类在当代的一种崭新的生存方式，并要求我们从马克思主义哲学的角度来展开对其有意义的解答。

一、当代人生存方式的虚拟性

对人的生存问题的追问，通常是在人的生存活动方式的意义上来进行的，它关心的是在特定条件下人生存的具体表现，涉及人怎样生存或者生存样式是怎样的等问题。所以，人们也经常在生存方式或存在方式的意义上来理解生存。但是，由于人们的存在就是他们的实际生活过程，因而不同的活动所采取的具体样式不同，就决定了其生存方式不尽相同。马克思指出："个人怎样表现自己的生活，他们自己也就是怎样。因此，他们是什么样的，这同他们的生产是一致的——既和他们生产什么一致，又和他们怎样生产一致。个人是什么样的，这取决于他们进行生产的物质条件。"[①]这既说明人的生存方式要受到他所生活在其中的社会环境的制约，并由其所决定，也表明人的实践活动又在一定程度上创造着人类社会。由于人的实践本身是一种不断生成的活动，因而也决定了人的生存方式不是现成的、固定的，而是

① 《马克思恩格斯选集》第1卷，人民出版社1995年版，第67～68页。

人在自己的活动中不断地建构、改变着的；这个建构、改变是人与周围世界经由人的活动的相互贯通、相互转化。一方面，人在与自然、他人和自身的关系中实践地形成并改变着自身的生存方式；另一方面，人也在实践地批判和重建这些关系的过程中不断地走向更多的合理与自由。

人的生存方式的生成性特征表明，它的历史性变迁与时代变革联系在一起。如果说“自然化”和“群体化”的生存方式反映的是“人的依赖关系”的生存状态的话，那么，以独立人格为标志的“个体化”生存方式则与近代工业革命的发展密切相关。工业革命一方面形成了普遍的社会物质交换关系、全面的社会关系、多方面的需求关系以及全面的生产能力，另一方面也造成了“异化”。由此，对“物的依赖”的同时，能力的极端片面发展成为工业时期人的生存方式的最主要的特征和矛盾。在今天的网络时代，人类以前所未有的加速度进入了高度发展的现代文明，人类的生存方式也出现无可比拟的变革，这种变革体现在与网络技术的发展同步而至的人的生存方式的虚拟性上。

在当前的网络社会中，人们长期以来已经形成的现实的人在现实世界中生存这样一种理念，正在受到来自网络虚拟空间的挑战。在这里，不仅人们生存的空间被虚拟了，而且人的生存方式也呈现出“非现实性存在”的虚拟化的特征。这不仅表现于在计算机网络中，人以数字化的方式出现，而且还表现于人的现实的角色及其关系在网络中会发生变化。网络不仅成为人们赖以生存的基本工具，处于当代人类社会经济和文化生活的核心位置，而且还通过渗透入人类历史根基，正在为人类社会汇入具有决定性和控制性的因素。这样，由网络化趋势的扩张所导致的网络时代的来临，开始对人类社会和人本身产生了全方位影响。

第一，网络空间改变着人的存在环境。当代的网络化和数字技术将人们从物质“原子”时代带入数字“比特”时代。数字“比特”所建构的交往空间是一个虚拟的“赛博空间”。在这个纯粹的人造世界里，人们经验了以往时代不曾经验的网上营销、购物、无纸贸易、电子单据与货币等，并将人类的经济和其他文化活动都纳入了一个数字化的虚拟情景之中，这就使人们心目中的生存环境的地位和形象发生了转换。网络所构成的虚拟环境，可以使主体在其提供的存在和发展的各种可能性中进行体验和作出选择。网络具有极大的宽容性，这种宽容性既为社会和主体的存在和发展展示了各种可能性，也为主体的生存和发展增加了多种选择性，使主体能够根据自己的需要选择生存和发展的道路。

第二,网络化的力量也引导、决定和改变着人们社会行为的原则和规范。网络作为人们存在的一个环境,为人们的存在和发展提供了一个必需的活动场域,在这一新的场域中,空间与在场的分离弥合了在场与不在场的界限。特别是信息传播媒介革命的迅猛发展,使人的现实生存进一步具有全球性,人的存在开始超越时空的局限,以"虚空"化的方式走向一种普遍性。这意味着在任何一个信息端口所观察到的影像都可能是虚拟的,这种虚拟的结果影响着预先存在的社会实践和行为模式,使主体存在于一个没有空间的地方,不仅消解了主体的具体时空特性,而且还消解了现实社会中时空对主体和事件的社会控制机制(如户籍制度、区域划分制度等)的功能发挥。人们正是通过对时空限制和各种既存社会规范限制的不断跨越,使许多在过去难以实现的行为目标得以实现或难以实现的价值规范更易实现。

第三,网络化能使人按照自己的需要和意愿,平等地从事在现实生活中能够进行的各种活动,自由地同任何一个民族和国家地区的主体进行交往。这当中主体是以一连串符号进入虚拟的网络世界中去的,而且这些符号还存在着与主体的裂变性,使其超越自然存在和社会存在,成为一种按照自己所希望的形象任意塑造的主体,这就增加了其存在和活动的模糊性。在交往过程中,交往主体不能真实感知对方的真实存在、现实在场,只能感知到与主体可能存在裂变性的一连串符号。这样,使主体能够敢于抛开现实社会中形成的各种面具,主体不再需要掩饰自己,而以一种本真性甚至本能性的存在方式展开活动,展示一个真实的自我。

第四,网络化使交往的自主程度大大提高。由于网络主体面对的是一个符号化的世界,在网络中人与人之间的关系呈现出"匿名性",这就使得在网上互动的双方,能够知道的只是互动过程中各自所表现出来的爱好、情趣、志向等精神属性,至于互动各方的行为举止,则基本不受社会地位、社会角色等社会性特征及伴随而来的社会规范、社会角色期待的制约,人与人关系中的社会"身份感"也就消失了,人对群体"归属感"也消失了。同时,网络的符号性和匿名性也使交往的各方只认为自己是真实的,而其他个人都可能是非物质性的、虚幻的,他在虚拟空间的行为可以不受任何外界的限制。至于自己的行为是否要承担对他人和社会的责任和义务,是否有碍他人的自由,则不在考虑之列。这就出现了由于网络时代的到来,人实现充分自主。

总之，网络时代带给人的是以虚拟为主要特征的生存方式。

二、虚拟生存及其超越性

与生存方式的虚拟性相适应的是一种崭新的生存方式即虚拟生存的出现。随之而来的是如何从哲学上来思考虚拟生存的问题。尽管在已有的研究中，对虚拟生存有过不同程度的关注，而且也作过一些概念上的厘定。但是，从根本上说，还都仅仅局限于各个具体学科的具体的规定上，对虚拟生存的研究缺乏一种哲学的理论视野。这一方面表明人们对该问题的认识还没有达成一致，另一方面也揭示了从马克思主义哲学的视角对虚拟生存进行深入思考的必要性。

在这里，我们同样遇到了对虚拟和虚拟生存做何界定的问题。一谈到虚拟，人们总是习惯于把它与虚幻、模拟、可能、不在场等概念联系在一起，进而把虚拟生存看作是存在于人的思想意识之中，人为设定的与真实情况不相符合的一种生存方式。其实，这是对虚拟和虚拟生存的一种误解。这首先是因为词源学上的“虚拟”(virtual)概念，从来就不是在“假设”“虚构”的意义上来使用的。源于拉丁文 virtus 的“虚拟”概念，它本意指的是“可产生某种效果的内在力量或者能力”“实际上起作用”“事实上存在”等。英文中的“虚拟”一词本义上也是在“实质上的”“实际上的”“事实上的”“有效的”等意义上使用的。在今天，随着现代科技的发展，人们可以通过技术的手段，把现实中的真实的事物演绎成为数字化的形式，把一个真实的世界和真实的事物，移到由计算机建构起来的网络新世界，并在这个新世界中发挥着与它们在现实世界具有同等效能的作用。显然，就虚拟一词本身而言，它所表征的是一种与现实世界相对应的、能使人在感觉层面上体验到与实际体验相同的效果性的实在。从某种意义上说，虚拟的“虚”，“不是同真实而是同实际相比较的”①，它完全是一种“实际”之“虚”。而对于身处虚拟世界中的人来说，由于网络世界把现实世界中的一切都符号化了，因而，人在其中的生存也成为一种经过对现实的人进行了符号化处理后的虚拟人的生存，即

① Pierre Levy, *Becoming Virtual: Reality in the Digital Age*, New York and London: Plenum Trade, 1998, p. 24.

虚拟生存。

但如果由此仅仅把虚拟生存看作是对现实生存的复制和再现，这是远远不够的。因为虚拟世界的人的生存，实际表征的不仅仅是对真实的一种体验，更是以“虚”的形式展现的人类世界中的创造性存在，实现的是对真实世界的超越。对于人来说，在虚拟世界中能够体会到的是某种对现实生活状态的超越的可能性。所以，虚拟生存虽无现实生存中的形、影、踪，人们也无法从实在空间的广延中得到它的“有”，但却具有其无法否定的真实性。因此，我们在网络世界所面临的虚拟生存，是一种有着特殊的空间形态的特殊的存在，它既不是实际存在的物理世界的生存，也不是纯粹的意识或者幻觉中的生存，更不是虚无或者虚假生存，而是通过语言、符号、规则、数字等人化形式对生存世界、生存活动、生存意义等的建构。因此，虚拟生存的出现，不仅为人类创造出现实生存中所无法提供的新的发展空间、可能和平台，而且还创生了一种以虚的方式展示的现实人的生存方式。

从实践过程本身来看，虚拟生存虽然近年才引起人们的关注，但在计算机和数字化技术出现以前，人类并非没有进行任何虚拟生存活动。实际的情况是，在数字化出现以前，一方面，人从事着对现实的认识反映和改造的活动；另一方面，人也以某种方式进行着超越现实的生存实践活动。因此，人的生存活动既立足于现实，又超越现实，并虚拟、抽象和创造着人生存的理想世界。不过，这种以创造性为特征的生存的虚拟性，很长时间以来并没有被人们自觉地认识到，也没有纳入作为人的生存的必要前提中来认识和把握。现在人们对虚拟生存的关注，实际上凸显了人性的虚拟的方面。在网络构成的虚拟空间里，虚拟生存对于人性的影响，是它引起了人们对社会生活的人性关怀，迫使人们回答虚拟生存中提出的大量涉及人性和人的发展的问题。在这里，人的超越创造性便成为我们理解和把握虚拟生存的重要尺度。

概括起来，无论从虚拟生存本身来说，还是从人的实践活动来看，虚拟都是人的生存发展中的一个重要维度，只不过这个维度在今天的网络时代才真正得到了凸显。从上面的分析中，我们可以清楚地看到，虚拟生存是对那些没有成为现实性的可能性生存的一种虚拟，正是这种虚拟生存，构成了对已经实现了的现实性生存的一种否定，这其中，人们对现实生存的创造性超越起到了至关重要的作用。从这种理解出发，我们认为，所谓虚拟生存也就是指相对于人的现实生存又超越人的现实感觉的人的生存活动，它是在去除了人的物理实体特征，并将其浓缩化为数字化符号后，以集合体的形式而存在于虚拟时空中的一种社会性的文化生存样式。在这里，超越性便构成人之虚拟生存的本质特性。

虚拟生存的超越性可以从以下两个方面理解。

第一，虚拟生存的超越性首先表现为实践上的超越性，大致分为以下三个方面。

(1)实践上的这种超越性突出表现在实践中介的超越性上。网络革命说到底不过是人类实践中介的一场革命，正是这场中介革命，给人类生存实践带来了具有变革意义的实质性的影响。网络世界创造了一种崭新的虚拟生存交往形式。在这种新的生存形式中，人们之间的交往打破了以往的时空有限性的生存模式，一定程度上实现了生活在地球上的所有人之间的共享网络交往平台，自由表达自己观点的梦想。

(2)虚拟生存还使人们实现了获得信息方面的实践方式的超越性。传统实践在实现其超越性的过程中，经常会受到现实中的一些认识条件的局限和干扰，尤其是信息不足、不快、不活、不广等因素的存在，不仅影响了主体对信息的获得、选择，以及信息主体之间的及时、便捷、广泛的沟通与交流，而且还影响了人类实践理念的创造性构想。在“虚拟世界”的虚拟生存中，人们在获得信息方面的受限性带给人类实践的影响则被消除了，在这里，几乎囊括了人们所需要的所有信息的虚拟空间，不断为虚拟实践主体获得充足、快捷、灵活和广泛的虚拟实践信息提供着条件和保障。由于获得信息方面的这一重大变革，人类不仅通过虚拟空间，为实践理念的构想获取广泛而充足的各种信息，而且还为人类将这样的理想不断对象化为网上的虚拟现实提供着可能。更重要的是，人们在网络世界中，可以舍掉现实实践中所遇到的各种主客观条件的影响，对这种虚拟现实可以进行便捷、及时、反复的修正、调整和重组，这大大方便了人的虚拟实践活动的创造性展开。

(3)虚拟实践活动具有建构性。虚拟空间已远不是“物理、电子世界”的那种单纯而又特殊的科学形态和机械的数学式的纯逻辑程序，它已经生成为一种具有客观内容的人化世界，或者说是属人的世界。这样，在网络世界里，虚拟生存已经构成其不可或缺的客观内容。只不过网络世界中人的生存所体现的是人在对象化活动中的一种理性“建构”而已。

第二，虚拟生存所体现的不仅是对现实生存本身的一种超越，而且还是对现实生存的类意识上的超越。从根本上说，人是一个有意识的存在物，也是一个能思维的存在物。但是,人的意识和思维活动不是如旧唯物主义者所理解的那样是一种直观的复写,而是一种超越性的意识活动。对于人的意识的这种超越性,马克思曾经指出,对于人来说,“劳动过程结束时得到的结果,在这个过程开始时就已经在劳动者的表象中存在着,即已经观念地存在着”①。人类这种以“观念”的形式存在的劳动结果和在自然物中实现的劳动者“自己的目的”,也就是我们今天所谈论的人类所特有的虚拟活动。在这里,规范和引导着现实实践活动的是以实践理念形式表现出来的虚拟的结果。人的意识的这种超越性,在今天的虚拟网络中得到了充分的体现。从某种意义上说,网络对于人,不仅仅是一种身体的、感官上的解放,而是一种思维方式上的革命。在网络构成的虚拟世界里,人们不仅能够从更深的层次上体验到了人类作为整体的经验,而且也不断地对自己的类存在的本质进行反思,以此来获得有关类主体的生存意识。不仅如此,人还通过大脑的积极创造活动,不断在头脑中图绘一种超越“现实”的、符合人的类本质要求的“理想”的世界图景。这种理想的世界图景所表征的不是真实的现实,而是非真实的虚拟,不是现实的人,而是符号化、数字化的虚拟人。人正是通过这种理想、非存在、虚拟等作为人的对象化活动的产物,不断地为人类形成对类存在物的意识提供一种有意义的文化支撑。

三、虚拟生存与现实生存

虚拟生存尽管给人们所展示的是一种对现实生存的超越性理念,而且这种理念也在某种程度上彻底改变着人们的生存观,并不断以电子技术提供的虚拟生存的现实,淡化我们在传统生活中形成的那种实实在在的生存的“现实感”。但这并不表明人们开始进入“非现实”生存时代,而恰恰说明人们生存的“现实”含义正在发生悄然变化。传统的生存观通常是在客观现实性意义上来使用“现实”,而把那些虽有现实性但却在现实中不具有变为现存的充足条件,只能在未来才能实现的那种生存现实性称之为可能性现实。显然,可能性在这里表征着非现实的理想的生存意义。这样,现实生存与非现实的理想生存在现实世界中有着比较明确的界限。但是,虚拟生存的存在很大程度上消解了人们心目中的生存的“现实性”与“可能性”、“现

① 《马克思恩格斯全集》第23卷,人民出版社1972年版,第202页。

在”与“未来”的界限：虚拟对人的生存价值不在于它是否“现存”，而在于它的可能效用；虚拟与现实的界限不在于现实本身，而在于人的想象力；人们“虚拟”地学习事物可以比“现实”地学习事物更有效；人们“虚拟”地实践某事情可以比“实际”地实践某事情更有意义。虚拟生存与现实生存既相互区别又紧密联系。

一方面，我们不能把作为现实生存的虚拟的替代物当作现实生存本身。这是因为，人的虚拟生存本身是一个在现实基础上，通过人自身的符号和观念构造能力创造出的具有间接性和开放性的新的实在，它虽然部分地摆脱了对现实及其规律的依赖，实现了对人所立足的由物质实体所构成的现实世界的突破、延伸、补充，但是，它毕竟只是现实的人的虚拟实践活动的产物。无论是虚拟实践的客体、方法，还是过程等，都是现实的人给予的。其中，对于虚拟实践的客体来说，无论怎样虚拟，都无法否认它在现实生活中的客观基础，它不仅要受现实提供的基础所制约，而且还伴随着现实生活实践的发展不断拓展人之生存发展的虚拟空间。就此而言，虚拟生存只不过是人的整个生活世界中的一部分，而不能够成为人们生活的全部。它来自现实生存，但却不能脱离开现实生存而存在，它必然要在与现实生存的联系中才能发挥作用。从虚拟的可能性限度来看，网络空间不可能虚拟一切，它更多的是对新的信息文化空间以及与信息相关的人类生活世界的虚拟，生活中有许多东西是无法通过虚拟来展示的。很多在虚拟世界中的获得的体验并不是人类追求的最终归宿，人们虚拟这一切，最终的目的是要将这一切在现实中展现出来，在虚拟世界中的各种体验还必须回到现实生活中才能得到确证并最终获得人们心灵上的满足。况且，人们可以说什么都能虚拟，只有那个在网络世界中被虚拟的主体却是真实的、现实的，虚拟生存的数字化符号等形式归根结底只不过是人的生存的一种工具。因此，虚拟生存的存在并不意味着人已经或可以摆脱现实世界对人的种种约束。可以说，网络空间的人的生存上的“真”，永远不可能具有同现实世界对等的地位。如果将人与网络的这种关系弄颠倒了，就会使人失去自我。

另一方面，虚拟生存毕竟又是人的一种生存现实。与现实生存相比较，虚拟生存的出现，不是对现实生存的消解，而是对人的现实生存的一种在广度和深度上的丰富和升华。从思维方式上看，虚拟生存的出现，改变了人们把现实作为唯一的出发点，把一切思考都归结为对“是”的认识的传统思维方式，代之以从对“是”的超越出发，借助于数字化的中介，对现实的“不可能性”和“不存在性”所进行的虚拟思维方式。这样,与虚拟生存的出现相伴的是思维方式的转变,这种转变使原先的以“是”为标准的“不是”“不可能”“不存在”第一次成为人类的对象,这不仅大大拓展了人类思维方式和行为方式的当代视野,而且还使人类凭着这种新的思维方式,体验许多在现实中根本无法体验的东西,把人们在现实世界中难以找到的心灵的慰藉变成虚拟生存中的实在,从而大大丰富人的精神生活,使人类更加自觉地体味到人之为人的超越性存在,拓展了人的生存的意义。

然而,应该看到,虚拟生存的负面效应正如它的积极价值一样十分突出。这主要表现在:一是在网络世界,由于各种各样的卡号、密码等数字代码成为人们各种身份的表征,人由此对数码产生极强的依赖性,将人的鲜活个性淹没在数码的海洋之中。二是虚拟世界中的人可以用虚拟的方式把现实社会的平等、自由等的理想追求转化为一种虚拟的现实,并沉浸在对虚拟空间的理想生存的体验之中,这种主体理想及理想活动的日常化和常识化,不仅造成了理想的平淡化和平常化,而且也导致对人的理想的崇高性的消解。三是在网络世界,人们虽然面对大量的可供选择的信息和生存方式,但人们却只能按照技术规定好了的方式去选择、去生存,这样,虚拟生存的存在,使人在身体和精神两个方面可能过着一种非人的生活,它不仅使人承受着虚弱衰退的生理上的负重,而且还经历着精神的震荡。同时,人在网络中整日面对大量的信息处理,很容易造成人与人之间直接亲密交流和沟通的机会急剧减少,社会范围内的人际关系疏远,人情冷漠和社会的离心,最终导致人对真实社会的疏离。四是在虚拟生存中,由于人只是在一个虚拟的环境中进行各种交往活动,因此,这种虚拟世界的交往只是一种片面的交往,它阻碍了人与人多样的交流,一旦人沉迷于网络空间里的情感不能自拔,就有可能沦落为异化的、迷失方向的“电子人”。五是在网络空间中,虚拟生存空间对人“周到”的服务,使电脑文化无孔不入地进入到人的精神世界,这将潜移默化地改变着人类的思维方式乃至感情方式,容易产生“人的物化”“人的单一化”“人的表浅化”“意义的丧失”“深度的丧失”“历史感的丧失”“审美创造能力的丧失”“爱的能力的丧失”等,它将会引起另一种意义的人类精神文化空间里的生存危机。

所有上述问题都表明,虚拟生存质量的高低与其所处的虚拟环境有很大关系,虚拟环境对人的生存所带来的影响既让人振奋又让人困惑,并从中昭示着人们在自己的生存中,应当以现实生存为基础,以虚拟生存为媒介,正确处理好虚拟生存与现实生存的关系，通过二者之间的良性互动和融通，共同塑造一种既体现人文关怀与生存魅力要求，又更适合人类自身发展的虚拟空间的新的生存样式。

本文原载于《哲学动态》2006年第7期，2008年7月获山东省第二十二次社会科学优秀成果二等奖。

突出主题　把握实质，深入学习贯彻党的十七大精神

安世银

胡锦涛总书记在党的第十七次全国代表大会上所作的题为《高举中国特色社会主义伟大旗帜，为夺取全面建设小康社会新胜利而奋斗》的报告，以马克思列宁主义、毛泽东思想、邓小平理论和"三个代表"重要思想为指导，深入贯彻科学发展观，科学回答了党在改革发展关键阶段举什么旗、走什么路、以什么样的精神状态、朝着什么样的发展目标继续前进等重大问题，鲜明提出了一系列新思想、新观点、新概括、新要求、新举措。深入学习贯彻十七大精神是我们当前和今后一个时期的首要政治任务，我们必须突出主题，把握实质，切实把这项工作做好。

一、充分认识党的十七大的重大意义

胡锦涛总书记的报告对继续推进改革开放和社会主义现代化建设、实现全面建设小康社会的宏伟目标作出了全面部署，对以改革创新精神全面推进党的建设新的伟大工程提出了明确要求。报告描绘了在新的时代条件下继续全面建设小康社会、加快推进社会主义现代化的宏伟蓝图，为我们继续推动党和国家事业发展指明了前进方向。报告站在时代和历史的高度，全面把握我国发展的新要求和人民群众的新期待，充分体现了解放思想与实事求是的统一、理论创新与实践创新的统一、总结过去与规划未来的统一、立足国情与面向世界的统一。报告是我们党团结带领全国各族人民坚定不移地走中国特色社会主义道路、在新的历史起点上继续发展中国特色社会主义的政治宣言和行动纲领，是马克思主义的纲领性文献。大会通过

的党章修正案，把十六大以来党的理论创新和新的实践经验，党的十七大报告确立的重大理论观点、重大战略思想、重大工作部署写入党章。最重要的就是把科学发展观写入党章的总纲，充分体现了马克思主义中国化的最新成果，适应了新形势新任务对推进党的工作、加强党的建设提出的新要求，是大会作出的历史性贡献。对新形势下加强党风廉政建设和反腐败斗争作出战略部署，具有十分重要的指导意义。大会选举产生了以胡锦涛同志为总书记的新一届中央领导集体，选举产生了中央纪律检查委员会，为开创中国特色社会主义事业新局面提供了坚强的政治和组织保证。这次大会必将对我们党和国家事业的发展产生重大而深远的影响。

这次大会高举旗帜、继往开来、求真务实，开得非常圆满、非常成功，是一次团结的大会、胜利的大会、奋进的大会。传达好、学习好、宣传好、贯彻好、落实好十七大精神，关系党和国家工作全局，关系中国特色社会主义事业长远发展，对于动员全党全国各族人民，在以胡锦涛同志为总书记的党中央领导下，高举中国特色社会主义伟大旗帜，奋力夺取全面建设小康社会新胜利、开创中国特色社会主义事业新局面，具有重大现实意义和深远历史意义。

对于我们党校工作者来说，认真学习贯彻好十七大精神，既是我们的职责所在，也是我们圆满完成大规模培训干部的迫切需要。我们要从全局和战略的高度，从我们肩负的重要责任的高度，充分认识学习贯彻十七大精神的重大意义，迅速掀起学习贯彻十七大精神的热潮，责无旁贷地抓好十七大精神的学习贯彻，自觉把思想统一到十七大精神上来，把智慧、力量凝聚到十七大所提出的目标任务上来，自觉地以十七大精神指导实践、推动工作，努力开创各项工作的新局面。

二、全面准确地领会十七大的精神实质

学习贯彻十七大精神，一定要认认真真、原原本本地研读胡锦涛同志的报告、大会通过的党章、中央纪委的报告和大会其他文件，全面准确地领会和把握十七大精神。对于如何领会和把握十七大精神，中央和省委都有通知要求，李建国书记在全省领导干部会议和省委九届二次全委会上的讲话中也进行了深刻的阐述，我们要认真学习这些文件和讲话，做到深刻领会、准确把握。在这里，笔者谈谈自己的认识。

一要深刻领会十七大的主题，坚定不移地走中国特色社会主义道路。十七大的主题是："高举中国特色社会主义伟大旗帜，以邓小平理论和'三个代表'重要思想为指导，深入贯彻落实科学发展观，继续解放思想，坚持改革开放，推动科学发展，促进社会和谐，为夺取全面建设小康社会新胜利而奋斗。"这一主题，科学而鲜明地回答了我们党举什么旗、走什么路、以什么样的精神状态、向着什么样的发展目标继续前进的重大问题。这些重大问题，事关党、国家和人民的前途和命运，事关社会主义事业的前途和命运。这一主题，揭示了中国特色社会主义的发展规律，反映了时代发展的新要求和各族人民的新期待，是十七大的历史性贡献。确立这样一个主题，就是向世人昭示我们党将高举中国特色社会主义伟大旗帜，坚定不移地走中国特色社会主义道路，继续解放思想，坚持改革开放，推动科学发展，促进社会和谐，为实现全面建设小康社会而奋斗。这对于统一全党和全国各族人民的思想，抓住和用好重要战略机遇期，求真务实，锐意进取，全面开创中国特色社会主义事业新局面，具有十分重大的意义。这一主题是贯穿报告通篇的一条红线，正确理解和全面把握这个主题，对于我们全面、准确地学习领会和贯彻落实十七大精神至关重要。我们要通过学习领会这个主题，进一步地坚定走中国特色社会主义道路的决心和信心，奋力开拓中国特色社会主义更为广阔的发展前景。

二要深刻领会十七大提出的重大理论观点，坚定不移地坚持马克思主义中国化的思想理论体系。报告对改革开放的伟大历史进程和宝贵经验作了科学总结，提出了许多重大的理论观点。例如，关于"改革开放是决定中国前途命运的关键抉择"的理论观点；关于"只有社会主义才能救中国，只有改革开放才能发展中国、发展社会主义、发展马克思主义"的理论观点；关于"改革开放以来我们取得一切成绩和进步的根本原因"的理论观点；关于"中国特色社会主义道路科学内涵"的理论观点，特别是"关于中国特色社会主义理论体系"的理论观点，是十七大重大的理论贡献。中国特色社会主义理论体系，就是包括邓小平理论、"三个代表"重要思想以及科学发展观等重大战略思想在内的科学理论体系，这个理论体系坚持和发展了马克思列宁主义、毛泽东思想，凝结了几代中国共产党人带领人民不懈探索实践的智慧和心血，是马克思主义中国化的最新成果，是党最可宝贵的政治和精神财富，是全国各族人民团结奋斗的共同思想基础。报告对这一理论体系的概括和阐发，标志着我们党对中国特色社会主义的认识更加科学、更加完备、更加深刻，达到了一个新的历史高度，使中国特色社会主义理论进一步系统化、理论化、科学化。这对于统一全党特别是领导干部的思想，继续带领全国各族人民沿着中国特色社会主义道路继续奋勇前进，提供了强大的理论指导。我们一定要倍加珍惜、长期坚持和不断发展党历经艰辛开创的中国特色社会主义道路和中国特色社会主义理论体系，勇于改革、勇于创新，永不僵化、永不停滞，不为任何风险所惧，不为任何干扰所惑，使中国特色社会主义道路越走越宽广，让当代中国马克思主义放射出更加灿烂的真理光芒。

三要深刻领会十七大提出的重大战略思想，坚定不移地走科学发展之路，构建社会和谐。十七大报告把科学发展观作为一项重大战略思想放在突出位置，对科学发展观的历史地位进行明确定位，即科学发展观是对党的三代中央领导集体关于发展的重要思想的继承和发展，是马克思主义关于发展的世界观和方法论的集中体现，是同马克思列宁主义、毛泽东思想、邓小平理论和“三个代表”重要思想既一脉相承又与时俱进的科学理论，是我国经济社会发展的重要指导方针，是发展中国特色社会主义必须坚持和贯彻的重大战略思想。报告进一步对科学发展观的科学内涵、精神实质和深入贯彻落实科学发展观的要求进行了全面系统深刻的阐发，进一步回答了什么是发展、为什么发展、怎样发展的重大问题，赋予马克思主义关于发展的理论以新的时代内涵和实践要求。这就把从科学发展观提出以来全党在认识和实践方面所取得的全部成果作了一次全新的提炼，使之更加理论化、系统化、科学化。这一理论上的新创造，对于我们把握发展规律、创新发展理念、转变发展方式、破解发展难题，努力实现科学发展、和谐发展、和平发展具有长远的指导意义。我们要通过深入学习，从理论和实践的结合上，深刻理解科学发展观的重大意义、科学定位、丰富内涵、精神实质和实践要求，增强贯彻落实科学发展观的自觉性和坚定性。

四要深刻领会十七大提出的重大战略目标，坚定不移地推进全面建设小康社会的伟大工程。全面建设小康社会，是全国各族人民多年来梦寐以求的美好目标。十七大报告立足实际，放眼未来，在十六大确立的全面建设小康社会目标的基础上，提出了实现这一重大战略目标的新的更高要求。这些新的更高要求，最主要的是体现在要实现人均国内生产总值到2020年比2000年翻两番。这个目标要求比十六大报告提出的国内生产总值到2020年比2000年翻两番的目标要高得多。因为人均GDP更能反映居民的物质生活水平。此外，报告对到2020年全面建设小康社会的目标，用五个

"将成为"作了生动鲜明的描绘，这就是，到那时我国将成为工业化基本实现、综合国力显著增强、国内市场总体规模位居世界前列的国家，成为人民富裕程度普遍提高、生活质量明显改善、生态环境良好的国家，成为人民享有更加充分民主权利、具有更高文明素质和精神追求的国家，成为各方面制度更加完善、社会更加充满活力而又安定团结的国家，成为对外更加开放、更加具有亲和力、为人类文明作出更大贡献的国家。这一目标反映了中国特色社会主义的重要特征，体现了推动科学发展、促进社会和谐的本质要求，揭示了推进中国特色社会主义经济、政治、文化、社会建设四位一体总体布局的必然趋势和必然结果。报告根据改革发展的新进展和人民群众的新期待确定的这一奋斗目标，内容更加丰富，特点更加鲜明，描述更加具体，前景也更加振奋人心。只要我们坚决按照这个部署去认真实践，就一定能够实现全面建设小康社会的美好愿望。

五要深刻领会十七大提出的重大战略部署，坚定不移地把各项工作推向一个新水平。报告按照中国特色社会主义现代化建设四位一体的总体布局，对社会主义经济建设、政治建设、文化建设、社会建设的任务作出了全面部署。例如，在经济建设上，强调实现未来经济发展目标，关键要在加快转变经济发展方式、完善社会主义市场经济体制方面取得重大进展，大力推进经济结构战略性调整，更加注重提高自主创新能力，提高节能环保水平，提高经济整体素质和国际竞争力。在政治建设上，强调坚持中国特色社会主义政治发展道路，坚持党的领导、人民当家作主、依法治国有机统一，不断推进社会主义政治制度自我完善和发展，发展社会主义政治文明。在文化建设上，强调坚持社会主义先进文化前进方向，建设社会主义核心价值体系，兴起社会主义文化建设新高潮，激发全民族文化创造活力，更加自觉、更加主动地推动文化大发展、大繁荣。在社会建设上，强调加快推进以改善民生为重点的社会建设，着力保障和改善民生，推进社会体制改革，扩大公共服务，完善社会管理，妥善处理人民内部矛盾，促进社会公平正义，推动建设和谐社会。此外，在党的建设上，强调要以改革创新精神推动党的建设，进一步回答了建设什么样的党和怎么样建设党的问题，对全面加强党的思想、组织、作风、制度和反腐倡廉建设，提高党的执政能力，保持党的先进性提出了明确要求。这些战略部署，既统筹兼顾、全面部署，又抓住关键、突出重点；既有很强的理论性、思想性，又有很强的针对性、指导性。通观这些要求，对每个方面的建设到底应当怎么搞，关键点在哪里，突破口在何处，具体措施是什么，揭示得更清晰、更到位了，为实现全面建设小康社会奋斗目标提供了可靠的理论支持和措施保障。只要我们全党同志和全国各族人民按照报告的部署和要求去落实，就一定能够取得中国特色社会主义各项事业的新胜利。

六要深刻领会十七大提出的重大方针政策，坚定不移地推进经济、政治、文化、社会和各项事业的全面发展。报告在对中国特色社会主义建设任务作出全面部署的同时，还提出了许多重大方针政策。在提高自主创新能力方面，强调坚持走中国特色自主创新道路，建设创新型国家。在加快转变经济发展方式方面，强调坚持走中国特色新型工业化道路，坚持扩大国内需求特别是消费需求的方针。在统筹城乡发展方面，强调走中国特色农业现代化道路，建立以工促农、以城带乡长效机制，形成城乡经济社会发展一体化新格局。在推动区域协调发展方面，强调走中国特色城镇化道路，注重形成辐射作用大的城市群。在体制机制改革方面，强调围绕推进基本公共服务均等化和主体功能区域建设，实行有利于科学发展的财税制度。在发展社会主义民主政治方面，强调坚持中国特色社会主义政治发展道路。扩大人民民主，建议逐步实行城乡按相同人口比例选举人大代表；加强人大常委会制度建设，优化组成人员知识结构和年龄结构。推进行政管理体制改革，规范垂直管理部门和地方政府的关系。在推动社会主义文化大发展、大繁荣方面，强调完善扶持公益性文化事业、发展文化产业、鼓励文化创新的政策。在社会政策方面，强调实施扩大就业的发展战略，促进以创业带动就业；强调初次分配和再分配都要处理好效率和公平的关系，再分配更加注重公平；创造条件让更多群众拥有财产性收入。在国防和军队现代化建设方面，强调加快中国特色军事变革，做好军事斗争准备，提高军队应对多种安全威胁、完成多样化军事任务的能力。在祖国统一方面，郑重呼吁在一个中国原则的基础上，协商正式结束两岸敌对状态，达成和平协议。在处理对外关系方面，强调中国发展离不开世界，世界繁荣稳定也离不开中国，推动建设持久和平、共同繁荣的和谐世界。这些重大方针政策，不仅是马克思主义中国化最新成果的重要组成部分，而且还是全面推进中国特色社会主义伟大事业和党的建设新的伟大工程各方面工作的重要理论依据和指导。

三、认真全面学习，用心领会把握

要学习好、宣传好、贯彻好、落实好十七大精神，关键是要认真学习、用心把握。认真学习是第一位的，只有认真学习、潜心钻研，才能了解和把握精神实质。如果不认真学习，只是蜻蜓点水、不求甚解，就不可能全面把握，很可能偏离正确方向。如果只是认真学习，不用心把握，就不能融会贯通、联系实际真正学好用好。所以，在学习十七大精神时要注意做到以下五个把握：

一要学习全文，系统把握。这是对我们理论宣传教育工作者的基本要求。如果不能系统把握，而是一知半解，就不可能很好地去宣传教育他人，也不可能很好地去贯彻落实。因此，一定要认认真真、原原本本地研读胡锦涛同志的报告、大会通过的党章、中央纪委的报告和大会其他文件，做到通览全文、整体把握，全面系统地掌握基本内容、领会精神实质。

二要正确理解，准确把握。就是要从党和人民的利益出发，用客观的、积极的、科学的态度，去理解和把握十七大精神，而不能片面理解和曲解，更不能错误理解和篡改其本意。作为党的理论工作者，正确理解、准确把握十七大精神尤为重要。在讲课、撰写文章和研究的过程中，要切实做到积极地、正确地去引导广大干部群众把握好十七大精神。这就要求我们首先要做到正确理解、准确把握，不能出现那种“以其昏昏，使人昭昭”的现象。

三要全面领会，重点把握。十七大通过的报告和其他文件，内容丰富，涉及经济、政治、文化、社会建设和党的建设等治党治国治军各个方面的大政方针。既要从整体上把握，又要注意抓住重点，深刻领会十七大基本精神，深刻领会其中的重大理论观点、重大战略思想、重大工作部署等等。特别是对我们搞专业研究的同志，要在全面学习领会的同时，重点对所从事的研究领域进行深入学习研究，努力在该专业领域的学习、研究、宣传、贯彻方面有所作为，作出贡献。

四要深入研讨，精深把握。十七大报告立意高远、含义深刻、博大精深，我们只有认真学习，深入钻研，学深、学精、学透，在“深入”上下功夫，才能真正把握其精髓。否则，就难以适应研究、宣传、贯彻十七大精神的需要。

五要突出主题，科学把握。十七大的主题是贯穿报告通篇的一条主线，其他问题都是围绕这个主题展开的，只有全面、准确地学习把握好主题，才能更好地学习把握好其他基本内容。抓住了主题，也就抓住了关键。所以，我们要以马克思主义的立场、观点、方法为指导，突出对十七大主题的学习研究，全面准确地把握其精神实质。

只有做到这五个把握，才能做到真学、真懂、真信、真用，才能学习、宣传、贯彻、落实好十七大会议精神，真正起到应有的作用，履行好职责。

四、党校系统的党员干部要带头学习贯彻十七大精神

十七大报告在谈到大规模培训干部时，首次提出要充分发挥党校的作用，这是历次党代会报告中所没有的，充分说明了党校在培训干部方面的重要作用，也充分说明了中央对党校工作的高度重视和殷切期望。我们一定不辜负中央的期望，充分发挥党校在学习贯彻十七大精神方面的作用，切实把十七大精神学习好、宣传好、贯彻好、落实好。要按照中央、省委关于学习宣传贯彻十七大精神的部署，迅速兴起学习十七大、宣传十七大、贯彻十七大的热潮。学习贯彻十七大精神，要紧密结合党校实际，着重从以下六个方面加以努力。

一要及时抓好自身学习，为深入学习、研究、宣传、贯彻、落实十七大精神奠定良好基础。党校所肩负的职责，要求我们必须先学一步，吃透精神，弄懂弄通，准确把握，以适应向学员和社会各界宣传、贯彻的需要。要精心策划学习贯彻活动载体，通过采取自学、集中学习、座谈讨论、辅导报告、培训班等多种形式，抓好党校自身广大党员干部的学习，特别是要抓好领导干部和教研人员的学习，不断把学习贯彻十七大精神的活动引向深入。

二要及时抓好教学，尽快把十七大精神进教材、进课堂、进头脑。在教学中贯彻落实十七大精神是我们的首要任务。我们要尽快把十七大精神注入教学内容之中，突出十七大精神在党校教学中的地位和分量，使十七大精神及时进课堂、进教材、进学员头脑。要从课程设置、教学方法、教材建设等方面，切实体现和贯彻十七大对于干部教育的新要求，特别要通过对十七大精神的深入学习研究，推出一批有针对性的教学内容和教学专题，加大教学力度，充分发挥党校在学习贯彻十七大精神方面应有的作用。

三要及时抓好科研，不断推进理论创新。要充分发挥党校系统科研优势，加强对十七大所提出的重大理论和重大现实问题的研究，针对人们普遍关心的热点、难点问题，用十七大精神作出有说服力的回答。要通过强化组

织协调、规划研究课题、整合科研资源等措施，开展多种形式的科研活动，对十七大提出的重大理论问题和重大现实问题进行深入研究，尽快拿出高水平的研究成果，努力在出成果、出力作、进决策上下功夫，切实为教学服务，为党委、政府决策服务。

四要及时抓好宣传，为学习贯彻落实十七大精神营造浓厚氛围。做好十七大精神的宣传工作，也是我们党校的重要责任。要成立学习宣传十七大精神宣讲团，深入党政机关、企事业单位开展宣讲活动，为社会各界学习贯彻十七大精神提供帮助。要多写文章，宣传十七大精神。要充分发挥党校系统远程教学网络、校园网、各种刊物、简报等媒体的作用，开辟专栏，大力宣传十七大精神。

五要及时抓好当前工作，推动党校各项工作上台阶、上水平。学习贯彻十七大精神，最重要的是要落脚到促进工作上，尤其要结合我们“11368”的总思路、总目标、总要求抓好贯彻落实。要以各项工作的成效，来检验学习贯彻十七大精神的效果。要把学习十七大精神同做好本单位的工作紧密结合起来。要通过学习贯彻十七大精神，切实转变作风，提高教学科研水平，提高管理服务水平，不断开创各项工作的新局面。

五、精心组织，强化领导

学习好、贯彻好十七大精神，是我们各级党校的重要政治责任。要按照中央要求和省委部署，认真研究制定具体实施意见，组织好本单位的学习活动。

一要高度重视。全省各级党校和广大党员干部，要增强政治意识、大局意识和责任意识，切实把学习贯彻十七大精神作为党校当前和今后一个时期的头等大事来抓，摆在重要议事日程，加强领导，精心组织，周密安排，做到思想上重视、行动上自觉、措施上得力，扎扎实实地做好十七大精神的学习贯彻工作。

二要领导干部带头学习。这是学习贯彻好十七大精神的关键。领导干部要带头学习、带头研究、带头宣讲、带头贯彻落实，做勤奋学习、善于思考的模范，解放思想、与时俱进的模范，勇于实践、锐意进取的模范，真正为群众做表率，以实际行动带动身边的同志，不断把学习贯彻活动引向深入。

三要紧密联系实际。学习贯彻十七大精神要紧密联系我国改革开放的实际，紧密联系本地区的实际和本单位的实际，用十七大精神对现实中所遇到的重大理论和现实问题，作出科学而有说服力的回答，真正做到学以致用，达到用十七大精神指导实践、推动工作的目的。

四要加强监督检查。要抓好各项学习贯彻活动的落实工作，加强对学习活动的督促检查，确保学习贯彻活动取得实效。

总之，学习宣传和全面贯彻落实十七大精神，是我们当前和今后一个时期的首要政治任务。我们要以高度的政治责任感和时代使命感，认真学习贯彻好十七大精神，把广大党员干部的思想统一到十七大精神上来，把力量凝聚到实现十七大确定的各项任务上来，同心同德、开拓进取，圆满完成我们所担负的各项任务，为全面建设小康社会、开创中国特色社会主义事业新局面作出应有的贡献。

本文原载于《理论学刊》2007 年第 11 期，2009 年 11 月获山东省第二十三次社会科学优秀成果二等奖。

党内民主的层次及路径选择

谭　建

一段时期以来，中国共产党党内民主问题，在理论研究和实践操作两个层面都普遍受到关注，成为党的建设热点之一。目前，对党内民主的研究已取得一些进展。但党内民主的实践发展对理论创新提出了更高的要求，亟须从理论层面对若干影响党内民主发展的问题进行阐释和探索。

一、党内民主的分层次推进

目前，我们对党内民主的理论研究和实践探索，一是集中在对党内民主作整体上的描述和概括，而未对其细化和分层研究；二是将重点放在基层党内民主上面，因而提出的对策要么因多具宏观性而欠缺针对性，要么因多限定在县乡村层次而欠缺战略性和整体性。而实际上，要推进党内民主健康发展，必须对党内民主加以细化分层。

（一）党内民主分层次推进的必要性及内涵

根据中央组织部发布的最新党内统计数据显示，截至2008年年底，中国共产党党员总数为7593.1万名，党的基层组织371.8万个。理论上，根据党章规定，党的组织机构分为中央、地方和基层组织三个层次；现实中，党的中央组织、地方组织、基层组织也因其各自内涵、功能的区分明确而客观上层次清晰。因而，我们党在发展党内民主的实践过程中，党的中央组织、党的地方组织和党的基层组织既有相同的地方，也会有因各自层次面临的问题、对象、压力、考虑重点的不同而有所不同。即发展党内民主既有整体性，也有层次性。所以，党内民主要得以积极推进，就必须首先把我们党的党内民主细化为三个层次的民主，即上层民主（高层民主）、中层民主（地方民主）、基层民主。这三个层次的民主又不完全与党的组织机构三个层次一一对应。上层民主指中央层次的民主，中层民主指党的省、自治区、直辖市及设区的市和自治州这一层次组织的民主，基层民主是指党的地方组织中县（旗）、自治县、不设区的市和市辖区这一级组织及党章中规定的党的基层组织（军队除外）。其中，党的地方组织中县（旗）、自治县、不设区的市和市辖区这一级组织，虽属于党的地方组织，但因其管理范围直接面对属地中各种基层党组织，与基层组织的民主有紧密联系，有其特殊性，故将其列入基层民主范围加以研究。

（二）党内各层次民主的地位和作用

第一，党内基层民主是党内民主建设的基础。党的十七届四中全会指出要做好抓基层打基础工作，夯实党执政的组织基础。这个抓基层打基础工作，自然就包括抓好基层民主和夯实党内民主基础。其一，积极推进党内基层民主，是基层党组织的地位和作用的根本要求。党的基层组织是党的组织体系中的基础层级，是党全部工作和战斗力的基础，是落实党的路线、方针、政策和各项工作任务的战斗堡垒。因此，发展党内民主必须夯实基层党内民主这个基础。其二，党的基层组织是党员参与党内事务、行使民主权利的基本单位和主要载体。党内基层民主有两个显著的特点，一是民主的直接性，广大党员不需要经过任何中间环节就可以直接行使民主权利；二是民主的社会性，基层民主是全体党员对党内生活各个方面都可参与的民主，党内民主发展必须动员全体党员参与。因此，要切实保障党员民主权利，必须积极发展党内基层民主，通过直接的民主参与来提高全体党员的民主意识和民主水平。其三，积极推进党内基层民主，是党的基层组织建设和党员队伍建设的现实需要。新形势下，如何全面巩固和发展先进性教育活动成果，始终保持党员队伍先进性，进一参加强基层党的建设，需要找到新的抓手，注入新的动力，这个抓手和动力就是发展党内基层民主。其四，积极推进党内基层民主，是党内民主发展的实践要求。从整个民主制度和民主实践的发展规律来看，其最基础的环节也在基层。推进党内民主建设要坚持从基层做起，不断增强基层党员的民主意识，及时回应基层的发展民主期望，积极鼓励基层民主的探索创新，自下而上地逐步推进，在此基础上，及时总结经验，自上而下地规范和指导。总之，党内基层民主建设的意义重大、任务艰巨，必须不失时机地积极加以推进。

第二，党内中层民主是党内民主建设的连接点。作为身处中央与基层的中间地带，地方党委推进民主的态度对党内民主的发展十分重要。因为，中层民主处于党内民主发展承上启下的连接点。如果地方党委态度积极，那么这一层次既能及时有效地向上层传达下层发展民主的压力和要求，防止和避免上层对基层的认知差异和民主决策失误；又能根据实际创造性的贯彻执行上层的民主决策，把握和控制基层民主的方向和进程；同时，也能积极推进自身的民主改革。如果地方党委态度消极，则可能会造成民主发展的“中梗阻”。实事求是地讲，地方党委的心态是比较复杂的。作为党内的政治精英，他们具有强烈的民主意识和民主要求；作为官僚体制下的一员，他们必须服从中央对民主改革的制度安排；但同时他们又是这场民主改革的当事人，他们的政治利益有可能在这场民主改革中受到影响。因而，如何最大限度地发挥地方党委发展中层民主积极性，限制消极因素的影响，形成中央、地方、基层三者良性互动，是推进中层民主的关键所在。

第三，党内上层民主是党内民主建设的核心。这是中国共产党在中国政治现实中的特殊地位及党的权力结构特性决定的。因为在党与社会的关系上，根据中国共产党的历史传统和现实地位，可以看到在中国的政治体制中，党处于领导核心地位，党内民主是国家政治体制的重要组成部分，其状况直接关系着国家大政方针。虽然党内民主不能替代国家层面的民主，但党内民主发育到一定水平必将极大地促进国家民主，在十七大报告中党也强调提出要以党内民主带动人民民主；从组织内部权力架构来看，我们党是金字塔状的权力结构，上级组织处于核心和主导地位。也就是说，党是全社会的表率，党中央是全党的表率，在推进党内民主方面，也不应例外。党中央和党的各级领导机关在开展党内民主方面做出了表率，就会推动全党的民主化进程。党中央及领导层的民主思想、民主方法和民主作风，特别是遵守、维护党内民主制度的示范、带动作用，是任何制度和文章、号召所不能取代的。

二、党内民主的发展路径选择

发展党内民主已经成为全党上下的共识，但对如何实现民主，即对民主的发展路径有多种意见。路径选择实质上决定着党内民主前进的方向和进度，最终会决定民主的成败。因此，必须加强对党内民主发展路径的研究。

（一）发展党内民主路径选择的内在原则和基本规律

第一，发展党内民主必须坚持和加强党的领导。发展党内民主的根本目的就是要更好地坚持和改善党的领导，巩固党的执政地位，而绝不是要削弱党的领导，更不是放弃党的领导。所以，在党内民主发展路径的选择上，必须以坚持党的领导为前提。

第二，发展党内民主必须维护和增进党内团结。发展党内民主必须要起到维护和增进党内团结的作用。应该说，发展党内民主有利于增强党内团结，但如果发展民主的路径不当，也可能扩大党内分歧，放大党内矛盾，从而影响党内团结，甚至会搞垮党。

第三，发展党内民主必须促进党内稳定进而维护政治稳定。民主具有不确定性，发展社会民主可能带来社会的某些不稳定；同样发展党内民主也会在党内引起一些震荡。当然，民主的发展最终将有利于政治稳定。但民主化是一个长期的复杂的过程，这一过程常常会伴随着政治的不稳定。因此，我们党在新形势下，推进党内民主，就必须慎重考虑党内民主的路径选择问题，以减少民主化带来的震动和不稳定。

（二）自下而上推进党内民主的优势与困境

现有理论研究多把着重点放在发展基层党内民主上，因而在党内民主的发展路径选择上，或明或暗地认为党内民主应走从下至上之路，由基层民主的平稳发展逐步过渡到中上层民主上来。这种路径选择有其道理，但也存在困境。

第一，自下而上推进党内民主的优势。许多理论研究者从借鉴中国经济改革采取渐进式改革道路出发，认为中国的政治改革包括党内民主同样应走渐进之路。也就是，通过试点试错积累经验循序渐进地、分阶段地、由局部到整体地逐步展开，走先易后难、先外围后中心、先微观后宏观、先基层后上层的不断取得突破的发展之路。这种路径选择有它自己的优势：其一，党的上层能够始终保持对民主推进的主导权，能够在综合权衡利弊得失基础上自主选择民主推进方案。其二，这是一条阻力较小的改革路径，其动力来自党内内生的民主需求而非外在力量推动的结果。所以，改革的震荡较小，较易实现既推动党内民主持续不断的进步，又维护政治稳定的双重目标。其三，渐进式民主推进路径强调局部试验、实践检验并根据结果对有关方案随时加以修正调整，从而将制度创新和解决改革后果的不确定性有机地结合起来，因而成功的把握更大。

第二，自下而上推进党内民主的困境。其一，自下而上的民主转型，是从基层民主开始，往往解决的都是基层的、浅层次的、表面的矛盾，而对一些体制性的、结构性的、深层次的矛盾则无能为力。而随着基层党员民主意识的增强，对这些问题的感受可能会更敏锐，要求可能更强烈，因而会强化社会、党内存在的对某些社会矛盾、社会结构和政治文化的不满，最终导致民主失控和产生各种负面效应，使民主化的成本和风险加大。其二，在自下而上的民主转型发展到党内一定层级时，地方政治势力就有可能利用手中掌握的由民主产生的合法性来架空中央政府和党的上层组织，从而引发中央和地方矛盾。如果造成中央政府和地方政府的分离，党的中央组织与地方组织的分裂，则中国历史上反复出现的“分合”之势就有可能重演。这是我们要坚决加以避免的。其三，自下而上的党内民主转型，一般都会采取稳妥发展之路，在下一个层级成熟以后，再逐步往上推进。这样往往会因为速度太慢而赶不上社会矛盾和危机的发展，会让社会公众和广大普通党员觉得我们是搞民主作秀而感到失望，导致党执政合法性危机的产生。

（三）自上而下推进党内民主的优势与问题

第一，自上而下推进党内民主的优势。其一，自上而下推进党内民主具有先天素质优势。一般说来，越往上层，人数越少，层次越高，素质越高，民主意识也越强，推进民主就越便于操作，也越易达到预期目标。其二，自上而下推进党内民主能对民主发展起到定向和关键作用。一般说来，自上而下推进的民主制度大都涉及民主发展的关键性问题，解决的一般均是组织发展过程中面临的一些体制性、结构性、深层次的矛盾，因而会左右民主的方向和进程。其三，自上而下推进党内民主可以极大地加快党内民主的进程。这既是由我们党的组织状况所决定的，也是由党的领导体制内部功能，即中央和上级党组织所处的地位所决定的。在实践中可以看到，一旦在中央层面形成比较成熟的制度加以推广，对于地方组织的示范效应，可以说起到了决定性的推动作用。

第二，自上而下推进党内民主的问题。其一，自上而下推进党内民主需要有一定的基层民主作为基础。首先，党内民主实践的主体是广大党员，特别是基层党员和群众。如果基层党员没有对民主的基本认同和共识，即使有来自上面的推动和压力，也不会有积极的回应。其次，基层党员对党的代表和党员干部是最了解、最熟悉的，如果从基层做起，更容易做好基层民主。其二，自上而下推进党内民主的要求更高。自上而下推进党内民主不可能像基层民主那样有较大的“试错”空间，因而自上而下推进民主必须步骤更稳妥，内容更缜密，程序更严格，否则，则可能引起较大的震荡，甚至出现更严重的后果。其三，自上而下推进民主在国内外都有失败的先例。中国近代史曾有过三次民主浪潮，无一例外都失败了。另外，最近一些亚洲国家的民主乱象，如泰国等也给我们提供了镜鉴。就一个国家或政治组织而言，发展民主的稳定性取决于这种民主是否是这个国家或组织自身条件发展到了一定程度之后的产物。即这种民主是内生型的还是外生型的。一般说来，内生型民主比较稳定，外生型民主往往会引发社会或组织不稳定。自上而下的推进路径更类似于外生型民主，因而，这种路径的稳定性问题更大。

（四）党内民主发展路径的现实选择

中国共产党推进党内民主的路径应从我们国家、我们党的现实与要求出发。中国共产党在中国政治现实中的特殊地位及党的权力结构特性决定了党内上层民主是党内民主建设的核心。再加上现实中，在民主发展问题上，已出现人民民主对党内民主、基层民主对上层民主“倒逼”之势。如果我们党不能有效应对这一态势，就会要么因被动发展民主，而失去对民主发展控制和引导的主动权；要么因漠视基层民主发展和人民民主诉求，而削弱党的执政基础和执政能力，进而引发基层执政危机。近段时间来出现的一些网络事件和基层群体事件就印证了这一点。

这些都告诉我们，党内民主要取得真正进步，其发展路径应是上下结合，即由上而下与由下而上相结合，重点应逐渐从重视基层民主转向重视中上层民主。也就是说，发展党内民主，既要重视逐步推进和扩大党内基层民主实践，也要根据中国共产党作为“权威主导性”政党的特点，把党内民主的重心逐渐放在上层民主上，充分发挥中央民主改革的示范效应。在三个层次民主中，基层民主起基础作用，上层民主起定向和关键作用，中层民主起连接和促进作用。

在实践中，对于党内民主改革，既不能用自上而下的推动来否定自下而上的改革实践，也不能用自下而上的提升来否定自上而下的示范和推广，其成功的关键在于把握二者结合的时机和力度。要通过及时总结基层民主实践中成功的经验和做法，制定规范性的民主机制和实行有序的民主参与，使民主的关键程序、内容和推进顺序在上层精英内部得以认同，然后由上而下，由里向外逐步推进到基层。这既避免了大规模的政治参与引发社会危机与失控，又避免了大众多元化民主对执政党的强力冲击，从而有利于民主的循序渐进，由浅入深，实现民主发展与社会稳定的双重目标。总之，中国共产党发展党内民主的路径选择,必须与党在国家政治生活中的地位和作用相契合,必须与民主发展的历史逻辑相符合,必须与当代中国的政治体制、与国家层面的民主和社会民主相联系。

三、党内各层次民主的推进重点

党内民主因层次的不同,其地位、作用和推荐动力随之有所区别。那么,各层次民主的推进重点也应有针对性的举措。

(一)基层民主应以参与民主为核心

基层民主以参与民主为核心,要把尊重党员主体地位作为前提和基础,切实保障党员的知情权、参与权、选举权和监督权的实现。推进党内民主,要有党员的政治参与,特别是最广大普通党员的参与。由于信息不对称、经验不对称以及利益局限性,客观上限制了普通党员进行政治参与的范围和能力。那么,为使政治参与有效,就必须区分参与的层次。分层次政治参与有三个原则:直接相关性、信息充分性和责任相关性。根据这些原则,我们就可得知,党员政治参与的重点应该放在基层民主这一层次。因为,这一层次与广大普通党员利益直接相关、信息掌握较为充分、结果影响明显。同时,党内基层民主以参与民主为核心,还能实现党员政治参与的有序性。因为在制度化程度不高的国家,过分广泛的政治参与容易使政党失去对社会的控制,导致政治的不稳定。这曾经在我国民主政治实践的历史上留下过严重的教训。我们今天推进党的民主建设,必须认真研究和吸取这样的教训。即政治参与不能是无序的、不分层次的参与。党员政治参与主要集中的层次必须能够实现这样的目标,那就是这种参与既能有效化解政治系统面对民主意识觉醒下党员的政治参与压力,从总体保证党员民主参与的权利,同时也能有效防范大规模群体性事件的发生和蔓延,防止参与的无效与混乱。在党内民主的三个层次中,只有基层民主符合这一要求。因此,推进党内基层民主,应以参与民主为核心。

(二)中层民主应以决策民主为核心

中层民主应以决策民主为核心,完善常委会、全委会决策机制,保证决策的民主化和科学化。党内中层民主在党内民主的层次中出处于承上启下的地位和作用,一方面要给党的基层民主自上而下提供制度供给,自上而下创造良好的民主作风和环境,从而为党内基层民主创新的活力及时提供制度的支持和宽松发展的空间；另一方面又要把中央的大政方针，结合当地实际，制定出符合实际的科学的决策。因此，对于党的地方组织来说，确保本级党委决策的正确就成了当务之急。所以，党内中层民主应以决策民主为核心，完善常委会、全委会决策机制，保证决策的民主化和科学化。要特别重视在党章基础上，进一步具体制定程序化的党内法规，推进党内常委会、全委会决策机制建设。通过完善程序，以程序正义保证实体正义，来强化决策制度的系统性和不可逆转性，激活现有制度中内在的民主因素，使民主实际运转起来，为党内中层民主发展提供制度供给。

（三）上层民主的推进重点应以协商民主为核心

党内上层民主的推进必须遵循一个基本原则，那就是以巩固和加强党的领导地位、提高党的领导水平为基础和前提。因此，党内上层民主的推进速度和范围既不能太快和太广，以免造成民主的混乱；也不能无视或拒绝民众的民主呼声与压力而推进的太慢和太窄，这同样会带来大的问题。这样，协商民主对我们党党内民主的发展就具有了特殊重要的意义，成为上层民主的最优选择。

协商民主是指公民通过参与立法和决策等政治过程，赋予立法和决策以合法性的治理形式，它强调尊重公民的利益表达、促进广泛的参与，从而使决策更民主、更完善。协商民主是对间接民主、代议民主和远程民主的完善和超越。因为简单的多数原则、代议制以及远程通信，都无法充分体现全体民众的真实意愿，无法形成有利于公共利益的决策。把协商民主运用到党内民主中来，就是指尊重党员和各级党组织的利益表达、促进广大党员广泛参与党的重大决策和重要事务，从而使中央决策更民主、更完善。

但我们也要认识到，由于协商民主更多体现在治理方面的民主，它没有改变上下级之间、不同团体之间的不平等，因而，各政治主体平等、自由参与协商就难以保障，难免会出现受到权威的干扰、限制甚至操纵现象。所以，党的上层组织运用协商民主形式，必须着重加强协商民主的制度化和规范化建设，防止协商民主变成违背人民利益、为某些强势利益集团操纵决策的工具。也就是说，上层协商民主必须建立在充分的基层民主和中层民主之上，建立在真正的参与性民主和竞争性民主的基础之上。

本文原载于《理论动态》2010 年 5 月 30 日，2012 年 11 月获全国党校系统第九届优秀科研成果二等奖。

低碳经济模式下的碳排放权效率探析

魏 东 岳 杰

2009年在哥本哈根召开的世界气候大会上，世界各国纷纷提出自己的减排承诺。在一系列数字的背后，可以看出低碳经济的核心是碳排放问题。对于像中国这样的发展中大国来说，其实质就是排放权，也就是发展权问题。因此，对碳排放权内容与发展趋势加以研究，对于我国建立低碳经济发展模式至关重要。

一、前期相关研究成果

前期碳排放污染危机的经济学研究主要是致力于解决以下问题：碳排放权是如何产生的？碳排放权的经济属性是什么？具有哪些特质？研究得出，环境空间资源具有有用性、公共物品性和稀缺性，空间排放资源的稀缺是碳排放权形成的根源。空间排放资源的有限性、人口增长和经济增长共同导致温室气体排放迅速增加，空间排放资源的稀缺程度大大提高，排放主体存在着对空间资源的竞争使用，空间排放资源成为"可拥挤物品"，碳排放权因此产生。而产权制度是存在效率问题的，那么在低碳经济发展模式下，碳排放权是否也存在效率问题，这是值得我们深入研究的问题。

二、碳排放权的效率——从传统主流经济学到产权经济学

传统主流经济学的效率主要是建立在帕雷托最优和竞争性市场均衡两个概念上。在主流经济学理论里，市场的完全竞争性状态是保证帕雷托最

优配置的重要条件，是实现效率的实践标准。效率即意味着其所假设的各种理想状况的绝对实现，任何对理想状态的现实偏离都被认为是缺乏效率的。德姆塞茨认为，主流经济学以完全竞争和帕雷托最优状态等概念定义的理想效率观念包含着逻辑谬误，在运用于规范问题时导致了严重错误。所以，现代分析必须描述现实世界中的效率，这种效率观念必须考虑到稀缺性，考虑到事实是什么样而不是可能怎么样，在辨认制度安排的效率时必须考虑到它的各种成本。因此，从交易成本角度考虑产权效率问题，对于探讨减排机制中的碳排放交易十分重要。

根据产权经济学的解释，一种产权制度是否有效率，主要判断标准是看它在解决外部性问题上交易费用的大小。广义上的交易费用包括两部分，一是产权制度框架形成的费用，这是从产权制度的供给者而言的，例如产权界定成本、维护成本等；二是制度框架内具体交易的费用，这是从制度需求者角度而言的，也是狭义上的交易费用。碳交易机制中的交易也是有代价的，这是除制度供给者所耗费用之外的费用。主要包括交易机会、洽谈交易、监督成本以及产权本身的费用等。Bohi 和 Burtraw 等人则将排放权交易市场中的交易成本定义为：搜索成本、谈判成本、审定成本、管制和市场风险、监测成本、保险成本、信用折现、区域限制等。

影响产权制度费用的因素，也是影响产权效率的因素，降低产权费用可以提高产权效率，到底哪些因素影响碳排放权效率？下面对这一问题进行分析。

(1)信息。得到交易机会的信息需要花费时间、金钱和努力，而且某些信息的生产很可能效率不高。例如，中国的碳交易项目（CDM）。按照达成的京都议定书（哥本哈根会议未达成实质性成果），中国作为发展中国家，没有履行强制减排的义务，可以以 CDM 的形式与发达国家合作减排，从而获得减排资金和技术支持。2009 年年底，联合国碳交易清洁发展机制（CDM）执行理事会（EB）拒绝审批 10 个中国风电 CDM 项目，引起了巨大争议。对于国内企业而言，有资金支持就很不错了，无论多少，从而忽略了与国际买家的讨价还价。除了与 EB 的第一联系人确定为国外买家，让中国卖家在 CDM 项目信息的获取上处于不利位置外，有很多合同确定的争议管辖地也确定为英国，一旦出现合同纠纷，将适用英国法律，中国企业将可能出现到英国应诉的困难。在这种情况下，信息成本很可能比较高。

(2)洽谈交易。交易各方必须对风险、损失和收益，以及交易在将来形成的其他结果的分配进行洽谈。洽谈交易成本的减少会扩大交易的范围。还是以上面提到的中国 CDM 项目市场为例，意大利买家虽然已经看中了中国甘肃的一个民营水电项目，中国卖家对双方的合同初步提出了 21 个需调整的地方，如果按照最初的合同，该项目业主将面临巨大的违约风险。在交易合同中，与 EB 联系人对争议管辖地的确定，2012 年后交易排放量的优先购买问题，以及排放量不达标的处理是最值得关注的部分。由于买家提出的合同草案将使该水电项目面临巨大的违约风险，因此这一交易距离最终成功又增加了不少变数。

(3)执行交易。因契约性协议的执行而产生的问题和有关产品质量，转让权利等问题都有可能发生。明确的执行机制又会增加交易的成本和缩小交易的范围。市场提供了执行机制，经常不履行交易义务的人会因此失去职务，信誉好的经营者比无信用的，在提供同样服务时会获取更多。新的经营者为建立信誉愿意以较低的价格达成交易，这样的行为可以看作是投资或是筛选的过程，但却是费时，耗费成本的。他们不得不在信用与自我保护的其他手段上消耗资源。

由此可见，交易费用对于碳排放权的效率具有重要影响，交易费用高，说明碳排放权的效率低，交易费用低，表明碳排放权的效率高。现代经济社会的发展趋势表明，交易费用将越来越高，已经成了最重要的经济成本。降低交易费用的路径：一是降低特定的排放权制度下经济主体的交易费用，提供更方便和更有利于空间资源配置，减少碳排放资源浪费的产权制度；二是降低制定、监督执行或变革排放权制度滋生的成本。

三、碳排放权明晰的路径——产权公有还是私有

（一）产权形态对效率的影响

从产权的形式来看，主要有三种：一是国有化。排放权国有化下，由于权力由国家选择的代理人行使，代理人对空间资源的使用与转让以及收益的分配都不具有充分的权能，经济绩效和监督激励减低，而国家对代理人的检查监督成本十分高昂，代理人往往为了追求政治利益而偏离经济动机，具有非经济利益的倾向，因此排放权国有化下的外部性很大。二是共有化。共有化下，共同体内的每一个成员都有权平均分享共同体所具有的权利，在某人对排放空间资源行使权力时，不排斥他人对该资源行使同样的权力，即

产权共享，每个人如何行使权力无须与他人协商，是对产权专一性的否定。共有化下的排放权界定方式，是具有典型的社团性质的自然资源。在这种削弱的产权制度下，随着技术进步导致的成本降低和人口增长及经济增长导致的需求扩张，最终会导致空间资源的过度利用，较为脆弱的生态系统、气候环境会受到破坏。较弱的共有产权界定方式不能保证排放资源的持续利用，排放空间的过度拥挤是必然的。三是私有化.排放权私有化下，所有者在作出关于碳排放的行动决策时，会考虑未来的收益和成本倾向，并选择他认为能使排放权的现期价值最大化的方式，来做出使用资源的安排，而且他们为获取排放收益所产生的环境外部性成本也只能有他个人来承担。据此，排放权共有化和国有化的许多外部性会在私有产权下被内在化，从而产生更有效的利用排放空间资源的激励。

上述三种界定方式，私有化是最强的，能够产生有效利用空间资源的激励，进而通过产权交易导致新的资源配置，或者说，产权交易的过程就是效率的过程。因此，合理的产权安排对于资源合理的配置非常重要，那么有效的排放权特征又是什么呢？主要有以下几点：

(1)完备性。完备的排放权应该包括关于空间排放资源利用的所有权利。这些所有权利就构成了权利束，权利束常常附着在有限的排放空间资源上，正是权利的价值决定了其自身价值。但完备的产权只是一种理想状态，由于在现实生活中受到社会技术条件的制约，使得产权所有者不能完全实现其所有的权能，导致排放权价格的扭曲，市场失灵必然发生。

(2)排他性。排他性是排放权一个非常重要的特性，是指由减排空间资源所引起的收益和成本，或者直接或通过交易转让，都必须归于其所有者。换言之，排他性就是对产权专有性的要求。此外，无论是公有资源还是私有资源要想得到很好的利用，排他性产权的存在都是必需的。排放权作为公有资源，如前所述却由于难以界定排他性产权，使得使用者彼此竞争，形成空间拥挤，最终导致可利用资源的减少或质量下降，具体到环境问题上就表现为温室效应。

(3)可转让性。所有的产权都应该通过自愿交易由所有者转向其他所有者。可转让的产权一方面可以鼓励空间资源所有者在他对资源加以利用之前将其完好地保存，另一方面可以保证在转让中被吸引到最有价值的用途上去，从而达到资源的最佳配置。因此，允许排放权的转让相当于让资源有了新的价值，在资源的保护和利用方面有着不可替代的作用。排放权的可转让性会排斥那些没有进入转让领域的经济主体，有效地组织“搭便车”现象，排放权具有了市场价值。

(4)可实施性。碳排放权必须是可实施的，实施的保障是通过对侵犯空间排放资源实施处罚来实现的，并且这种处罚必须高于侵犯所得收益时才是有效的。

(二)碳排放权解决手段的比较

科斯手段与庇古手段都是通过缩小私人边际费用与社会边际费用之间的差异来解决外部性问题.但是，二者差异也是明显的。庇古要求政府干预在收入分配领域消除外部性问题，这要求政府拥有完全信息，了解外部成本。政府搜集企业净收益信息所耗的成本也很高，了解和掌握每个厂商私人边际收益曲线很难。虽然科斯手段并没有像庇古一样从收入分配领域，而是从生产领域着手，通过产权明晰的方式，将环境资源的稀缺价格体现出来，并通过市场交易达到帕雷托最优.但是，这是在交易费用为零的假设前提下，现实世界中，交易费用不可能为零，产权也是有成本的。在不满足科斯第一定理的状态下，如何降低产权成本，提高排放权效率，是一个很重要的问题。

四、碳排放权功能与效率的关系

(一)界定产权，减少交易费用

产权的边界模糊导致产权交易主体谈判成本很高，影响碳排放空间的充分使用和有效利用。我们在区分产权清晰度的同时，要注意成本收益分析。碳排放权边界因技术问题或某些社会因素，在一定时空条件下不可能清晰界定，或者说清晰界定排放权的成本非常高，甚至比因不清晰而造成的环境收益损失还大。在这种状态下，产权边界的暂时模糊是可以容忍的。

(二)建立有效的激励约束机制

建立有效的激励约束机制，要求不同产权主体的权利、责任边界清晰，权利与责任对称，减少交易费用。产权主体为排放权权能行为承担环境责任，努力提高空间资源利用效率。排放权体系发生分解，赋予不同主体以不同的产权并充分界定，才能建立有效的激励监督机制，减少监督成本。否则，机会主义动机有可能产生大量机会主义行为，增加交易费用。排放权的约束功能，即碳排放权是具有限度的。这里的排放权的限度包括权能界区和利益的限度。不受限制的产权等于没有产权。没有这种限制，排放权可能膨胀和泛滥，给产权交易和环境空间资源及其配置带来严重的后果，增加交易费用。

（三）外部性内在化，减少外部成本

将外部成本内部化，是产权的重要功能。对于排放权而言，正是通过一系列的界定、交易、调整，达到外部性内在化的目的。即使是在原先排放权边界清晰的情况下，特定主体在不超出原有排放空间边际的前提下进行生产排放，也会产生超出原有边界的成本或收益，存在着外部环境损害的责任承担和外部环境收益的归属问题。产权主体逃避外部环境责任，趋向收益。从产权制度来说，应该对这种环境责任和收益加以划分，形成规则。这是一个新的排放权的划分问题，不管产权界定给谁，产权一旦界定，外部性就被内在化了，原先的外部损害被相应的产权主体纳入其内在成本的考虑范围，环境损害都成自己的内在成本，而不是由社会承担。因为，产权主体有动力减少成本。而外部环境收益归属不明确，则会导致为获取收益而增加谈判成本。因此，外部性内在化，可以降低交易费用。

本文原载于《山东社会科学》2010 年第 8 期，2012 年 12 月获山东省第二十六次社会科学优秀科研成果二等奖。

中国特色市民社会成长之相及其出路

杨巧蓉

毋庸置疑，随着中国社会转型的推进，随着社会主义市场经济在中国的逐步确立，中国特色市民社会正快速发育、壮大起来。然而，由于孕育时间短、发展快以及“自上而下”的孕育方式，中国特色市民社会遭遇了理论与实践发展不平衡、自我发育能力低下的困境。实践表明，市民社会的纵深发展有利于市场经济的巩固和成熟。当前，我国改革进入了攻坚阶段，要减少改革发展的阻力、避免矛盾的激化，揭示中国特色市民社会的现状、困境并努力探索其建设的出路是一项紧迫的、意义重大的历史任务。

一、中国特色市民社会成长之相

改革开放30多年以来，中国的经济总量大幅度增加，人民生活水平明显提高，中国正在向全面小康社会迈进。全球金融危机的背景下，中国的经济发展速度处于世界领先水平，社会整体运转良好，这无不充分说明社会主义市场经济的优越性及其巨大发展潜力。正如有的学者指出的那样，“市场经济制度是对传统社会主义模式的根本性突破，它对整个中国社会的影响不啻是一场革命。市场经济新体制对我国社会结构的最大影响将是导致一个新兴的社会主义市民社会的崛起”[①]。在当下的中国，一个相对独立的市民社会在社会主义制度下正随着改革开放的深入进行而发育成长。

---

① 俞可平:《社会主义市民社会:一个新的研究课题》,《天津社会科学》1993年第4期。

（一）市民社会理论研究的兴起与热潮

作为对西方社会市民社会理论兴起的回响，中国学术界在20世纪80年代末90年代初，对西方市民社会理论进行了从未有过的集中的、大量的译介和梳理，进而重新审视了历史上关于马克思主义市民社会理论的研究，并结合中国初现并有所发展的现代市民社会因素，就西方市民社会理论与马克思主义市民社会理论的关系问题进行了比较研究。目前，中国学术界，尤其是哲学界，关于马克思市民社会理论的问题基本达成了一致意见，即在马克思的新唯物主义的创立过程之中，马克思对于市民社会的研究是贯穿始终的一条线索，马克思、恩格斯以一种新唯物主义历史观、辩证历史唯物主义的立场批判地对待了市民社会的历史作用，他们在指出市民社会局限的同时，承认了市民社会作为市场经济发展的必然产物，有它的历史合理性。

在对马克思市民社会思想研究的基础上，我国一些学者结合中国社会发展的具体情况，提出了中国特色市民社会及中国特色市民社会理论的课题。尽管目前对于中国特色市民社会的特点、要素、功能以及发展阶段、路径选择等问题未能取得较为一致的观点，但是，学者们都就以上问题进行了较为深入的探讨，其中在有的问题上逐渐趋向一致，即中国特色市民社会与政治国家间的关系不同于西方市民社会传统中的对抗、制衡关系，而是一种合作、互动、相互促进的关系。

基于第三部门在市民社会发展中的诸多现实意义，中国年轻学人更多地介入第三部门的相关研究中，他们通过调研认为，应当积极发展中国的第三部门，并使之在中国特色市民社会、社会主义和谐社会构建与中国当代社会转型中发挥积极作用。此外，中国的第三部门专门研究机构也得以成立，这些机构的研究人员通过实地的考察，取得了相关发展数据，分析了其存在的问题与原因，初步实现了理论与实践的结合。

（二）市民社会与市场经济间相互作用，体现出一种新的社会权力配置格局

随着我国市场经济的发展，计划经济体制下由国家控制社会独享的权力，有相当一部分都让渡给了市场，如果说计划体制是一种集权的体制、统一决策的体制，那么现在完全可以说是多元的决策体制，社会成员的利益需求和权利诉求拥有了更广泛的表达空间和多种渠道。不仅如此，随着市场经济的深入发展、市民社会的逐渐发育，市场主体和社会成员对政府职能部门权力和决策提出了新的要求，这对国家权力的运用形成了一种广泛有效

的限制，使社会权力在一定程度上实现了重新配置的格局。此外，市场经济发展中由于主体利益的个体性和多元性，在市场机制不健全情况下，各种新问题不断出现，这种局面客观上催生了各种法律和法规。这些新的法律法规作为人们之间进行交往的基本准则，成为民事纠纷的调节器与公民维护自身合法利益与权利的有力武器，成为市民社会良好秩序的保障。在市民社会与政治国家之间，行政法体系逐步建立健全并产生了巨大作用，依法行政正成为社会各个阶层的共同要求，这无疑对国家使用权力产生了有效限制作用。

（三）现代意义的第三部门兴起与快速发展

新中国成立之后，国家收回了民间组织的管理权，将之纳入了行政管理的范围。可以说，直到改革开放之前，中国不存在一个相对国家而言的市民社会，第三部门也因此没有它发展的制度环境。改革开放以来，社会主义市场经济得到较大发展，利益主体的多元化和政治环境的宽松带来了我国社会团体飞速发展的新时期。到 2004 年，我国各类农民专业合作经济组织已超过 15 万个。[①] 另据民政部最新统计数据，截至 2005 年 3 月 3 日，我国共拥有各类社会团体 147937 个，民办非企业单位 131322 个，基金会 714 个。[②]对此，有学者指出，只统计注册的社会团体，有大量的遗漏，根据他们的估计，截至 2003 年，全国社团总数应为 8031344 个。尽管各类统计由于统计口径差异而不同，但是，中国改革开放以来，“中国的确是全球结社革命的一部分”[③]。

随着第三部门在实践中获得较大发展的同时，其理论研究也取得了初步的成果。清华大学、北京大学、中国社会科学院等研究院所，都成立了第三部门的专门研究机构，其研究人员在展开实地调研的基础上，对我国第三部门的发展现状进行了国内的纵向、国际的横向比较分析，从而对我国第三部门的进一步发展提出了建设性的意见和建议，这些工作对我国第三部门更好地发挥其积极作用十分有益。

当代中国社会转型是一项极具复杂性的伟大工程，要完成这一历史任务，政府的一已之力显然是单薄而有限的。这种客观情境吁求市民社会，尤

① 参见汪辑：《我国各类农民专业合作经济组织已超过 15 万个》，《光明日报》2004 年 10 月 18 日。

② 参见《民政统计 2005 年第一季度数据》，http//www.mca.gov.cn/mztj/yuebao0503.html.

③ 王绍光、何建宇：《中国的社团革命》，《浙江学刊》2004 年第 6 期。

其是第三部门积极参与进来，使政府与市民社会一道构成治理的系统，相互补充、相互合作、相互谅解，以期把社会转型必然带来的负面因素对社会的破坏性减到最小，使得社会转型能够较快较顺利地实现。这一现实性预期，已成为当代中国市民社会“由上而下”兴起的一个最根源性的前提。或者如有学者所说，第三部门的兴起源于一系列来自公民个人、政府以外的各种机构以及政府本身的压力。因为，有些事情政府做不好，市场同样做不好，政府和市场神话开始褪色，而第三部门的发展可以就计划、集权和市场失灵做出适时适当的反应。[①]

（四）社会成员公民素质的提高、社会公民性的提升

从市民社会的传统来看，在一个市民社会发育成熟的国家，其社会成员不仅具有平等、自由、政治参与、政策知晓、自我管理的权利以及法律等意识，而且在实际生活中，他们往往具备较强地运用舆论、法律等手段维护自身各种权益的能力，而这些意识与能力的统一就是社会成员的公民素质，公民素质的抽象就是一个社会的公民性。因此，社会成员公民素质的提高、社会公民性的提升，已成为一个国家市民社会兴起的标志之一，构成一个社会和谐发展的基础性条件。这正如一位西方思想家所指出的，如果“市民能深思熟虑，对公共事务勤劳而又热心；他们拒绝屈从别人，并防止任何人侵犯他们的自由。他们制定自己的法律并服从这些法律”[②]。那么，政治国家与市民社会就能较为和谐地相处。现时期，尽管我国的公民素质和社会的公民性与西方市民社会发育成熟的国家相比还有不小的差距，但是，随着我国市场经济的发展、政治环境的相对宽松以及法制社会的建设，社会成员的法律维权意识、对政务公开性与透明性的要求、接受教育、期望被社会与他人认可等主体意识明显增强，这都很好地显示出我国社会公民性的提升。

（五）社会新阶层的出现、壮大与被认定

改革开放30多年来，中国社会出现了一批拥有私人产业、掌握着较多社会资源、资本的人。目前，这一群体的规模正在不断扩大，而且其构成人员范围越来越广，他们利用手中的资源富裕自己的同时为社会创造了相当数量的就业岗位，从而为缓解转型期的社会矛盾作出了很大贡献，为社会的总体发展进步供给了物力和智力，产生了较大的社会影响，已经成为中国当

---

① 参见吴锦良：《政府改革与第三部门发展》，中国社会科学出版社2001年版，第116页。

② ［美］汤普逊：《中世纪经济社会史》下册，耿淡如译，商务印书馆1961年版，第427页。

代社会转型不可忽视的一支成长力量。这一群体被称为中国"新社会阶层",他们主要是由非公有制经济人士和自由择业知识分子组成,在多元竞争中他们推动了我国 GDP 的增长,他们是社会转型的直接受益者,也是社会转型进程的推动者。中国"新社会阶层"的出现,无疑是中国特色市民社会兴起的又一个信号,与此同时,"新社会阶层"以一种强势的力量推动着中国特色市民社会的发育,因为,"市民社会发挥作用的重要条件,是社会中存在各种各样的发达的社会组织,这些社会组织反映了各个群体和阶层的代表的多种多样的利益"[①]。

二、中国特色市民社会成长之困境

中国市民社会与中国市场经济的发展伴生,它受到了中国当代社会转型的催化,受到了中国学界市民社会研究热潮的刺激,这些因素使得中国市民社会得到养分的同时也带上了一些"先天缺陷"。可以说,中国历史上没有国家与社会的相对分离,没有市场经济的全面发展,因此缺乏现代意义上的市民社会发育的经济土壤和制度保障。当代中国,市民社会机体发育、成长是一个全新的历程,在发育初期,难免会"搬用"西方市民社会的一些模式。然而,因为市民社会生长的经济、政治与人文等环境的差异,"模仿"的中国市民社会出现了水土不服;而且,孕育中国现代市民社会的社会主义市场经济本身也是一个崭新的事物,所以像所有新生事物一样,它显露出了诸多问题,甚至在一定程度上陷入了困境。

(一)一些"旧"论调对市民社会的发育造成负面影响

这里特别需要指出的是,一些学者受教条主义思想和传统的国家主义观念的束缚,脱离马克思的语境来机械地理解马克思的一些词句,始终不肯承认中国特色市民社会的历史合法地位,把市民社会组织的发育看作是对国家权力的一种威胁,认为市民社会是与社会主义格格不入、不能相容的。在他们看来,即使容许存在一些社会组织,也必须将之严格纳入政府管理的体系,对于各种舆论传播媒体,政府都应该严加管制,决不能让之成为一定组织和阶层的言论工具。如此等等。这些观点和理论,通过一定渠道影响到一些决策者,这实际上对市民社会的发展起到了压制和阻碍的作用。

① 中共中央编译局:《B. A. 瓦雷弗金论"市民社会"的若干问题》,《国外理论动态》1993 年第3 期。

（二）发展不平衡

我们在对中国特色市民社会兴起感到振奋的同时，必须看到，当前中国市民社会的发育就像中国的经济发展一样具有地区、行业的不平衡性。而且，这种不平衡性越来越明显，已经在一定程度上阻碍了中国特色市民社会的进一步深入发展。这种不平衡性主要表现在东部市民社会发育速度快、程度高，西部市民社会发育迟缓甚至有的地方处于缺失状态；城市发育发展明显好于农村区域。

有学者指出："由于资源的有限性，处于不利地位的乡村无法与城市竞争，此时导致了广大乡村与小城镇（特别是中西部地区）的急剧凋敝。"[①]然而，这种情况在东部沿海发达地区就有很大的不同，如超级村庄的崛起，开始改变一种"城—镇—村"的格局，而初步形成一种"村—镇—城"的格局，乡村在城乡资源配置中扮演着一种主动的角色。[②] 质言之，不论是城市还是"超级村庄"谁扮演主动角色，其根源都在于经济的发达程度。因此，在整个的中国社会转型中，相对不发达的乡村始终处于被动的位置。

（三）市民社会与政治国家的关系较混乱

中国市民社会处于发育初期阶段，自身力量比较弱小，在财力人力方面都需借助于国家政府力量，而政治国家的权威性职能与服务性职能的界限不明，国家权力总是本能地扩张，市民社会的发育因此受到限制；与此同时，在市民社会因素不断发育的情况下，政府权威的合法性受到挑战。

市民社会的各种功能，是基于现实发展的一种理论上的概括。只有当市民社会发展极为充分和健全的情况下，其中的积极作用才能得以显现，否则其先天的缺陷也会为社会的整体进步造成不良影响，就有可能出现"政治变革导致权威的合法性危机，进而引起社会结构的解体、普遍的失范、甚或国家的分裂；作为对这种失序状态的回应和补救，政治结构往往向传统回归，借助军事力量并用原有的或改造过的象征性符号系统来解决合法性危机的问题，这又使政治结构转型胎死腹中"[③]。因此，就出现了"国家的存在

① 程启军、杨俊凯：《断裂社会中城乡互动的困境——兼及中国乡村生存与发展的一种尝试探讨》，《开发研究》2003年第4期。

② 参见折晓叶、陈婴婴：《社区的实践——"超级村庄"的发展历程》，浙江人民出版社2000年版，第361页。

③ 邓正来、景跃进：《建构中国的市民社会》，《中国社会科学季刊》（香港）1992年第1期。

对于经济增长来说是必不可少的;但国家又是人为的经济衰退的根源"[①]的发展困境。

(四)第三部门总体发育不良

首先,人均资源贫乏。目前我国每千人拥有的社团相当于法国的九十分之一,美国的四十分之一。市民社会发育很不充分,政府又长期以来直接承担经济建设主体和投资主体角色。据统计,美国各部门中,大概有20%的劳动力和15%的经济总量存在于第三部门,而且还在扩大,是一个非常巨大的新的部门体系。目前,中国第三部门绝对数量虽大但人均数量较少并且普遍规模不大。另据联合国计划开发署的资料显示,中国每万人拥有社团数量是1.45家,这个比例不仅低于发达国家,而且还低于印度和巴西这两个发展中国家。由于社会领域的状态主要取决于第三部门的状态,所以说研究第三部门的发展并通过这种研究推动第三部门的发展,已经成为今日中国面对的最紧迫的时代任务之一。[②]

其次,独立性差。即对政府部门的依赖性强,一是资金上的依赖,二是合法性上的依赖。第一,中国目前的第三部门因为运作资金困难,其非营利性较差,据清华大学NPO研究所王名等人的调查资料显示,约有41.4%的非营利性组织认为资金缺乏是他们面临的首要问题,有近20%的NPO认为政府制度的供给成为制约其生存与发展的另一个因素。从邓国胜在2001年公布的《全国问卷调查分析》可以看出,中国41.4%的第三部门处于资金短缺状态,有些机构为了生存脱离了自身的业务范围,从事其他经营甚至是违法活动。美国非营利性组织研究专家赫兹琳杰教授指出,事实上,西方社会的第三部门中,占比重最大的是它正规的服务费,其次才是政府的各种资助。清华大学NGO调研表明,中国的第三部门收入中,仅政府的拨款、补贴和会费收入就占到了70%以上。第二,社会团体设立条件严格。《社会团体登记管理条例》明确规定,未经批准而成立的社会团体或者以社会团体的名义活动的,都属于违法行为,要加以取缔。可见,我国对于第三部门的发展进行了严格的行政管理,这在一定程度上造成了我国第三部门的独立性很差。此外,据调查我国第三部门的负责人中,有23.2%的主要管理人员是由组织负责人提名并经主管部门批准,38.5%的主要管理人员是由主管部门派

① [美]诺斯:《经济史上的结构和变革》,厉以平译,商务印书馆1992年版,第21页。

② 参见徐永光:《中国第三部门的现实处境及我们的任务》,《中国青年科技》1999年10月号。

遣和任命。

最后，公信力不高。由于现实中欺诈等行为存在于民间组织中，使之出现了公信力危机。这一点在志愿者组织中有明显的体现，志愿者、各组织参与者涉及面很窄，人数也十分有限，大部分集中在青年学生和一些专业技术人员上。再就是社会捐助问题，日常的个人资源对慈善机构等非营利性组织的捐助金额十分有限，相当一部分人对于基金会、社会募捐持抵制或者怀疑心态。而据美国的民意调查，一半以上的美国人相信，“在使用公众捐款方面，慈善机构是诚实可信、有责任心的”①。当代中国在发展上的基本问题是：如何在社会及政治生活中获得新的权威形式，一方面能满足中国人对历史自信心的再肯定；另一方面能为他们的社会提供重振的基础，以符合现代化的需要。②

三、中国特色市民社会健康发展之原则

从中国市民社会的发育到较为全面的发展，得益于中国当代的改革开放；改革开放以来，中国社会发生了巨大的变化，变化之一就是中国公民的公民性萌芽并生长、中国社会的第三部门具有了现代特征以及中国知识界与文化界话语出现了多元化。那么，随着改革开放进入深度发展时期，中国特色市民社会如何克服自身的缺陷，走上一条持续的、健康的发展之路？简言之，在中国构建市民社会要防止两种倾向：一方面是过分强调市民社会外在于国家，而形成市民社会对抗国家的模式；另一方面是防止国家渗透到社会社团中，使民间社团政治化。这两种倾向均不利于市民社会的形成。因此，推进中国社会转型，选择一种适合中国国情的市民社会路径，探索中国特色市民社会健康成长的原则乃当务之急。

（一）深入发展社会主义市场经济，实现市场经济与市民社会的良性互动

一般说来，市场经济的深入发展及以之为主的社会经济体制的确立，是市民社会获得发育成长的基础性条件。中国特色市民社会正是社会主义市场经济在中国的发展以及社会主义市场经济体制逐步确立的产物。这只是

① 王兰芳：《我国民间非赢利性组织的功能定位及成长策略》，《南京理工大学学报》（社会科学版）2004年第4期。

② 参见白鲁恂：《中国现代化进程中的权威危机》，台北时报文化出版有限公司1980年版，第279页。

一个前提，即市场经济催生了市民社会，并不意味着市场经济必然造就一个成熟强大的市民社会。改革开放发展实践表明，要获得生产力的解放与发展，中国当代社会转型的实现，必须坚持初级阶段的基本经济制度，大力深入发展社会主义市场经济，在经济体制改革过程中出现的各种问题要在经济社会的更高发展程度中探寻化解方案。

从市民社会发展成熟的国家来看，市民社会的各因素一旦发育，其继续壮大与渐趋成熟将显示出强大的反作用力，也就是说，市场经济与市民社会存在一种双向运动，可以相互供给能量。从现实来看，中国特色市民社会是弱小的，它对于社会主义市场经济的贡献力存在着极大的能量剩余空间。原因大致有两个方面：一是其自身各因素发育不平衡、自成长力不高；二是其基础土壤——社会主义市场经济远不够发达。因此，就中国当前的历史发展阶段而言，构建中国特色市民社会，首要原则就是深入发展社会主义市场经济，以实现社会主义与市民社会有序的、动态的、良性的双向运动。

（二）深化政府体制改革、转变政府职能，充分激发中国特色市民社会活力

中国的改革进程，第一着力域无疑是经济领域，即首先是进行经济体制的改革。事实证明，这符合中国现阶段的基本国情，并且也印证了经济问题是一切社会问题之首要问题的历史规律。然而，经济体制改革最终完成绝非单刀直入即能实现，当经济体制改革行至某一阶段之后，必然要求对政治的、文化的、社会的等等其他各层面的配套改革。经济体制之后，首当其冲的就是政治体制问题。政治与经济不能混为一谈，但亦不可彼此决然游离.政府体制的优劣是经济体制改革成败的关键所在，是其在制度上合法性的提供者。

在我国，长期实行单一的计划经济体制，造成了政治国家对社会经济生活的高度的控制状态，控制集权型的政府体制自然地在改革过程中具有极强的固守性与抗拒性，这必然导致政府职能转变进程的缓慢性和不彻底性。这也就是当前中国社会相对较为突出的政治腐败问题集中式爆发的根由。当然，我们必须看到，市场经济在中国前所未有的发展，经济与政治领域合一到分离的基本实现，中国政治体制改革取得了一定成果，民主法治、公平公正、公开透明与服务理念正深入人心，为中国特色市民社会的发育提供了宝贵的制度环境，尤其是中国特色市民社会是一种由政治国家“自上而下”的模式发育的。因此，要巩固因经济体制改革带来的丰硕成果，要激发立基于社会主义市场经济的中国特色市民社会的活力，必须深入进行政府体制

改革、转变政府职能。

（三）完善法律、法规建制，将消极因素限制在最小范围内

市民社会是历史发展到一定阶段的必然产物，它重视人的主体性，提升人的个人价值，尊重人的财产和各种权益；但与此同时，它有自身的缺陷，在一定程度上，“在市民社会中，每个人都以自身为目的，其他一切在他看来都是虚无”①。市民社会在道德上存在它的非自足性，并且，就中国当下的社会现状来看，体制改革进入到攻坚阶段，各种利益冲突和社会问题突显。对此有人指出，应当限制和打击市民社会因素的成长。这种论调尽管是因噎废食，不能从根本上解决问题，但的确给人们警示：“放任其自由发展的过程不但不可能改变二者融为一体的现实，而且事实上是给市民社会以非理性化的方式的发展提供了更多的机会。”②

矛盾的解决，是推动事物发展的动力。市场经济与市民社会必将由生产力的高度发达而被扬弃，因此市民社会在其允许的历史阶段中存在的消极因素及其影响不能人为地完全剔除，只能限制在最小范围内发生并在最弱意义上产生后果。从现代市民社会的发展来看，对市民社会的非理性限制力源于完善的法律体系、完备的法规建设，因为市场经济本身是法制经济，市民社会理应是法治社会。

（四）促进第三部门发展，使其在社会治理中发挥更积极作用

第三部门作为现代市民社会研究的重要题域，根源于它在社会系统作用于政治系统和经济系统的角色分配中的显著地位。具言之，第三部门以一定的社会组织形式出现，尽管其结构相对松散，但与市民社会中的个体相比较，通常有明确的活动方式、规则、多渠道的资金来源、固定的场所以及专业人员，也因此具有组织大型集会与活动的能力，从而有实践力并产生较大的社会影响力。第三部门的发展壮大及其意义日益凸显，取决于一个事实：现实环境在于面对全球化的一些棘手问题上，政府和市场的“双失灵”。比如，生态问题、失业问题等等。哥本哈根全球气候大会“雷声大雨点小”的收场，或多或少让人们沮丧，因为带有浓重色彩的政治经济目的的首脑会议无可避免地被利益博弈弱化了成果。而在这一方面，一些民间组织却发挥了富有成效的作用，并且其运行成本远远低于政府行为。因此，“全球化不仅

---

① ［德］黑格尔：《法哲学原理》，范扬、张企泰译，商务印书馆 1961 年版，第 197 页。

② 方朝晖：《对 90 年代市民社会研究的一个反思》，《天津社会科学》1999 年第 5 期。

意味着非政府组织比过去更大规模地、更加策略地同市场力量打交道，而且为此要以一种联贯的方式把宏观力量与微观力量结合起来”[①]。

如前所述，我国第三部门获得了一定发展，但与发达市民社会相比较而言，其数量、规模和作用都显得极为“弱小”。当代中国正经历着前所未有的社会转型，新问题、新矛盾不断出现，如果单单依靠政府和市场去化解，显然是不可能的。在调节社会矛盾、解决人员就业、公益资助、环境保护等诸多方面，第三部门因其特有性质大有可为。因此，无论是就我国第三部门的发展现状而言，还是就第三部门本身的作用而论，政府都应当采取一种“规范引导、宽松促进”的政策使第三部门获得快速健康发展，使之真正发挥其在社会系统中的积极作用，为中国特色市民社会的成长贡献力量，为中国当代社会转型提供帮助。

四、结语

社会性是人的本质属性，社会因此也理应是人的社会，离开人及其丰富多彩的活动，社会便不能成为自身、便是僵死的。社会是一个系统、一个有机体，换言之，正是人们的不同活动的运动使得社会成为“有机体”、富有生命力和意义。这足以说明：人是社会的旨归，中国特色市民社会是“大社会”的一个阶段而已，它的活力与意义自然离不开现实的人的种种活动。然而，现实是：具体的人被抽象为符号，丰富的人为现代工业所僵化而死板，因此人的社会不再是与己相关的活动场所，而是政治精英操控的舞台，社会所谓的变革只不过是策略的巡演，变革越多人的负累越多，人日趋复杂慌乱而渐失自我。那么如何成就社会属人的本质？以人为本，不是以人的生存为本，而是以人的更加美好的生活为本质追求，这才是一切社会变革的宗旨。中国特色市民社会诞生于中国当代社会转型，缘于“自上而下”，其发展与成熟必须以人的更加美好的生活为本，并努力融入社会主义和谐社会的历史进程中。

本文原载于《东岳论丛》2010 年第 11 期，2012 年 12 月获山东省第二十六次社会科学优秀成果二等奖。

① 何增科：《公民社会与第三部门》，社会科学文献出版社 2000 年版，第 294 页。

推进“互联网＋政务服务”对策研究
——基于山东省部分政府部门“放管服”改革第三方评估

高学栋　李坤轩

一、引言

在数字化技术飞速发展的大数据时代，谁在新型信息化建设中占据制高点，谁就可能掌握先机，赢得未来。继 2016 年 9 月 14 日李克强总理主持召开国务院常务会议专题部署加快推进“互联网＋政务服务”，9 月底国务院又进一步出台了《关于加快推进“互联网＋政务服务”工作的指导意见》，要求政府部门及其工作人员用好“互联网＋”渠道，不断提高运用互联网处理政务信息、感知群众冷暖、应变社会舆情的能力。

作为当前人们普遍关注的社会热点和焦点，“互联网＋政务服务”是一个近年来刚刚兴起的、非常值得研究的新理论问题，更是一个正在探索中快速推进的实践问题，它是互联网时代将“政务服务”与“互联网”载体有机结合的产物，是在“互联网＋”基础上进一步发展而来的。其核心和目的是利用互联网工具通过网上办理、网上咨询、网上服务和网上监督等，不断优化政务服务空间，提供智能化、人性化的创新服务，让企业和群众办事、创业更方便、更顺畅、更快捷。

置身于“互联网＋”时代，笔者尝试依托受山东省人民政府办公厅委托就省政府有关职能部门对国务院和省政府近年来出台的“放、管、服”重大政策措施落实情况进行第三方评估所调查掌握的信息和数据，站在第三方评估、理论与实践有机结合的全新视角，梳理“互联网＋政务服务”理论研究的轨迹与现状，在深入进行理论思考和研究的基础上，评估山东近年来在“放、管、服”改革中推进“互联网＋政务服务”的经验，并以山东为参考借鉴，分析当前“互联网＋政务服务”中存在的一些普遍性问题，提出有针对性的对策建议。

二、研究综述

在国内，“互联网＋”理念最早是由“易观国际集团”创始人于扬于2012年在易观第五届移动博览会的发言中提出的，他认为移动互联网的本质，离不开“互联网＋”。此后，李克强总理在2015年政府工作报告中正式提出：要“制定‘互联网＋’行动计划，推动移动互联网、云计算、大数据、物联网等与现代制造业结合，促进电子商务、工业互联网和互联网金融健康发展，引导互联网企业拓展国际市场”[①]。“互联网＋”开始上升为国家战略层面。

随后，2015年7月1日，国务院发布《国务院关于积极推进“互联网＋”行动的指导意见》，在明确“互联网＋”行动的总体思路、基本原则、发展目标等行动要求的基础上，对“互联网＋”的11个重点行动提出了具体要求，其中在“‘互联网＋’益民服务”中强调，要“创新政府服务模式，提升政府科学决策能力和管理水平”，“加快互联网与政府公共服务体系的深度融合，推动公共数据资源开放，促进公共服务创新供给和服务资源整合，构建面向公众的一体化在线公共服务体系”。[②] 至此，标志着我国经济、社会、公共管理等各领域开始全面步入“互联网＋”时代，互联网带来的全方位变革势不可挡。

与此同时，党的十八大以来，党中央、国务院高度重视“简政放权、放管结合、优化服务、转变政府职能”工作，把其作为“先手棋”“当头炮”，习近平总书记多次作出重要指示批示，李克强总理亲自主抓，强调简政放权是释放改革红利的重要一环。而“简政放权、放管结合、优化服务”作为三位一体的改革，是一项系统工程，其中，“优化服务”是必不可少的重要一环，“放、管、服”改革最终要落到优化服务上。放是为市场主体松绑减负，管是对市场社会秩序进行规范，而要创造良好的营商和发展环境，就必须优化政府服务。优化服务是转变政府职能的题中之义，其关键在于将服务理念贯彻到行政管理过程中去，一方面逐步摆脱政府办社会的做法，使政府职能向提供公共

---

① 李克强：《政府工作报告》，《人民日报》2015年3月17日。

② 《国务院印发〈关于积极推进“互联网＋”行动的指导意见〉》，2015年7月4日，http://www.xinhuanet.com/politics/2015－07/04/c_1115815942.htm。

物品的方向转变；另一方面要更好地履行政府职责，优化办事流程，提高办事效率，提供优质、高效、低成本的服务，让企业和群众办事更方便、更快捷，省时省力、顺心顺利。

那么，在党的十八届三中全会提出要推进国家治理体系和政府治理能力现代化的战略背景下，政府如何创新方式方法优化服务呢？借助“互联网＋”时代的“东风”，党和政府顺势而为，作出了推进“互联网＋政府服务”的战略部署。2016 年 3 月 5 日，李克强在《政府工作报告》中，在“互联网＋”基础上正式明确提出了“互联网＋政务服务”概念：“大力推进‘互联网＋政务服务’，实现部门间数据共享，让居民和企业少跑腿、好办事、不添堵。简除烦苛，禁察非法，使人民群众有更平等的机会和更大的创造空间。”[①]同年 4 月 14 日，国办印发关于转发国家发改委等 10 部门《推进“互联网＋政务服务”开展信息惠民试点的实施方案》，对“互联网＋政务服务”作出明确部署，对推进总体思路、基本原则、主要任务、实施步骤和时间节点等作了具体明确的阐述，并详尽地构想了加强组织领导、创新体制机制、加大财政支持、完善考核制度、加强信息安全等一系列保障措施。“互联网＋政务服务”概念由此正式进入实际操作阶段。

《方案》出台后，为更好地贯彻落实《方案》精神和要求，《中国行政管理》杂志社在第一时间邀请一些专家学者从不同角度对《方案》精神进行深度解读，在《中国行政管理》杂志以及中国行政管理学会网站、《中国行政管理》网和中国政府网上，陆续刊发了近 20 篇理论文章，如李春根、李志强的《以“互联网＋政务服务”引领政府治理现代化》[②]，陈潭、邓伟的《大数据驱动“互联网＋政务服务”模式创新》[③]，张劲松的《标准化：“互联网＋政务服务”的顶层制度设计》[④]，杜宝贵、门理想的《推进“互联网＋政务服务”中应处理好八种关系》[⑤]，陈文的《政务服务“信息孤岛”现象的成因与消解》[⑥]，张锐昕、陈丹的

---

① 李克强：《政府工作报告》，2016 年 10 月 1 日，http://www.gov.cn/guowuyuan/2016－03/17/content_5054901.htm。

② 李春根、李志强：《以“互联网＋政务服务”引领政府治理现代化》，《中国行政管理》2016 年第 7 期。

③ 陈潭、邓伟：《大数据驱动“互联网＋政务服务”模式创新》，《中国行政管理》2016 年第 7 期。

④ 张劲松：《标准化：“互联网＋政务服务”的顶层制度设计》，《中国行政管理》2016 年第 7 期。

⑤ 杜宝贵、门理想：《推进“互联网＋政务服务”中应处理好八种关系》，《中国行政管理》2016 年第 7 期

⑥ 陈文：《政务服务“信息孤岛”现象的成因与消解》，《中国行政管理》2016 年第 7 期。

《加强评估问责制度建设　推进“互联网＋政务服务”》[①]，孟川瑾的《“互联网＋政务服务”：以数据为核心的政务改革》[②]，孙荣、梁丽的《建设网络共享平台　开展信息惠民服务》[③]，周义程、朱茂莹的《以“互联网＋”思维推进整体性政务服务的创新性方案》[④]，等等，对促进“互联网＋政务服务”发展发挥了重要理论推动作用。

同年9月14日，李克强总理主持召开国务院常务会议，重点部署加快推进“互联网＋政务服务”，要求各级政府官员都要用好“互联网＋”渠道，增强优化政务服务能力。配合对此次常务会议的宣传，各大报纸、网站等发表了一系列报道和理论文章，如陈翰咏的《总理讲了堂生动的“互联网＋政务服务”课》[⑤]、李晓喻的《“互联网＋政务服务”为何越发受到官方重视？》[⑥]、艾琳的《“互联网＋政务服务”关键在后台》[⑦]、何勇的《“互联网＋政务服务”需先打破“信息孤岛”》[⑧]、胡印斌的《“互联网＋政务服务”是利企便民试金石》[⑨]等，进一步推动了对“互联网＋政务服务”的理论研究，促进了各地区、各部门探索、推进“互联网＋政务服务”。

9月29日，国务院又马不停蹄地出台了《关于加快推进“互联网＋政务服务”工作的指导意见》，提出到2017年年底前，各省区市人民政府、国务院有关部门建成一体化网上政务服务平台，全面公开政务服务事项，政务服务标准化、网络化水平显著提升；到2020年年底前，建成覆盖全国的整体联动、部门协同、省级统筹、一网办理的“互联网＋政务服务”体系，大幅提升政务服务智慧化水平。可以预知和相信，随着《指导意见》的发布，“互联网＋

---

① 张锐昕、陈丹：《加强评估问责制度建设　推进“互联网＋政务服务”》，《中国行政管理》2016年第7期。

② 孟川瑾：《“互联网＋政务服务”：以数据为核心的政务改革》，《中国行政管理》2016年第7期。

③ 孙荣、梁丽：《建设网络共享平台　开展信息惠民服务》，《中国行政管理》2016年第7期。

④ 周义程、朱茂莹：《以“互联网＋”思维推进整体性政务服务的创新性方案》，《中国行政管理》2016年第7期。

⑤ 陈翰咏：《总理讲了堂生动的“互联网＋政务服务”课》，2016年9月14日，http://www.yicai.com/news/5105114.html。

⑥ 李晓喻：《“互联网＋政务服务”为何越发受到官方重视？》，2016年9月15日，http://www.chinanews.com/gn/2016/09－15/8004896.shtml。

⑦ 艾琳：《“互联网＋政务服务”关键在后台》，《北京青年报》2016年9月16日。

⑧ 何勇：《“互联网＋政务服务”需先打破“信息孤岛”》，2016年9月16日，http://opinion.southcn.com/o/2016－09/16/content_155887185.htm。

⑨ 胡印斌：《“互联网＋政务服务”是利企便民试金石》，2016年9月15日，http://pinglun.youth.cn/zc/201609/t20160915－8660520.htm。

政务服务”必将在实践上加速推进、纵深发展，并推动理论研究形成新的高潮，一个政府服务越来越聪明，企业和群众办事越来越方便、快捷、有效率的“互联网＋政务服务”时代正在加速到来。

三、山东的做法

从第三方评估所获数据来看，为切实优化服务，山东省人民政府各职能部门多措并举，创新了多种以提升服务品质为目的的方式方法，而其中对提升服务水平、创造良好营商和发展环境贡献最大的，是不断提升运用“互联网＋”渠道利企惠民服务能力，推进“互联网＋政务服务”发展。

山东省人民政府早在 2012 年 6 月就启动建设省电子政务综合服务平台，次年 7 月投入试运行，2014 年 4 月正式开通。为便利企业和群众办事、提升服务能力，各职能部门也都注重加强电子政务服务平台建设。例如，省发改委的电子政务平台把所有行政审批事项纳入网上运行，推行审批过程“串联”改“并联”，简化优化了审批流程，实现了“让数据多跑路，让百姓少跑腿”，大大缩短了审批时间，降低了企业办事的人力物力成本，加快了项目落地时间，自其电子政务平台运行以来，审批效率比法定时限提速 25%～50%，按时办结率达到了 100%。省住建厅建设网上审批平台，实现行政许可全面上网办理，将资质资格网上行政审批系统与一体化平台建设同步规划、同步建设，构建多级联动、规范透明、资源共享、业务协同的网上政务服务体系，减轻了企业申报负担，同时建立证书验证信息库，在全省推行使用可验证的二维码资质证书，方便全省建设企业到其他部门、系统及出省办理业务。省人社厅在建立全国人社系统首家省级综合政务服务大厅的基础上，又充分运用云计算、移动互联网、大数据等信息新技术、新手段，打造网上公共服务平台，本着“外网受理、后台处理、外网反馈”的原则，开发启用了公共就业人才、机关事业单位养老保险、劳动关系等一系列省级集中的网办系统，并通过网上服务大厅、“山东人社服务”手机 APP、自助服务一体机等服务渠道，搭建一体化的人社公共服务平台，初步实现了公共就业、社会保险、劳动关系等业务的网上查询和经办。

为打破各部门自建自管服务平台信息系统相对独立、资源垄断等信息孤岛弊端，推进“互联网＋”纵深发展，2015 年 3 月底，山东省人民政府印发了《山东省省级政务服务平台建设工作推进方案》，把加快省级政务服务平台建设确定为2015年全面深化改革的重点任务，要求2016年完成省市县网上政务大厅三级互联，基本实现全省行政权力“一张网”运行，让鼠标动起来，让数据多跑路，让百姓少跑腿，提升服务水平。2016年2月，山东省人民政府办公厅又印发了《全省政务服务平台互联互通工作实施方案》，提出要进一步完善省级政务服务平台，加快建设和完善市、县(市、区)政务服务平台，推动实体政务大厅向网上办事大厅延伸，实施各级政务服务互联互通，进一步完善电子政务外网行政服务域(电子政务专网)和公共服务域，实现省内政务服务应用网络全覆盖，大力拓展“互联网＋政务服务”覆盖面。①

从评估调研情况看，被评估部门的服务平台均加大工作力度，基本实现了与省政府政务服务平台的对接，依托平台办理相关业务，促进办事部门相衔接，变“企业四处找”为“部门协同办”，让信息代替人“跑腿”，缩短办理时限，提高工作效率，利企便民，一定程度上从源头上减少了“循环证明”等问题，激发了市场活力和社会创造力。例如，商务厅扎实推进与省政府政务服务平台对接，积极推行“互联网＋”政务服务，目前除1项涉密外，其余行政许可事项已全部接入省级政务服务平台，显著提升了政府管理扁平化水平，删繁就简，优化了流程，方便了办事群众与企业，实现了“足不出户、鼠标跑路”的办事效果，网上承诺时限平均比法定时限缩短了30％，从调查问卷的反馈来看，对商务部门流程设置的评价满意度、基本满意度达90％以上。

据对山东省发改委、财政厅、住建厅等9个部门的问卷调查，在面向企业、个人、机关事业单位、社会组织等发放6000份、回收5581份的调查问卷统计结果看，服务对象对“放、管、服”改革的总体评价满意率(53.6％)、基本满意率(43.1％)合计达到96.7％，这其中“互联网＋政务服务”的作用功不可没。

四、存在问题

山东的“互联网＋政务服务”情况是全国的一个缩影，具有较强的代表性。虽然近年来“互联网＋政务服务”迈出可喜步伐，但无论从理论分析的视角，还是从实际运作的角度，都还存在着一些问题和不足，政府部门及其公务员队伍中还存在着诸多的“互联网＋政务服务”的不适症状。

① 参见山东省人民政府办公厅：《全省政务服务平台互联互通工作实施方案》，2016年2月4日，http://www.shandong.gov.cn/art/2016/2/4/art_285_8871.html。

（一）网上服务平台普及率不高

目前能够在政府政务网站上直接办理的业务太少，不少项目并没有进入到“互联网＋政务服务”系统，有的则名义上进入，实际仍在政府相关职能部门的后台操作，网上服务平台普及率不是很高。据对山东省某职能部门服务对象的调查显示，只有29.6％的受访对象在办理相关业务时曾经使用过该部门的网上服务平台，69.9％的民众则表示从未使用过，这说明网上服务平台的普及率还有待提高。因网上办事不畅，大量业务还必须到服务大厅的窗口办理，使窗口工作强度和压力较大，影响登记效率，有时出现办事群众长时间排队等候的问题。如J市市场主体相对集中的几个区，工商部门服务大厅一天只发200个号，发号数量过少，导致企业凌晨就要去排号、等到下午才能办完全部手续的情况不少，群众很有意见。有的虽然实施了全程网办，但大部分审批事项仅仅实现网上公示，仍需提交纸质书面材料，政府政务网站的服务功能大打折扣。

（二）网络化服务有待进一步优化

虽然有些地方、部门已开始引入通过身份证读卡器自动录入基本信息的服务，但尚未全面普及，网上填写（或下载）表格仍需要重复地逐条录入相关基本信息；有的部门存在办理业务重复录入信息、多次填报同一材料的现象；有的部门转报材料，需要从一个系统手录到另一个系统，妨碍效率提升；有的审批事项先要在网下审批，然后再录入到网上，使本应该提高效率的网上审批反而增加工作负担。受访者在回答山东C厅“政府服务需改进的方面”时，排名前三位的依次为“网上本来可以办，结果到现场才能办成”（44.3％）、“跑好几次才能办成”（43.6％）、“网上业务系统不好用”（36.4％）。对F部门的调查问卷统计结果显示，36.7％的被调查对象反映网络系统不好用，表现为系统平台不稳定、填报时经常出现无法登录或无法保存的现象、办理反馈信息缺乏等；40.6％的被调查对象反映网上本来可以办，结果到现场才能办成。因此，网上服务平台便民实效仍待进一步挖掘，网办深度有待进一步提高。

（三）电子档案认可和利用度低

在“互联网＋政务服务”模式下，仍然过多依靠、迷恋纸质材料、纸质档案，无纸化的电子材料、电子档案认可、利用度较低，电子档案的使用还不够广泛和规范。本来利用数据传送就能解决的问题，仍需要重复、大量提交纸质材料。比如，一个企业来办许可证，需要相关材料，特别是大的审批项目，会牵扯很多部门，许多材料多个部门同时要审。如果“互联网＋政务服务”环境优化，网上服务能变过去的“流水办理”为“平行办理”，就可以借助数据传送，用电子材料、电子档案替代纸质材料。但因相关制度建设滞后、人们认可和利用电子档案的意识不强，仍以使用纸质材料为主，导致大量纸质材料需重复提交，既增加申请人的压力和负担，又拉长办事时间，影响办事效率，并且，过多纸质材料需归档管理，既不便于保存，也不利于随时查找利用。

（四）网络服务意识还不够强

在推进“互联网＋政务服务”过程中，还一定程度上存在着为了互联网而互联网倾向，“重电子，轻政务”“重技术，轻服务”，盲目追求网站和客户端建设，在形式上花大力气，在内容上却不怎么下功夫，忽视对业务人员的网络技术培训和能力培养，忽视利用“互联网＋”提升服务水平意识。部分政府部门及其公务员对“互联网＋”存在简单“嫁接”思维，将“互联网＋政务服务”简单地理解为将互联网技术嫁接到政府服务中，只看到互联网技术的重要性，忽视深层次的互联网思维的融合。甚至个别部门和地区网络服务意识较差，运用网络途径服务群众的能力、水平较低，服务时没耐心，态度不友好。在信息化时代，有的政府部门依然停留在以“政府为中心”的层面，缺乏问题导向、用户思维，在“互联网＋政务服务”行动中有意无意地忽略民众的利益和用户体验。

（五）网上服务平台宣传推介不够

一方面，缺乏对网上服务平台及服务项目的宣传推介，缺乏对网上服务平台使用方法的普及，大量审批流程往往“隐身”于有关部门的电脑里，并没有公之于网络，网上服务缺少透明度；另一方面，对于引导企业和公众提高网办意识，鼓励其通过政务平台咨询业务信息、熟悉政务服务平台办事流程等的宣传力度不够，很多企业、大量民众仍习惯于通过电话或到现场咨询、到现场办理相关业务，而不习惯于通过网上系统咨询或办理。此外，不善于利用网络平台及时宣传“放、管、服”政策，导致服务对象未能充分知晓相关政策规定，使本来设计初衷很好的政策在执行中难免出现偏差。

（六）网上服务平台的兼容性有待加强

一方面，政务平台不畅且过多过杂。例如，文化部门在办理行政审批事项时，需同时录入文化部全国文化市场技术监管与服务平台、省政府政务服务平台、信用山东公示平台、“两法衔接”平台，这几个平台分属文化部、省政府、发改委、商务厅，互不隶属、互不连通，工作量大，文化企业抱怨网上呈报审批资料重复性录入太耗精力。另一方面，省级平台与国家的部级平台对接困难、不兼容问题亟待破解。例如，目前国家新闻出版广电总局一些已建成的独立审批系统很难与省级政务平台兼容，导致省局系统与总局系统难以实现对接，很大程度上限制了省局目前的办事效率和服务水平。会计师事务所审批事项所依托的管理平台为财政部会计行业管理系统，与省政务服务平台没有实现完全对接，导致出现网上“两次办理”情况。按照教育部要求使用教育部开发的中国教师资格网及其管理系统运行的“高等学校教师资格认定”事项无法在省级政务服务平台运行，使优化服务存在盲区。

（七）部门间信息壁垒尚未打破

目前，资源垄断、信息难以共享等信息孤岛现象依然程度不同地存在。部门之间的信息共享程度低，政府部门间还未完全实现数据信息互联互通，特别是核心数据交换共享共用不够，不少职能部门的信息都还没有实现共享，没有能够按照“互联网＋政务服务”系统的要求，进入到统一的信息库，而是每个部门都有自己的独立系统，大数据利用水平和能力有待提高。有些业务系统对接不全，导致数据重复提交、多次办理情况时有发生。有的部门一面高调推进政务上网，一面又死死抱住部门数据，设置层层壁垒，搞信息封锁，条块分割，各自为战。信息数据库的管理和运行标准不统一，也使得在需要共享各系统的数据时往往难以调处。

五、对策与建议

“互联网＋政务服务”是推动政府服务模式创新的新引擎。为克服存在的问题和不足，推进“互联网＋政务服务”纵深发展，不断提升政府运用“互联网＋”渠道优化政务服务能力，建议如下：

（一）优化再造服务流程

按照国务院以及省级政府的部署要求，根据政府权力清单、责任清单，针对群众、企业办事中的“堵点”“痛点”“难点”，围绕服务链条化、便利化、网络化，全面梳理政务服务事项，厘清办事程序、办事方法、办事手段，加快政务服务事项电子化和网络化，将能够纳入“互联网＋政务服务”系统的全部纳入，凡能实现网上办理的事项，不得要求群众必须到现场办理；能通过网络共享的材料，不得要求群众重复提交；能通过网络核验的信息，不得要求其他单位重复提供。[①] 实现各类服务事项预约、申报、办理、查询等全流程网上运行，做到“应上尽上、全程在线”，并完善网上办事、咨询服务标准，优化简化服务事项网上办理流程，缩短办理时限，有效提高网办深度。稳步实现政务服务由粗放式供给向精准化供给转变，通过对用户数据与业务数据的搜集、分析、整合，了解政务服务需求，探寻、找到为公众和企业优化服务的突破口和方向，优化资源配置，丰富服务内容，变传统的被动服务为大数据时代的主动服务，满足群众个性化、定制化以及多样化的公共服务需求。按时间节点要求，尽快实现政务服务事项“一号申请、一窗受理、一网通办”目标，使服务渠道更为通畅。同时，考虑到“互联网＋政务服务”是一个循序渐进的过程，为避免其衍生的技术鸿沟和社会排斥，保障政务服务的社会公平性，应保留偏远地区、发展滞后地区以及部分不会操作使用互联网群众的线下政务服务；对某些重要事项，尤其是涉及公众最直接、最现实切身利益而必须在审批环节严格把关事项，也必须继续坚持网上与线下运行相结合，电子档案与纸质材料相结合。

（二）优化再造服务平台

以省级政府政务服务平台为基础，整合各类政务信息平台，加快构建权威、便捷的一体化互联网政务服务平台，把省级政务服务平台做大做强，满足承载跨层级政务服务应用的需要。充分利用已有设施资源，进一步推进自建系统整合，推动资源多方利用，“避免分散建设、重复投资”，提高政务服务信息资源利用水平和平台服务能力。[②] 整合建设市级政务服务平台，实现省和市、县（市、区）政务服务互联互通，依托政府门户网站，推进实体政务大厅与网上服务平台融合[③]，推动服务事项跨地区远程办理、跨层级联动办理、跨部门协同办理，做到“单点登录、全网通办”[④]。此外，政务网络平台建设要注意简单易行、重点突出，有特定的功能定位，并不断提高网站接入能力、搜索能力，简化操作流程，为公民提供最大程度的便利[⑤]，避免活跃度低，资源重置浪费，沦为“僵尸网站”。

---

① 参见《李克强主持召开国务院常务会议》，《人民日报》2016 年 9 月 15 日。

② 参见杜宝贵、门理想：《推进“互联网＋政务服务”中应处理好八种关系》，《中国行政管理》2016 年第 7 期。

③ 参见《李克强主持召开国务院常务会议》，《人民日报》2016 年 9 月 15 日。

④ 何勇：《“互联网＋政务服务”需先打破“信息孤岛”》，2016 年 9 月 16 日，http://opinion.south-cn.com/o/2016－09/16/content_155887185.htm。

⑤ 参见孙荣、梁丽：《建设网络共享平台　开展信息惠民服务》，《中国行政管理》2016 年第 7 期。

（三）着力打通数据壁垒

建立政府数据整合、交换和共享机制，建起覆盖整个政府各个部门的大数据平台，所有政府系统一律迁入这个平台之中，打通各部门之间的数据壁垒，打破“信息孤岛”。应适应跨部门信息共享需求，研究编制信息共享目录体系，明确信息资源采集、维护、更新的责任单位。进一步出台数据共享政策，规范数据共享流程，完善相关技术标准，引导跨部门政务服务的无缝链接，支撑政务信息资源跨部门、跨层级、跨区域互通和协同共享。建立政府信息共享监督考核机制，研究制定信息共享考核评价指标体系，组织开展专项督察及考核评估，及时了解信息共享工作进展和存在问题，督导各级各部门努力做到信息共享并逐步形成共享习惯，促使信息共享成为新常态。① 建立政府信息共享激励机制，通过政策支持、经费支持等措施，提高部门推进信息资源共享的积极性。如此，不仅能打破信息壁垒，优化服务流程，最大程度地利企便民，而且能够有效地解决公共行政价值“碎片化”、公共资源运作“碎片化”、行政组织结构“碎片化”、公共服务供给“碎片化”的老难题。

（四）强化对政策措施落实督查力度

在大数据时代，为加强政府政务服务的供给侧结构性改革，方便群众通过网络办理业务、享受优质政务服务，近两年来国务院和各省（市、区）政府加大了顶层设计力度，出台了一系列带有法规性质的规范性文件，对推进“互联网＋政务服务”的原则、方针、政策、方法、步骤、时间节点等，提出了明确要求，作出了具体规定，画出了比较详尽的推进路线图。现在的关键是把这些政策措施落到实处，为此建议：尽快建立完善监督检查和责任追究制度，加大对各部门、各层级贯彻落实情况的监督、督查力度，通过专项督导、定期检查、不定期抽查、第三方评估等各种途径，及时了解、掌握“互联网＋政务服务”推进的动态信息，总结并推广先进经验，查摆清除阻碍因素和解决典型问题。对落实不利、进度跟不上执行时间表、不按时间节点完成推进任务的，进行通报批评；对工作不重视、进度严重滞后、影响整体工作推进的，加大处罚、追责力度，以此倒逼政府及其相关部门重视和提速“互联网＋政府服务”。

---

① 参见章子康、孙丽丽、朱立萍：《基于 DEA 对中部省会城市电子政务绩效实证分析》，《安徽行政学院学报》2016 年第 5 期。

(五)提升政府驾驭"互联网＋"能力

"互联网＋政务服务"是一项系统性工程,涉及数据资源管理、平台管理、网络安全等诸多专业性信息技术。这就要求政府必须在数据通路、数据管理和数据安全等方面做好顶层设计的同时,还应多措并举提升驾驭"互联网＋"能力:一要加强对"互联网＋政务服务"工作的组织领导,建立专业管理体系,按国务院及各级政府要求,安排专人负责政府网站信息内容建设和运维工作,不断优化程序、减少环节、提高效率,提升"互联网＋政务服务"系统的服务能力和水平;二要加强工作指导和业务培训,通过轮训班、研讨班、现场教学等各种形式的培训,以及实施全员学习提升计划、结帮带对子等,稳步提升广大政府公务员"互联网＋政务服务"能力,尤其是加快提升一线工作人员的业务操作能力;三要健全灵活的用人机制,有目的、有针对性地招聘、引进有信息化专业背景,熟悉"互联网＋政务服务"业务,具有真才实学的高、中级技术骨干,以带动政府部门提升运用互联网技术优化政务服务能力;四是采用政府主导和企业参与的方式提升互联网运作水平,即政府在保证信息安全的前提下,积极引导市场主体行为,引入社会力量,推广政府购买服务、政企合作等新模式,引导企业等参与到"互联网＋政务服务"建设进程中,实现双赢。[①]

(六)培养"互联网＋政府服务"新理念

"思想是行动的先导,理念是实践的指南。"[②]在"互联网＋政府服务"中,互联网只是一种操作方式,是创新、优化政务服务的方法和模式。"互联网＋政府服务"运行是否顺畅,互联网能否优化政务服务效率,切实提升服务水平,往往取决于人的主动性,关键在提供政务服务的部门及其工作人员为企业和群众提供服务的观念和意识。在当前我国公务员队伍中,部分人尤其是年龄偏大的人,"对'互联网＋'的应用并不熟悉,他们仍旧习惯于传统的工作方式,更习惯于对纸质文案的处理,并认为相对于网络虚拟的东西,纸质文件的真实性更可靠"[③]。如果这种作风和观念不转变,政府公务员没

---

① 参见杜宝贵、门理想:《推进"互联网＋政务服务"中应处理好八种关系》,《中国行政管理》2016年第7期。

② 昌业云、徐恪东:《"十三五"时期提升社会治理能力的着力点》,《山东行政学院学报》2016年第2期。

③ 张炯、代可可:《"互联网＋"嵌入政府组织变革的结构功能分析》,《山东行政学院学报》2016年第5期。

有运用“互联网+”渠道优化服务的主动意识,就算互联网再先进、再有效率,也提升不了服务水平。为此,建议在全体公务员中开展大数据思维、“互联网+”思维、“互联网+政府服务”教育活动。通过学习教育,使公务员尤其是领导干部认识到,“互联网+政务服务”是时代变迁的大势所趋,是深化“放、管、服”改革的关键之举,不仅关系到政务服务模式的转变,而且还关系到国家治理体系和治理能力现代化的实现。在当今老百姓已越来越习惯于用手机上网的大数据时代,在互联网语境下已尝到网络服务便利“甜头”的民众对“互联网+政务服务”之期待、诉求越来越强烈的情况下,如果政府部门及其工作人员不适应新变化,不畅通网络服务渠道,仍固守传统的服务模式和观念,很可能造成与群众脱节。“互联网+政务服务”的本质是方便的服务和更好的服务,它是一整套强调“公众至上”和“服务极致化、精准化、人性化”的理念体系,“互联网+”的后缀,意味着施政思路、行政导向以及服务主体的革命性改变,如不及时调整思路、转变观念,以互联网思维形塑当下的政务服务,而依然停留在“网上办公”的认识层面,甚至将上网视为日常行政运行的点缀,是对“互联网+政务服务”的严重曲解。[①] 只有转变观念,树立起权力意识向服务意识让步的理念,树立互联网思维,培养运用“互联网+”优化政务服务的理念,才能真正发挥“互联网+”优势,不断提升服务水平。

(七)营造“互联网+政务服务”良好氛围

加大对网上服务平台的宣传推介力度,充分利用大众传媒、政府门户网站等多种传播渠道,宣传、解释政府的“互联网+”政策与优化服务举措,宣传“互联网+政务服务”的意义、规定、业务流程,普及网上服务平台使用方法,使社会公众和市场主体切实了解“互联网+政务服务”,自觉选择“互联网+”来满足服务需求。要通过宣传,营造有利于“互联网+政务服务”的舆论氛围,提高社会对“一号一窗一网”的认知度、认可度,提高全社会对电子证照、电子公文、电子签章、电子档案等的接受程度,引导公众、企业提高“网办”意识,养成“网办”习惯,鼓励其通过政务平台咨询和办理业务,通过网络政务平台进行投诉举报并获得反馈信息。此外,对现行管理制度和规范性文件中与“互联网+政务服务”不相一致的各种规定以及与“一号一窗一网”

---

① 参见胡印斌:《“互联网+政务服务”是利企便民试金石》,2016年9月15日,http://pinglun.youth.cn/zc/201609/t20160915-8660520.htm。

服务模式不相适应的规定进行修改，尽快出台各省以至全国的政务服务领域电子证照、电子批复、电子批文应用管理办法，通过建立健全电子证照、电子公文、电子签章等标准规范，统一身份认证体系，进一步提高“网办”效率，真正实现“数据多跑路，群众少跑腿”。

（八）加强系统和信息防护能力

据中国互联网协会数据，逾六成网民网上活动信息遭泄露，近80%的网民身份信息曾被泄露。近年来，网络信息诈骗犯罪呈增长趋势，因网络信息泄密而导致客户受损、甚至引发客户轻生的事件时有发生。因此，公众对使用电子政务办理业务有担忧情绪，怎样保护网络信息安全是公众广泛关注的热点和痛点。为此，提升政府对网络系统和信息安全防护能力，加大对涉及商业秘密、个人隐私等重要数据保护力度，防止数据泄露和个人隐私滥用，是推进“互联网＋政务服务”过程中必须努力解决好的重大问题。要通过加强制度建设来构建强有力的数据安全机制，加强数据安全管理，完善信息共享、业务协同的身份认证和授权管理机制，规范数据的访问权限，加强公务人员的数据安全意识，培养数据安全习惯。[①] 应采取必要的管理和技术手段，如物理隔离、数据灾备等防护措施，切实保护国家信息安全及公民个人隐私。要完善数据隐私保护的相关立法，强化对隐私侵权的追责力度，加大对泄露个人隐私、侵犯个人隐私权行为的惩处、赔偿力度[②]，为个人隐私保护提供行政、立法、司法等救济途径。

本文原载于《华东经济管理》2016年第12期，2017年12月获全国第四届行政学院优秀科研成果二等奖。

① 参见孟川瑾：《“互联网＋政务服务”：以数据为核心的政务改革》，《中国行政管理》2016年第7期。

② 参见孟川瑾：《“互联网＋政务服务”：以数据为核心的政务改革》，《中国行政管理》2016年第7期。

中国共产党创建新中国前夜的执政准备

申富强

1946年，由于国民党反动派悍然发动全面内战，并召开其一手包办的"国民大会"，致使抗日战争胜利后和平建国的希望完全破灭。"中国人民只剩下一条路可走"[①]，那就是彻底推翻国民党"一党专政"的独裁统治，建立人民当家作主的新中国。因此，1947年1月1日，毛泽东在《解放日报》发表的新年祝词中指出："在不久的将来，自由的阳光一定要照遍祖国的大地，独立、和平、民主的新中国一定要在今后数年内奠定稳固的基础。"[②]5月30日，根据"人民解放军在战场上节节胜利，蒋管区人民斗争日益高涨"的形势，毛泽东进一步提出："为了建立一个和平的、民主的、独立的新中国，中国人民应当迅速地准备一切必要的条件。"[③]1947年6月30日夜，刘邓大军12万人强渡黄河，发起鲁西南战役，揭开了人民解放战争战略进攻的序幕，同时也拉开了中共创建新中国执政准备工作的序幕。

一、组织召开新的政治协商会议，确立中国共产党的执政地位

对于即将建立的新中国，毛泽东早在1940年1月就有过论述。他在《新民主主义论》中分析了当时世界上存在的三种基本国家体制：资产阶级

① 《毛泽东传(1893—1949)》(下)，中央文献出版社2004年版，第809页。

② 《毛泽东文集》第4卷，人民出版社1996年版，第211页。

③ 《毛泽东选集》第4卷，人民出版社1991年版，第1227页。

专政的共和国、无产阶级专政的共和国和几个革命阶级联合专政的共和国。根据当时中国半殖民地半封建社会的特殊国情和中国革命的性质，他指出，中国革命的结果只能采取第三种形式，即只能是在“无产阶级领导下的一切反帝反封建的人们联合专政的民主共和国，这就是新民主主义的共和国”。他强调指出，在当前的中国“只能采取新民主主义共和国的国家形式”，而且这是“不可移易的必要的形式”。[①] 对此，1949 年 6 月 30 日，他在《论人民民主专政》一文中作了进一步说明：中国不搞“资产阶级的共和国，外国有过的，中国不能有”，这是因为“中国是受帝国主义压迫的国家”。[②]

新民主主义共和国的建立，必须坚持无产阶级的领导。毛泽东指出：“无产阶级领导的以工农联盟为基础的人民民主专政，要求我们党去认真地团结全体工人阶级、全体农民阶级和广大的革命知识分子，这些是这个专政的领导力量和基础力量。没有这种团结，这个专政就不能巩固。同时也要求我们党去团结尽可能多的能够同我们合作的城市小资产阶级和民族资产阶级的代表人物，它们的知识分子和政治派别，以便在革命时期使反革命势力陷于孤立，彻底地打倒国内的反革命势力和帝国主义势力；在革命胜利以后，迅速地恢复和发展生产，对付国外的帝国主义，使中国稳步地由农业国转变为工业国，把中国建设成一个伟大的社会主义国家。”[③]从当时各方面的力量及实践来看，只有也仅有中国共产党的领导是“建立一个和平的、民主的、独立的新中国”的根本保证。

1947 年 11 月，在国民党反动派的恐怖政策下，中国民主同盟被迫解散。广大人民群众进一步认清了国民党独裁统治的真面目，于是“大群大群地脱离国民党的影响和控制而站到我们方面来。自由资产阶级向我们找出路，跟国民党走的很少了”[④]。根据形势的发展，1948 年 4 月 30 日，中共中央决定迅速召开新的政治协商会议，并在《纪念“五一”劳动节口号》中发出了“召集人民代表大会，成立民主联合政府”[⑤]的号召。这一号召，得到了中国国民党革命委员会、中国民主同盟、中国民主促进会、中国致公党、中国农工民主党、中国人民救国会、中国国民党民主促进会、三民主义同志联合会、九三学

① 《毛泽东选集》第 2 卷，人民出版社 1991 年版，第 675 页。
② 《毛泽东选集》第 4 卷，人民出版社 1991 年版，第 1471 页。
③ 《毛泽东选集》第 4 卷，人民出版社 1991 年版，第 1436～1437 页。
④ 《毛泽东文集》第 5 卷，人民出版社 1996 年版，第 230 页。
⑤ 中共中央文献室编：《中华人民共和国开国文选》，中央文献出版社 1999 年版，第 4 页。

社和台湾民主自治同盟等党派和团体的热烈响应，他们纷纷来到解放区，准备参加新的政治协商会议。1949 年 1 月，各民主党派和著名民主人士联合发表《我们对于时局的意见》，明确宣告："愿在中共领导下，献其棉薄，贯彻始终，以冀中国人民民主革命之迅速成功，独立、自由，和平、幸福的新中国之早日实现。"①1949 年 3～7 月，在毛泽东的提议下，中华全国学生联合会、中华全国民主妇女联合会、中华全国民主青年联合会总会和中华全国文学艺术界联合会相继成立；4 月，中国新民主主义青年团第一届全国代表大会召开；8 月，中华全国总工会在哈尔滨恢复。同时，全国自然科学工作者、社会科学工作者、教育工作者和新闻工作者等组织的筹备会也先后成立。这些全国性群众团体的组成和全国会议的召开，不仅表明"工农基本群众，就是国民党统治区的城市小资产阶级、民族资产阶级、开明绅士以及其他爱国人士，都已团结在中国共产党的周围，使新的政治协商会议的召开有了广泛的社会基础"②，而且通过这些全国性群众团体把社会各界群众进一步组织起来，为召开新的政治协商会议作了重要的组织准备，同时也为中共确立执政地位提供了重要的组织准备。

随着条件的成熟，1949 年 6 月 15 日，23 个单位的 134 名代表在中南海勤政殿召开新政协筹备会第一次会议，其中：中共党员 43 人，进步人士 48 人，中间人士 43 人。对此，刘少奇说："共产党对政协筹备会可保障绝对的领导。"③在这次会议开幕式上，毛泽东明确指出："这个筹备会的任务，就是：完成各项必要的准备工作，迅速召开新的政治协商会议，成立民主联合政府，以便领导全国人民，以最快的速度肃清国民党反动派的残余力量，统一全中国，有系统地和有步骤地在全国范围内进行政治的、经济的、文化的和国防的建设工作。"④可见，这次会议不仅是新政协的筹备会，也是新政府的筹备会，而且还是未来在新中国有系统、有步骤地进行全面建设的筹备会。9 月 17 日，新政协筹备会召开第二次会议，决定将新政协会议改称为"中国人民政治协商会议"，代行全国人民代表大会的职能，同时决定邀请 45 个单位、510 名正式代表、77 名候补代表、75 名特邀代表，共 662 人参加会议。中

---

① 《我们对于时局的意见》，http://www.minge.gov.cn/txt/2008-09/24/content_2489643.htm。原载于（香港）《华商报》1949 年 1 月 24 日。

② 《毛泽东传（1893—1949）》（下），中央文献出版社 2004 年版，第 971 页。

③ 《建国以来刘少奇文稿》第 1 册，中央文献出版社 2005 年版，第 4 页。

④ 《毛泽东选集》第 4 卷，人民出版社 1991 年版，第 1463 页。

国人民政治协商会议是一个包含了工人阶级、农民阶级、革命军人、知识分子、小资产阶级、民族资产阶级、少数民族、国外华侨及其他爱国分子的“人民民主统一战线的组织形式”[①]。其任务就是在中共的领导下“建立新民主主义的新中国”[②]。9 月 29 日，大会一致通过的《中国人民政治协商会议共同纲领》指出：“中华人民共和国为新民主主义即人民民主主义的国家，实行工人阶级领导的、以工农联盟为基础的、团结各民主阶级和国内各民族的人民民主专政，反对帝国主义、封建主义和官僚资本主义，为中国的独立、民主、和平、统一和富强而奋斗。”9 月 30 日，中国人民政治协商会议第一届全体会议又通过了毛泽东起草的《中国人民政治协商会议第一届全体会议宣言》，再次强调了中国共产党的领导地位。这些文件的通过，奠定了中共在新中国成立后执政的法理基础，也在事实上确立了中共在新中国成立后的执政地位。

事实说明，中国共产党领导创建新中国目标的实现，符合当时中国的特殊国情，符合最广大人民群众的根本利益，从而继续赢得了中国最广大人民群众的拥护、支持和信任。因此，中国共产党成为新中国的执政党，是中国人民在长期斗争中的必然选择，是历史的必然选择。

二、建立新的政权体系，形成中国共产党执政的体制机制

1948 年 5 月，随着形势的发展，根据华北各大解放区已经基本连成一体的有利条件，中共中央决定将晋察冀和晋冀鲁豫两个解放区合并，并要求“两区合并后，必须一切统一，一直统一到村，为将来中央的全部统一打下基础”。刘少奇强调：“两区合并后的方针是建设”，“战争、生产、土改、建政、人民法庭、人民代表会等等一套办法和经验，也要靠华北”。[③] 1948 年 8 月 7～19 日，华北临时人民代表大会通过了《华北解放区施政方针》和《华北人民政府组织大纲》及《华北区村县人民政府组织条例（草案）》等文件，并统一了各项规章制度。其中，《华北人民政府组织大纲》第二条规定：“华北人民政府

① 《中国人民政治协商会议共同纲领》，《人民日报》1949 年 9 月 30 日。
② 李新、陈铁健总主编：《最后的决战（1947—1949）》，上海人民出版社 2001 年版，第 758～759 页。
③ 《刘少奇年谱（1898—1969）》下卷，中央文献出版社 2000 年版，第 134、142 页。

委员会委员,由本届华北临时代表大会及其后举行的华北人民代表大会选举之。""华北人民政府设主席一人,副主席三人,由华北人民政府委员会委员互选之。"[①]《华北区村县人民政府组织条例(草案)》规定:"村县人民代表大会为国家政权之村县机关","由当地全体村民共选之"。[②] 可见,这些权力机构都是由各级人民代表会议直接选举产生的。因此,当时董必武曾说:"它将成为全国人民代表大会的前奏和雏型。"[③]9 月,华北人民政府在石家庄成立,并根据《华北人民政府组织大纲》第七条规定设立了"民政部、教育部、财政部、工商部、农业部、公营企业部、交通部、卫生部、公安部、司法部、华北财政经济委员会、华北水利委员会、华北人民法院、华北人民监察院、华北银行、秘书厅"[④]等政权机构。这些都为后来新中国中央政府基本架构的确定提供了参考。

薄一波后来在《七十年奋斗与思考》一书中也提到:"中央交给华北人民政府的任务是:把华北解放区建设好,使之成为巩固的根据地,从人力、物力上大力支援全国解放战争;摸索、积累政权建设和经济建设的经验,为全国解放后人民共和国的建立作准备。"[⑤]华北人民政府的成立实际上也就是中共为"在全国掌握政权做好了准备"[⑥]。1949 年 3 月,中原临时人民政府委员会成立;1949 年 8 月,东北人民政府在沈阳成立;另外,其他解放区也进一步整合扩大。这些解放区的人民政府,都实行了党、政、军、财政的统一领导,是具有人民民主性质的局部政权,它们的建立事实上都为建立全国统一的新政权奠定了基础。

在新中国成立前,中国共产党还尝试开始建立民族区域自治制度。1947 年 3 月 23 日,中共中央在《关于内蒙古自治问题的指示》中明确指出:"内蒙自治政府非独立政府……内蒙民族自治区仍属中国版图。"[⑦]5 月 1 日,内蒙古自治政府顺利成立,为中共确立新中国的国家结构形式和建立区域民族自治做了经验准备。在此基础上,经过广泛的论证,1949 年 9 月,《中国人民政治协商会议共同纲领》规定:"各少数民族聚居的地区,应实行民族的

① 《华北人民政府组织大纲》,《档案天地》2003 年增刊。

② 《华北区村县人民政府组织条例(草案)》,《档案天地》2003 年增刊。

③ 《董必武选集》,人民出版社 1985 年版,第 199 页。

④ 《华北人民政府组织大纲》,《档案天地》2003 年增刊。

⑤ 薄一波:《七十年奋斗与思考》上卷,中共党史出版社 1996 年版,第 478 页。

⑥ 李君如:《要重视中国共产党执政史的研究》,《中共党史研究》2003 年第 4 期。

⑦ 《中共中央关于内蒙古自治问题的指示》,《党的文献》1997 年第 2 期。

区域自治,按照民族聚居的人口的多少和区域大小,分别建立民族自治机关。"[①]这意味着在统一的国家内实行民族区域自治将成为未来新中国的一项基本政治制度,使新政权的执政体系更加民主、完善和科学。

随着形势的顺利发展和创建新中国的需要,并结合苏区和抗战时期局部执政的经验,在1948年9月召开的中共中央政治局扩大会议(通称"九月会议")上,毛泽东提出未来新政权的体制应该是:无产阶级领导的、以工农联盟为基础的,还有资产阶级民主分子参加的人民民主专政。关于人民民主专政,毛泽东在1940年《新民主主义论》中曾指出:未来新中国"可以采取全国人民代表大会、省人民代表大会、县人民代表大会、区人民代表大会直到乡人民代表大会的系统,并由各级代表大会选举政府",而且是"真正普遍平等的选举"的制度,"这种制度即是民主集中制"。[②] 因而在九月会议上,中共确定了"新中国既不采用资产阶级的议会制和立法、行政、司法三权鼎立等,又不能照搬苏联的苏维埃政权形式,而应该实行基于民主集中制的人民代表大会制度,由各级人民代表大会决定大政方针,选举政府"[③]。1949年6月30日,毛泽东在《论人民民主专政》一文中指出了实行人民民主专政的原因:"中国人民在几十年中积累起来的一切经验,都叫我们实行人民民主专政。"他强调:"不这样,革命就要失败,人民就要遭殃,国家就要灭亡。"[④]这些都为后来《中国人民政治协商会议共同纲领》中确立中华人民共和国的国家政权属于人民、人民行使国家政权的机关为各级人民代表大会和各级人民政府、国家最高政权机关为全国人民代表大会、各级政权机关一律实行民主集中制奠定了基础。

同时,中国革命的实践表明:没有强大的统一战线,领导中国革命取得胜利的目标也是不可能顺利实现的;而各民主党派、无党派民主人士也认识到,没有中共的领导,中国革命取得胜利是不可能的,建立新中国更是不可能的。在1948年华北临时人民代表大会召开时,542名代表中有166名民主人士,大会主席团33名成员中有民主人士14人。在会上,一些民主人士献言献策或担任相关重要职务,发挥了重要的作用。如:民主人士何思敬、刘奠基提出了在全国"召开新的政治协商会议,建立全国性联合政府"的提

① 《中国人民政治协商会议共同纲领》,《人民日报》1949年9月30日。

② 《毛泽东选集》第2卷,人民出版社1991年版,第677页。

③ 《中国共产党历史》第2卷上册,中共党史出版社2011年版,第10页。

④ 《毛泽东选集》第4卷,人民出版社1991年版,第1475页。

案，并被采纳；民主人士蓝公武担任了华北人民政府副主席兼民政部部长、陈瑾昆担任了法院院长。可见，“华北人民政府成立过程中形成的民主党派和民主人士参政制度，初步形成了新中国多党派合作的政治协商制度”[①]。根据中国各民主党派同情、支持或参加革命的历史与现实情况，中共决定与党外人士长期合作，这一方针在1949年3月中共七届二中全会上得到确立。这就为1949年9月召开的第一届中国人民政治协商会议上《中国人民政治协商会议共同纲领》《中国人民政治协商会议组织法》《中华人民共和国中央人民政府组织法》的通过和中国共产党领导的多党合作和政治协商制度的形成做好了政治上的准备，从而使中共执政的体制机制得到了进一步完善。

由以上可见，中共在领导创建新中国期间，从中国实际出发，结合实践经验，设计形成了一套中共领导下的科学的执政体制机制：国体是工人阶级领导的、以工农联盟为基础的人民民主专政，政体是实行民主集中制的人民代表大会制度，政党制度是中共领导的多党合作和政治协商制度，国家结构形式是在统一的多民族国家和在单一制国家中的民族区域自治制度。[②] 这些体制机制的建立为后来中国共产党在全面执政道路中践行民主执政、科学执政、依法执政提供了有力的保障。

三、为全面执政实施新的方略，及时推进工作重心的转移

凡事预则立，不预则废。为了尽快建立新中国，实现全面执政，中共在发展农业生产和城市工作中积极采取切实有效的措施和方略。

一方面，组织农民进行互助合作。由于长期战争的破坏和兵员需求的加大，解放区在发展农业生产上面临着生产工具和劳动力匮乏的实际情况，因此，解放区组织农民采取了“有人力的出人力，有生产工具的出生产工具”及“工换工、牛换粱”等互助合作的方式，克服了当时面临的困难。据统计，到1949年，山东解放区互助组织达478145个，参加的农民达207万户，占总户数的21.3％[③]；华北解放区冀中的13个县共组织了互助组织12700个，参

---

① 阎书钦：《论华北人民政府的成立、特点及其对新中国政权体制的探索》，《当代中国史研究》1999年第5～6期。

② 参见《中国共产党历史》第2卷上册，中共党史出版社2011年版，第13页。

③ 参见朱玉湘主编：《山东革命根据地财政史稿》，山东人民出版社1989年版，第367页。

加的农民达 49500 户[①]。1948 年,东北解放区的互助合作保证了农村中 10%～15%缺少劳动力的农户种上了庄稼。[②]

另一方面,从经济上积极扶持农业生产。一是采取财政扶持,从税收方面鼓励开荒。比如,华北解放区规定"垦种生荒地,免征农业税三年,垦种熟荒地,免征农业税二年"[③]等税收优惠政策。二是采取金融扶持,发放农业贷款。如晋绥解放区在 1948 年的生产救灾中,共向农民发放贷款 200 亿元(西北农民币)[④];晋冀鲁豫解放区的冀南银行仅 1947 年就向农民发放农业贷款 120 亿元(冀南人民币)[⑤]。另外,华北解放区还对农业实行了低息贷款和主要以粮食、棉花、油料为主的贷实收实的实物贷款等。

这些措施,不仅极大地提高了解放区农民的生产积极性,而且对解放区农业生产的恢复和发展起到了较大的推动作用。据统计,从 1946 年 8 月到 1949 年 8 月的三年间,东北解放区恢复和扩大耕地 213.6 万余垧,1947 年每垧耕地平均产量达到 1500 斤,到 1948 年增加到 1920 斤[⑥];华东解放区 1948 年不到半年的时间内,消灭了一半以上的荒地;晋绥解放区 1948 年平均获得了八成年景,华北解放区获得了七成年景,达到抗日战争以前平均水平的 80%;晋西北到 1949 年从没有纺织业已经发展到"村村织布,户户纺纱"[⑦];到 1949 年,东北解放区粮食产量达到 1414 万吨。1949 年,黑龙江虽然发生了自然灾害,但粮食每垧产量依然达到 2000 斤。东北解放区在三年解放战争期间缴纳公粮 686 万吨,华北解放区缴纳公粮 129 万吨,陕甘宁、晋绥、晋南解放区三年支援前线粮食 34 万吨。[⑧] 1949 年 3 月,毛泽东在中共七届二中全会上曾指出:因为农民的经济是分散的,所以"需要很长的时间和细心的工作,才能做到农业社会化。没有农业社会化,就没有全部的巩固的社会主义"[⑨]。而以上这些做法,为新中国成立后进行农业的社会化生产提供了

---

① 参见《华北解放区财政经济史资料选编》第 1 辑,中国财政经济出版社 1996 年版,第 1084 页。

② 参见李占才、张黎主编:《中国新民主主义经济史》,安徽教育出版社 1990 年版,第 295 页。

③ 《华北解放区财政经济史资料选编》第 1 辑,中国财政经济出版社 1996 年版,第 1036 页。

④ 参见《晋绥边区财政经济史资料选编》农业编,山西人民出版社 1986 年版,第 664 页。

⑤ 参见《华北解放区财政经济史资料选编》第 1 辑,中国财政经济出版社 1996 年版,第 1084 页。

⑥ 参见《东北解放区财政经济史资料选编》第 1 辑,黑龙江人民出版社 1988 年版,第 128 页。

⑦ 参见董志凯:《解放战争时期的土地改革》,北京大学出版社 1987 年版,第 271～275 页。

⑧ 参见李新、陈铁健总主编:《最后的决战(1947—1949)》,上海人民出版社 2001 年版,第 758～759 页。

⑨ 《毛泽东选集》第 4 卷,人民出版社 1991 年版,第 1477 页。

必要的经验。

中共深知，城市是一个地区的政治经济文化中心，只有最终占领城市才能彻底实现革命的胜利，掌握全国政权。然而，占领城市和管理城市绝对不是一个概念。中共明白，“只有将城市的生产恢复起来和发展起来了，将消费的城市变成生产的城市了，人民政权才能巩固起来”①。因此，接管城市后，能否保证城市生产生活的正常运行，也就成为中共能否实现工作重心由农村向城市转移的一个关键。在某种意义上讲，这其实是对中共未来执掌全国政权的一个重大考验。

1947年7月，毛泽东在“小河会议”上指出：在城市中，我们是打倒官僚资本而保护民族工商业。② 然而，由于中共长期在农村生活和战斗，许多干部不熟悉城市工作，在接管中将农村土改的经验搬到了城市里来，盲目搞起了平均主义，从而造成了一定程度上的混乱。1947年8月，张闻天在东北局召开的首次城市工作会议的总结报告中指出：“城市在城乡互助合作中领导乡村，其实质就是：工业与农业并重，工业领导农业；工农联盟，工人阶级领导农民。‘离开了代表先进生产力的城市工业和城市工人阶级，社会不能前进，社会主义也不能实现。’”③以上都说明了城市对于中共全面执政的重要性。因此，1948年2月，中共中央在批转《中央工委关于收复石家庄的城市工作经验》时又强调指出：我们在城市工作中的“方针是建设，而不是破坏”④。因此，在同年4月5日第二次攻克洛阳时，毛泽东要求首先要注意保持城市的正常运行和生产生活。他还强调：“一切民族资产阶级经营的企业，严禁侵犯”，“禁止农民团体进城捉拿和斗争地主”，“不要忙于组织城市人民进行民主改革和生活改善的斗争”，“一切作长期打算”等。⑤ 6月，中共中央又在批转《东北局关于保护新收复城市的指示》中再次强调：不能还是以游击战争的观点和农村的观点来看城市。为进一步防止接管城市出现混乱现象，中共决定“在新占领的城市实施短期的军事管理制度”⑥。11月28日，陈云在《接收沈阳的经验》中总结提出了各按系统、自上而下、原封不动、

① 《毛泽东选集》第4卷，人民出版社1991年版，第1428页。

② 参见《毛泽东传(1893—1949)》(下)，中央文献出版社2004年版，第845页。

③ 姜华宣等主编：《中国共产党重要会议纪事(1921—2011)》，中央文献出版社2011年版，第250页。

④ 曹英主编：《中国共产党党史全鉴》第5卷，中国文史出版社2001年版，第2966页。

⑤ 《毛泽东选集》第4卷，人民出版社1991年版，第1324页。

⑥ 曹英主编：《中国共产党党史全鉴》第5卷，中国文史出版社2001年版，第2966页。

先接后分的接收方法[①]，从而基本解决了快速接管城市而出现的问题。

根据形势发展的需要，1948 年，毛泽东在中共中央九月会议的通知中指出，为实现战争的胜利，“必须尽一切可能修理和掌握铁路、公路、轮船等近代交通工具，加强城市和工业的管理工作，使党的工作的重心逐步地由乡村转到城市”[②]。1949 年 3 月 5 日，毛泽东在中共七届二中全会上进一步指出：从现在起，党的工作重心移到了城市，开始了城市领导乡村的时期。他再次强调：“必须用极大的努力去学会管理城市和建设城市”，否则“我们就不能维持政权”。[③] 可以看出，这个时候，中共的工作重心由农村向城市转移，是实现夺取全国政权的一个必然要求。随着这些政策的落实和相关经验的推广，中共接管城市和恢复城市生产生活的工作逐渐步入正轨，城市也出现了新的生机。以上海为例，1949 年 5 月上海解放，到 9 月时，宋庆龄认为：“现在中共正在进一步证明他们在城市中的领导力量。”“上海市军管会对于十二年来使人民受尽痛苦的可怕的通货膨胀问题，已经加以有效的解决。军管会时时刻刻照顾着人民的需要。为了保障人民的积蓄与生活而实行的折实储蓄的办法，以及其他财政经济上的措施，已经使新发行的货币，获得了人民的信任”，“而最后的收获是成功”。[④] 以上说明，中共当时已具备了管理城市的基本能力，从而为工作重心转移到城市后执掌全国政权奠定了基础。

1949 年 1 月 8 日，中共中央在《目前形势和党在一九四九年的任务》的决议中指出：“全党大多数干部，在过去几年，特别是在一九四八年，有系统地学会了在农村工作中，在城市工作中和在军事工作中的各项具体的政策和策略，有系统地纠正了右的和‘左’的偏向。许多同志在过去长时期内没有学会的东西，一个年头内都学会了。这样，就使党的总路线在全党内能够贯彻地执行，这是一个最伟大和最根本的胜利。这是我党政治成熟度的极大的增长。这样一件事就指明：我党在不要很久的时期内是能够有把握地取得全国政权的。”[⑤]可见，中共为实现创建新中国和全面执政而实施的方略是成功的。

---

① 参见《陈云文选》第 1 卷，人民出版社 1995 年版，第 374～375 页。

② 《毛泽东选集》第 4 卷，人民出版社 1991 年版，第 1347 页。

③ 《毛泽东选集》第 4 卷，人民出版社 1991 年版，第 1427 页。

④ 《宋庆龄在第一届政协全体会议上的讲话》(1949 年 9 月 21 日)，杨建新等编著：《五星红旗从这里升起——中国人民政治协商会议诞生记事暨资料选编》，文史资料出版社 1984 年版，第 314～315 页。

⑤ 《中共中央文选集》第 18 册，中共中央党校出版社 1992 年版，第 18 页。

四、努力扩大执政资源，为全面执政筑牢基础

在1947年12月中共中央扩大会议(通称"十二月会议")上，毛泽东就曾根据当时的实际情况提出"新民主主义国民经济的指导方针，必须紧紧地追随着发展生产、繁荣经济、公私兼顾、劳资两利这个总目标"，并强调"一切离开这个总目标的方针、政策、办法，都是错误的"。[①] 1948年，毛泽东在《中共中央关于九月会议的通知》中进一步指出："必须一方面使人民解放军向国民党区域发展胜利的进攻，将战争所需要的人力资源和物力资源大量地从国民党方面和国民党区域去取给；另一方面，必须用一切努力恢复和发展老解放区的工业生产和农业生产，使之较现有的水平有若干的增长。只有这两方面的任务都完成了，才能够保证打倒国民党反动统治，否则是不可能的。"[②]在实践中，中共对此也采取了积极有效的措施。

努力扩大经济资源。当时，解放区经济发展得好坏，同样决定了中共能否从革命党向执政党转变。因此，中共采取了一系列恢复和发展生产的措施，极大地促进了商业的发展，使解放区的经济日益繁荣。早在1946年8月，东北行政委员会就成立由陈云担任主任的东北财政经济委员会，后来又成立了东北工业部，专门负责工业的恢复和发展，因而东北解放区主要工业产品的产量上升较快。以1946年为100，煤的产量1947年为317，1948年为718；纸的产量1947年为144，1948年为278；橡胶(胶鞋)的产量1947年为565，1948年为2252；纺织品产量1947年为195，1948年为390。以1947年为100，木材到1948年为249；发电1948年为236。国营工厂职工1946年为1.3万人，到1948年达12万人，人数上升了近10倍。[③] 同时，其他解放区的经济也得到极大发展。1948年11月，冀中参加织布者已达80万人，拥有纺车70万辆，各种铁木纺织机14万架(张)，年产大布90万匹(约折合小布1258万匹)。据不完全统计，晋绥解放区当时共有煤窑498座，朔县的26座煤矿平均日产40万吨。[④] 山东解放区1948年的盐产量达到3000万担左

---

① 《毛泽东选集》第4卷，人民出版社1991年版，第1256页。

② 《毛泽东选集》第4卷，人民出版社1991年版，第1348页。

③ 参见《东北解放区财政经济史资料选编》第1辑，中国财政经济出版社1996年版，第131页。

④ 参见《晋绥边区财政经济史资料选编》工业编，山西人民出版社1986年版，第43、472～477页。

右[①],是该区财政收入的主要来源。另据不完全统计,到新中国成立前,全国仅公营商业机构就有 2000 多个,职工 8 万余人,基层供销合作社 22800 个,社员 1380 万人。另外,生产的恢复和发展也极大地促进了外贸的发展。以与苏联进出口的贸易额为例,按照关东币计算,1947 年为 282.3 亿元,1948 年达到 937.64 亿元,比 1947 年增长了两倍多。[②] 这说明,中共当时为扩大经济资源所采取的措施是相当成功的,从而不仅拥有了领导中国革命胜利和创建新中国的基本经济资源,而且还为新中国建立后开展各项建设事业打下了必要的物质基础。对此,毛泽东在中共七届二中全会的报告中指出:"如果我们在生产工作上无知,不能很快地学会生产工作,不能使生产事业尽可能迅速地恢复和发展,获得确实的成绩,首先使工人生活有所改善,并使一般人民的生活有所改善,那我们就不能维持政权,我们就会站不住脚,我们就会要失败。"[③]

积极筹备人才资源。执政不同于革命,但有一样却是相同的,那就是人才问题。早在 1938 年 10 月,毛泽东在中共六届六中全会上就曾指出:"政治路线确定之后,干部就是决定的因素。因此,有计划地培养大批的新干部,就是我们的战斗任务。"[④]而执政策略制定后,能否落实得好,关键也是在干部。当时"夺取全国政权的任务,要求我党迅速地有计划地训练大批的能够管理军事、政治、经济、党务、文化教育等项工作的干部"。因此,毛泽东考虑到了执政人才的来源问题,他认为:"战争的第三年内,必须准备好三万至四万下级、中级和高级干部,以便第四年内军队前进的时候,这些干部能够随军前进,能够有秩序地管理大约五千万至一万万人口的新开辟的解放区。中国地方甚大,人口甚多,革命战争发展甚快,而我们的干部供应甚感不足,这是一个很大的困难。第三年内干部的准备,虽然大部分应当依靠老的解放区,但是必须同时注意从国民党统治的大城市中去吸收。国民党区大城市中有许多工人和知识分子能够参加我们的工作,他们的文化水准较之老解放区的工农分子的文化水准一般要高些。国民党经济、财政、文化、教育机构中的工作人员,除去反动分子外,我们应当大批地利用。解放区的学校

① 参见《华中解放区财政经济史资料选编》第 6 卷,南京大学出版社 1987 年版,第 71～72 页。

② 参见吴承明、董志凯主编:《中华人民共和国经济史》第 1 卷(1949—1952),中国财政经济出版社 2001 年版,第 98～106 页。

③ 《毛泽东选集》第 4 卷,人民出版社 1991 年版,第 1428 页。

④ 《毛泽东选集》第 2 卷,人民出版社 1991 年版,第 526 页。

教育工作，必须恢复和发展。”1949 年 2 月 8 日，毛泽东根据将要占领南方八九个省、几十个大城市的需求，在为此准备的 53000 个干部不够用的情况下，创造性地提出：“军队变为工作队”，“军队就是一个学校，二百一十万野战军，等于几千个大学和中学，一切工作干部，主要地依靠军队本身来解决”，“这样，干部就够用了，广大地区的工作就可以展开了”。[①] 这都说明，中共当时考虑的不仅是夺取政权的问题，而且还为全面执政在人才资源上作了较科学的安排和准备。

进一步巩固已有政治资源。由于中共已经从具体实践中完全把握了“谁得到农民的拥护，谁就得到中国，谁解决土地问题，谁就得到农民拥护”的中国革命规律，所以在和平建国的希望破灭后，中共再次根据形势变化，及时调整了土地政策。中共对 1946 年 5 月发布的《关于土地问题的指示》中的某些不彻底性作了明确改正，把抗战时期施行的“减租减息”调整为实现“耕者有其田”，并在 1947 年 10 月 10 日公布的《中国土地法大纲》中进一步指出：乡村中的所有土地，“按乡村全部人口，不分男女老幼，统一平均分配，在土地的数量上抽多补少，质量上抽肥补瘦，使全乡村人民均获得同等的土地，并归各人所有”[②]。十二月会议上，毛泽东在《目前形势和我们的任务》中又再次强调：“土地制度的彻底改革，是现阶段中国革命的一项基本任务。如果我们能够普遍地彻底地解决土地问题，我们就获得了足以战胜一切敌人的最基本的条件。”[③]其间，中共及时发现并纠正了“左”的倾向，保证了土改运动的健康发展。这些政策的实施不仅保证了农民阶级的整体利益、团结了绝大多数农民群众，而且还进一步坚定了他们跟着中共走的决心和信心。广大农民分得了土地，在政治和经济上彻底翻了身。为保住胜利果实，解放区人民“父送子，妻送郎，兄弟争相上战场”，大批青壮年在“参军保田”的口号下，纷纷加入中共领导的人民军队。据统计，三年解放战争期间，东北解放区共有 160 万人参军，在华北有近百万人参军，山东解放区也有 60 万人参军。另外，解放战争期间，山东解放区还出动支前民工 580 万人，东北解放区参加支前的民工也多达 313 万人。[④] 各解放区的农民还将粮食、被服等物资源源不断地送往前线，并积极配合解放军作战，保证了人民

① 《毛泽东选集》第 4 卷，人民出版社 1991 年版，第 1347、1406、1426 页。

② 《中国土地法大纲》，《晋绥日报》1947 年 10 月 13 日。

③ 《毛泽东选集》第 4 卷，人民出版社 1991 年版，第 1252 页。

④ 参见李新、陈铁健总主编：《最后的决战（1947—1949）》，上海人民出版社 2001 年版，第 186 页。

解放战争的物力资源和人力资源取之不竭、用之不懈。

对此，上海的《密勒氏评论报》1947 年 11 月评论说："中共采取了两种斗争方式，一是土改，一是军事，决定最后胜负的在于前者不在于后者。"[①]到 1949 年 6 月，在拥有 2.7 亿人口的解放区内，约有 1.5 亿人口完成了土改，约有 1 亿农民分得了土地，解放区彻底消灭了在中国存在了 2000 余年的封建落后生产关系。"这个早在 1927 年就受到共产国际拥护的政策重新恢复"，在政治上"赢得贫农的更加热烈的支持"，必然"巩固了共产党的队伍"。可见，土改不仅再次激活了中国最广大的阶级——农民阶级的革命热情，改变了中国农民阶级的命运，也改变了中国革命的命运，而且还为中共准备"最终建立新制度"赢得了农民阶级的坚决拥护，巩固了中共为夺取执政地位、执掌国家政权斗争中最重要的群众基础。[②]

五、加强党的自身建设，做好抵御执政风险的各项准备

中共历来重视党的纯洁性，在面临革命胜利时更是如此。1947 年，中共党员发展到 270 万人，由于发展过快，党员队伍出现了一些问题。同年，毛泽东在十二月会议上作《目形势和我们的任务》的报告时指出："解决这个党内不纯的问题，整编党的队伍，使党能够和最广大的劳动群众完全站在一个方向，并领导他们前进，是解决土地问题和支援长期战争的一个决定性的环节。"[③]因此，中共决定整党，将混进党内的许多地主分子、富农分子和流氓分子清除出去。这次整党纯洁了党的队伍和党员的思想，保证了解放战争的胜利，增进了党和人民群众的血肉联系。

统一政令，集中权力。到 1948 年，中共领导的解放区已拥有 1.6 亿人口，党员已增加到 300 万人，而且许多解放区已连成一片。由于中共及其军队"在过去长时期内是处于被敌人分割的、游击战争的并且是农村的环境之下"，因此"曾经允许各地方党的和军事的领导机关保持着很大的自治权，这一种情况，曾经使得各地方的党组织和军队发挥了他们的自动性和积极性，

---

① 转引自张军锋编著：《见证新中国的诞生》，凤凰传媒出版集团、江苏人民出版社 2010 年版，第 47 页。

② 参见[加]陈志让：《毛泽东与中国革命》，中共中央文献研究室译，中央文献出版社 1993 年版，第 334 页。

③ 《毛泽东选集》第 4 卷，人民出版社 1991 年版，第 1253 页。

渡过了长期的严重的困难局面，但在同时，也产生了某些无纪律状态和无政府状态，地方主义和游击主义”，甚至出现了“擅自修改中央的或上级党委的政策和策略，执行他们自以为是的违背统一意志和统一纪律的极端有害的政策和策略；在工作繁忙的借口之下，采取事前不请示事后不报告的错误态度，将自己管理的地方，看成好像一个独立国”。在中国革命胜利的紧要关口，这种政令不统一的状态，执行随意的状态，“给予革命利益的损害，极为巨大”。[①] 正是基于革命胜利后即将在全国执政这样一个重大历史转折的需要，中共中央决定统一政令、集中权力，加强和完善请示汇报制度。中央要求，自1948年起，“各中央局和分局，由书记负责（自己动手，不要秘书代劳），每两个月，向中央和中央主席作一次综合报告。报告内容包括该区军事、政治、土地改革、整党、经济、宣传和文化等各项活动的动态，活动中发生的问题和倾向，对于这些问题和倾向的解决方法”[②]。6月，中共重印了列宁《共产主义运动中的“左派”幼稚病》一文的第二章，要求全党干部学习，并在前言中指出：“全党要迅速克服无纪律、无政府状态及地方主义、经验主义，以达到党的政策与纪律的完全统一，迎接全国的胜利。”[③]8月，中央又发出了《关于严格执行报告制度的指示》。九月会议又作出了《中共中央关于各中央局、分局、军区、军委分会以及前委会向中央请示报告制度的决议》，进一步要求各中央局、分局、军区、军委分会及前委会，具体规定区党委、省委、军党委以至县委和师（旅）团向上级请示与报告的制度。同时，决议对各项工作的决议权和请示备案等制度均作了详细和具体的规定，指出对于中央的政策和策略必须全部遵守，不许擅自修改。各级领导必须养成事前请示、事后报告的习惯；必须建立定期向中央请示报告的制度，以便不犯或少犯错误。

扩大党内民主生活，健全党委制。“党内民主的集中制，即是党的领导骨干与广大党员群众相结合的制度，即是从党员群众中集中起来，又到党员群众中坚持下去的制度，即是反映党内的群众路线。”[④]九月会议明确了中共今后一个时期的任务和奋斗目标：在军事上要“建设500万人民解放军，在大约5年左右的时间内（从1946年7月算起），从根本上打倒国民党反动统

① 《毛泽东选集》第4卷，人民出版社1991年版，第1346、1332页。

② 《毛泽东选集》第4卷，人民出版社1991年版，第1264页。

③ 《中国共产党历史》第1卷下册，中共党史出版社2011年版，第768页。

④ 《刘少奇选集》上卷，人民出版社1981年版，第359页。

治，解放全中国”；在政治上提出了“夺取全国政权的任务”。[①] 为保证这一目标的实现，九月会议对进一步加强党委的集体领导问题作了研究。会后，中共中央于9月20日发出《关于健全党委制》的决定，明确要求：“党委制是保证集体领导、防止个人包办的党的重要制度。”同时，还根据军事工作的实际特别指出：“集体领导和个人负责，二者不可偏废。军队在作战时和情况需要时，首长有临机处置之权。”[②]从当时中共面临的历史转折来看，这些决策无疑都是及时的、正确的。

历史证明，这些措施和制度的制定，在组织上为正确贯彻党的政策提供了重要保证，从而使中共在革命战争胜利发展和即将在全国执政的关键时刻，及时有效地克服了妨碍革命胜利的不利因素，为夺取全国政权后能够保证政令高效畅通作了组织上的准备。

在革命胜利的紧要关头，“党内的骄傲情绪，以功臣自居的情绪，停顿起来不求进步的情绪，贪图享乐不愿再过艰苦生活的情绪，可能生长”。而由于革命胜利，“人民感谢我们，资产阶级也会出来捧场”。这样，中共的一部分党员就有可能在资产阶级“糖衣炮弹”面前打败仗，来之不易的胜利就有可能丧失。[③] 早在1945年7月，中国民主同盟负责人黄炎培在延安谈道：“我生60多年，耳闻的不说，所亲眼看到的，真所谓‘其兴也焉，其亡也忽焉’，一人，一家，一团体，一地方乃至一国，不少单位都没有跳出这周期率的支配力。一部历史，‘政怠宦成’的也有，‘人亡政息’的也有，‘求荣取辱’的也有，总之没有能跳出这周期率。”当时，毛泽东非常自信地回答：“我们已经找到新路，我们能跳出这周期率。这条新路，就是民主。只有让人民来监督政府，政府才不敢松懈。只有人人起来负责，才不会人亡政息。”[④]在中共七届二中全会上，毛泽东再次强调，全党同志要牢固树立无产阶级世界观，防止骄傲自满情绪，警惕资产阶级“糖衣炮弹”的袭击。并指出：“夺取全国胜利，这只是万里长征走完了第一步。如果这一步也值得骄傲，那是比较渺小的，更值得骄傲的还在后头。在过了几十年之后来看中国人民民主革命的胜利，就会使人们感觉那好像只是一出长剧的一个短小的序幕。剧是必须

① 姜华宣等主编：《中国共产党重要会议纪事（1921—2011）》，中央文献出版社2011年版，第253页。

② 《毛泽东选集》第4卷，人民出版社1991年版，第1340、1341页。

③ 参见《毛泽东选集》第4卷，人民出版社1991年版，第1438页。

④ 《毛泽东年谱（1893—1949）》中卷，中央文献出版社2002年版，第609～610页。

从序幕开始的，但序幕还不是高潮。中国的革命是伟大的，但革命以后的路程更长，工作更伟大，更艰苦。”这里所说的“以后的路”，实际就是指革命胜利后在全国执政的道路，而且会更长、更伟大，也更艰苦。今天，这一点已经是被验证了的历史事实。当时，正是出于对中共能否长期执政的忧患意识，毛泽东要求全党在胜利面前保持清醒头脑，在夺取全国政权后要经受住执政的考验，并提出了著名的“两个务必”：“务必使同志们继续地保持谦虚、谨慎、不骄、不躁的作风，务必使同志们继续地保持艰苦奋斗的作风。”同时，毛泽东还提出了“我们不但善于破坏一个旧世界，我们还将善于建设一个新世界”的要求。[①] 今天，我们全可以将其理解成这是在提醒全党不仅要善于革命，而且还要善于执政。这其实也是对中共执政后提高执政能力所提出的必然要求。会议的最后，根据毛泽东的建议，提出了防止资产阶级腐蚀、反对突出个人的 6 条措施：不给党的领导祝寿；不送礼；少敬酒；少拍掌；不用党的领导者的名字作地名、街名和企业的名字；不要把中国同志和马、恩、列、斯平列。[②] 3 月 23 日，从西柏坡前往北平的路上，毛泽东和周恩来谈话时再次提到：“我们决不当李自成，我们都希望考个好成绩!”毛泽东把中共进京执政称作“赶考”，而且指出决不能像李自成一样被赶走而失败，正是基于对执政后面临风险的自我警示。

这证明，在即将取得革命胜利，即将掌握全国政权、走向全面执政的重大历史转折关头，中共中央和毛泽东都深刻地认识到如何使全体党员在胜利面前保持头脑清醒，在夺取全国政权后经受住执政考验，确保中共的性质和宗旨的先进性，防止出现骄傲自满、贪图享乐、脱离群众而导致断送执政地位和人亡政息的危险，从而“及时地、郑重地向全党提出这个问题”，其目的就是要“使全党同志保持高度的警觉，做好充分的思想准备”。[③] 无疑，“两个务必”的提出，无论过去、现在、未来都对中共保持先进性和纯洁性具有重大的指导意义。这实际上是对中共在全国执政后如何做到长期执政在自身建设上提出了要求，指明了方向。

---

① 《毛泽东选集》第 4 卷，人民出版社 1991 年版，第 1438～1439 页。

② 参见姜华宣等主编：《中国共产党重要会议纪事（1921—2011）》，中央文献出版社 2011 年版，第 256 页。

③ 胡锦涛：《坚持发扬艰苦奋斗的优良作风　努力实现全面建设小康社会的宏伟目标》，《十六大以来党和国家重要文献选编》（上），人民出版社 2005 年版，第 462 页。

六、结语

上述实践说明,在中国革命即将胜利的前夜,中共坚持政治理想,从中国的特殊国情出发,不仅把建立新中国作为既定目标,而且在组织新的政权体系和执政机制上,在工作重心转移和执政方略上,在执政资源的掌握和巩固执政基础上,在党的建设和抵御执政风险上,都为全面执政作了较充分的准备,为新中国的建设事业奠定了必要的基础,从而具备了领导创建新中国后全面执政的合法性和必然性。同时,实践也充分说明,这个时候,中共实际上已经基本具备了在新中国全面执政的能力。

1949 年 6 月 30 日,为纪念中国共产党成立 28 周年,毛泽东撰写了《论人民民主专政》一文,指出:“党的二十八年是一个长时期,我们仅仅做了一件事,这就是取得了革命战争的基本胜利。”“但是我们的事情还很多,比如走路,过去的工作只不过是像万里长征走完了第一步。残余的敌人尚待我们扫灭。严重的经济建设任务摆在我们面前。我们熟习的东西有些快要闲起来了,我们不熟习的东西正在强迫我们去做。”“我们必须克服困难,我们必须学会自己不懂的东西。我们必须向一切内行的人们(不管什么人)学经济工作。拜他们做老师,恭恭敬敬地学,老老实实地学。不懂就是不懂,不要装懂。不要摆官僚架子。钻进去,几个月,一年两年,三年五年,总可以学会的。”“国际和国内的形势都对我们有利,我们完全可以依靠人民民主专政这个武器,团结全国除了反动派以外的一切人,稳步地走到目的地。”[①]这里可以清楚地看出,毛泽东把中共革命的 28 年看作了一个时期,把革命胜利后看作了另一个时期。而后面这个时期,实际上就是建立新中国后中共作为执政党即将进入的全面执政时期,这个时期要依靠的“人民民主专政这个武器”,其实就是要巩固中共在全国的执政地位。可见,1949 年 10 月 1 日新中国的建立,是中共从革命党到执政党转变的基本标志。自此,中共的历史任务开始从领导中国革命胜利,实现民族独立、人民解放转向了全面执政,为实现国家繁荣富强、人民共同富裕和民族复兴而奋斗。对此,毛泽东 1953 年在谈到过渡时期总路线的起点时也曾明确指出:“我们说标志着革命性质的转变、标志着新民主主义革命阶段的基本结束和社会主义革命阶段的开

---

① 《毛泽东选集》第 4 卷,人民出版社 1991 年版,第 1480、1481 页。

始的东西是政权的转变,是国民党反革命政权的灭亡和中华人民共和国的成立。"[①]而"中华人民共和国的成立,标志着中国共产党的地位也发生了根本性的变化,开始从领导人民为夺取全国政权而奋斗的党,变为领导人民掌握全国政权、进行社会主义革命和建设,并长期执政的党"[②]。实践还证明,中共在领导创建新中国前夜所做的一系列准备工作,实际上就是中共走向全面执政的具体准备过程,事实上也就是中共由革命党向执政党转变的历史进程。从此以后,中共开始全面执掌国家政权,在新开辟的执政道路上不断提高执政能力,努力去完成它所担负的新的历史使命。

本文原载于《中共党史研究》2013 年第 9 期,2018 年 9 月获山东省第三十二次社会科学优秀科研成果二等奖。

① 《建国以来重要文献选编》第 4 册,中央文献出版社 1993 年版,第 694 页。

② 《中国共产党历史》第 2 卷上册,中央党史出版社 2011 年版,第 17 页。

公平竞争审查视野下中国政府规制治理体系的构建

张蕴萍

一、前言

经过近40年的改革探索，中国已经确立并坚定了“要使市场在资源配置中起决定性作用和更好发挥政府作用”的社会主义市场经济的改革方向。在市场经济的制度框架中，公平竞争是维持市场秩序有效运转的基本原则。营造公平竞争市场环境的核心问题在于如何界定政府对经济社会进行干预的可行性边界，更好发挥政府作用。政府规制是政府对经济社会领域的微观管理职能，旨在为市场运行及企业发展建立规则，确保市场的有序运转，与重在保证经济稳定与增长的宏观调控政策一起构成政府干预的两种重要方式。当前，我国已经进入到全面推进供给侧结构性改革的新时期，建设经济生态新体系，寻求经济发展新动能，激发微观经济主体的创造力和创新力，塑造更具活力的供给体系，实现有质量、有效率的可持续发展，是历史赋予这一时代的鲜明特征。在新的历史起点，政府干预面临多方面的协调和适应性问题，尤其是微观层面的政府规制体系亟待寻求一条适应市场经济发展的革新之路。从约束政府机构这一规制主体的行政行为入手推进政府规制体系市场化革新，规范和限制规制者的行动范围，同时解决这些限制所带来的冲突和矛盾，是实现政府规制成功转型、建立有效的规制治理体系的关键突破口。约束政府在经济社会领域内的行政行为，重在将政府权力限制在制度边界、法律边界之内，需要从制度建设上、法律框架上进行系统性完善，将政府行为从无序引导至有序，从错位引导至到位。公平竞争审查制度的出台就是这种系统性完善举措的关键一步，旨在从制度建设的角度约束政府行为，从而确立并巩固竞争机制在市场体系中的基础性地位。

2016年7月1日正式实施的《关于在市场体系建设中建立公平竞争审查制度的意见》（以下简称《意见》）标志着我国要在全国范围内建立公平竞争审查制度。公平竞争审查作为制度转型层面上的一种创新和变革，基于是否违背市场经济秩序的原则，对行政权力产生一种制衡力量，以确保政府已经以及即将出台的各种产业政策、投融资政策等产业干预手段都要以不破坏公平竞争和有序的市场环境为大前提。将公平竞争审查嵌入到政府规制体系建设中，从基本制度安排的角度来看，无论是对规制权力的配置、规制模式以及规制工具的选取等具体操作层面的变革，还是对产业规制效率的提高，乃至对我国国家治理体系和治理能力现代化建设，都将产生里程碑式的影响。

二、政府规制作为微观干预手段广泛存在于各个国家产业政策体系之中

政府规制（government regulation）也被译为“政府管制”“政府或行政规制”，这几种表述在不同的学术文献或政策文件中经常被交替使用。规制的经典含义是指由行政机构制定并执行的直接干预市场配置机制或间接改变企业和消费者供需决策的一般规则或特殊行为。[①] 规制主体为具有规制权力的公共行政主体（独立的规制机构或者各级政府机构）。规制权力隶属于行政权力的范畴，被赋予部分立法权以及部分司法权，具有强制性、主动性、广泛性、自由裁量性等特征。规制客体一般为企业、行业等微观经济主体，具有遵从性、被动性、分散化、寻租性等特征。政府规制包括经济性规制、社会性规制、反垄断规制等三种形式，涵盖以下六种基本方式：进入规制、价格规制、产品或服务的质量规制、安全卫生规制、环境污染规制以及合约条款规制等。一般来讲，政府对经济运行体系的规制性干预可分为两种情形：一是通过奠定对个人产权、自由契约的制度层面或者法律层面的保护，以维护经济主体的竞争特性，确保市场的有效运行；二是基于对国家战略安全、自然垄断、公共产品、外部性、信息不对称等考虑，增强政府对相关产业的控

---

① 参见余晖：《受管制市场里的政企同盟》，《中国工业经济》2000年第1期。

制，以维护国家安全或者保护消费者利益。经济学鼻祖亚当·斯密(Adam Smith)曾强调经济干预的重要性，主张以政府干预方式弥补市场的缺陷。[①]美国著名经济学家斯蒂格利茨(J. E. Stiglitz)也明确表示："通过私有化和自由化把政府从经济中赶出去……代表了一种对历史的误读。"[②]在经济社会实践中，政府规制这一特殊的公共产品是一种客观的普遍存在，作为对经济的微观干预手段早已成为各种类型国家和地区的重要经济政策，即使是奉行经济自由主义的美国也不例外。不仅如此，在后金融危机时代谋求经济复苏的当下，美国政府的规制权力仍在不断增强，微观规制的范围和力度有进一步扩大的趋势。[③] 事实上，市场机制越发达的国家对高效率、高素质的政府调节的要求就越强烈。[④] 西方发达国家政府对国民经济体系尤其是对国有企业的控制、干预和影响是强有力的，根本原因在于国有资产存在于国有企业中，有充分体现国家意志的需要。[⑤] 除此之外，在OECD国家中不仅存在影响广泛的政府规制治理，而且非政府监管机构所肩负的责任也不可忽视。因此可知，作为现代市场经济体系的重要参与者，不同所有制形式的各类企业更是难以摆脱政府的宏观调控、微观规制和社会责任等。[⑥]

三、经济生态新体系呼唤着政府规制治理体系的转型

政府规制的核心要义是处理好政府与市场的作用边界，在弥补市场缺陷的政策基点上，对企业行为和市场结构进行微观干预，与此同时要注意防止政府的不当规制和过度规制，预防或减少规制同谋、规制俘虏等规制失灵现象的发生，以达到保护和促进竞争、增进社会福利的终极目的。伴随着西方发达国家的工业化发展历程，规制实践经历了"加强规制—放松规制—再规制与规制放松并存—规制复兴"的演变过程，以规制复兴为主题的全球性

---

① 参见金碚：《总需求调控与供给侧改革的理论逻辑和有效实施》，《经济管理》2016年第5期。

② [英]卡尔·波兰尼：《大转型：我们时代的政治与经济起源》，冯钢、刘阳译，浙江人民出版社2007年版，前言第7页。

③ 参见金碚：《总需求调控与供给侧改革的理论逻辑和有效实施》，《经济管理》2016年第5期。

④ 参见李文彬：《我国行政管理体制改革的理论进展与路径选择：一个综述》，《经济与管理评论》2015年第3期。

⑤ 参见夏小林：《政企关系：有分有合——从国际视角评切割政企关系的"改革"陷阱》，《管理学刊》2015年第3期。

⑥ 参见夏小林：《政企关系：有分有合——从国际视角评切割政企关系的"改革"陷阱》，《管理学刊》2015年第3期。

规制改革浪潮正在逐渐上演。作为最大的新兴工业化国家，我国的政府规制革新也一直在路上。党的十八届三中全会以来，以市场为导向的经济体制改革进入全面深化阶段，经济生态新体系已初见端倪。在今后相当长的一段时期内，如何落实供给侧结构性改革的各项举措、寻求经济发展新动能将贯穿国民经济发展的各个领域。这项战略性转型的突破口在于如何破解推动改革所面临的复杂利益掣肘局面，使市场在资源配置中起决定性作用和更好发挥政府作用。改革的重点在于厘清政府与市场的关系，这是落实供给侧结构性改革、培育壮大经济发展新动能的攻坚之举，与政府规制的核心要义恰好契合。因此可知，政府规制革新具有重要的战略性意义，新经济时代呼唤着规制治理模式的加速转型，这将是我国建设经济生态新体系的重要发力点。

（一）我国的传统政府规制体系具有强行政性、弱法治性

与国外发达市场经济国家源于对市场失灵的纠正不同，我国的政府规制体系建基于由计划经济向市场经济转轨过程中，是与社会主义初级阶段的制度禀赋以及工业化进程相匹配的，具有强行政性、弱法治性。所谓强行政性，在我国的规制实践中主要表现为以下五个方面：一是规制目的除了维护国家利益、社会利益之外，更多的是对部门或地区利益的狭隘性保护，是通过严格的科层式行政管理程序实现的；二是规制权力覆盖的产业范围广并且自由裁量权限大，不仅涉及需要政府给予适度保护性补贴的自然垄断行业，而且还人为设置了大量区域壁垒、行业壁垒，造成严重的行政垄断格局，导致了自然垄断行业的范围经济属性弱化而行政色彩深厚，地方保护主义盛行，国民经济的发展活力受到体制性抑制；三是规制手段多以补贴在位垄断国有企业、限制中小民营企业进入为主；四是规制工具多以价格规制为主，价格联盟、操纵市场定价等问题较为突出；五是规制形式主要以经济性规制为主，社会性规制、反垄断规制严重供给不足，相关规制措施形同虚设，并且执行乏力。

所谓弱法治性，在我国的规制实践中主要表现在以下四个方面：一是欠缺依法规制的现代规制理念，规制权限、规制程序与法治框架的互动与整合尚未有效实现。二是规制主体的地位尴尬，多隶属于行业主管部门，缺乏独立性以及法律授权，没有走出规制机构行政化的路径依赖。三是规制契约多以部门法规的形式出台，尽管最终也由全国人大审议通过，但是规制立法多由各专门委员会委托国务院各行业主管部门起草，而各主管部门是在不

公开的状态下进行的。[①] 规制执法更是具有较大的随意性和不透明性。规制立法以及执法的全过程容易出现黑箱操作、滥用规制权力的现象。四是《反垄断法》《反不正当竞争法》等反垄断规制的制度性抓手并未实质性发挥其遏制行政性垄断的作用。

(二)经济生态新体系呼唤政府规制治理体系的市场化、法治化转型

伴随着新一轮科技进步和产业革命,以新旧动能转换为主线的供给侧结构性改革正在深入推进。在此具有重要历史意义的改革进程中,以信息网络化、数据智能化、平台生态化发展为特征的经济生态新体系逐渐孕育成熟。经济生态新体系的重塑主要体现在以下三个方面:一是战略性新兴产业、新兴服务业、电子商务等经济新业态呈现快速发展的良好势头,对传统产业深度调整的带动作用逐渐增强;二是以云计算、物联网、大数据、智能制造等为代表的新技术加速了各产业的跨界互动,改变着传统产业领域的组织方式以及商业服务模式,出现了智慧产业与传统产业跨界融合的新趋势;三是分享经济、移动互联、移动支付等已经深层次地应用于社会经济生活各个领域,“互联网+”的经济新模式推动着传统产业结构的优化升级[②],社会财富的创造形式开始发生质的变化。

经济生态新体系的优化发展需要统一开放、公平竞争的市场秩序作基本支撑,这是一项根本性的制度基础,更是集聚发展新动能的高能催化剂。然而,在传统强行政性、弱法治性规制体系的影响下,竞争被限制、被扭曲,竞争性市场体系的建设被放缓。建设经济生态新体系、新旧发展动能加速转换的时代新要求呼唤着政府规制体系的市场化、法治化转型:一是部分不合理的规制性行业壁垒横亘于经济生态新体系培育过程中,政府与市场、垄断行业与消费者、科技进步与产业结构之间产生并累积了诸多复杂性、多样性矛盾;二是囿于复杂利益格局逐渐固化的趋势,传统政府规制体系强行政性、弱法治性特征逐渐僵化,向市场化、法治化方向转型的步履迟缓,这在一定程度上加剧了新旧动能接续转换的难度、减缓了科技创新与实体经济融合发展的速度,无形中减损了整个社会的福利总量。

经济生态新体系客观上要求市场在资源配置中居于决定性地位,关键

① 参见宋敏、杨慧:《中国规制治理的制度性缺陷及其改革模式》,《中国矿业大学学报》(社会科学版)2012年第4期。

② 参见李唐宁:《新经济正重塑经济生态系统》,《经济参考报》2016年9月26日。

在于厘清政府和市场的作用边界,在此基础上,逐渐清除妨碍生产力发展的各种规制性束缚,创建规制治理新体系,为经济结构优化升级腾挪空间;经济生态新体系更加强调约束好政府机关的各项规制权力,沿承市场化、法治化的方向进行去行政化改革,遵循公共利益最大化的基本原则寻求最佳规制合约、优化规制模式、正确选取激励性规制工具;经济生态新体系呼唤着政府对市场的微观干预职能的归位,鼓励各种所有制类型企业间的竞争与合作,引导具有范围经济、规模经济、集约经济特性的企业提高国际竞争力,取消或减少属地企业的不合理补贴;经济生态新体系将引领从方案设计、制定、落实到监督、考核等规制体系的全过程,围绕法律规范和市场规范展开,这意味着政府将要采取多种多样的方法与被规制者展开互动,以促进规制的有效性和合法性,而被规制的各种经济主体均合法、积极地参与到规制工作之中,而无须诉诸放松。① 规制者税收最大化或者社会福利最大化的规制目标,受规制企业利润最大化目标以及消费者追求消费者剩余最大化目标,均得到基本满足。

四、公平竞争审查制度的实施为政府规制治理体系的完善注入新动力

在聚焦经济生态新体系建设的当下,强调规制决策的合法性、有效性将是完善政府规制治理体系的主要方向,将更为关注规制工具的市场效率,明显有别于传统的命令控制型规制模式。决定规制范式成功转型的关键因素有以下三个方面:一是将作为规制主体的各级政府形塑成遵从市场规律、法律规范的经济主体。将以"政府本位"为核心的规制路径依赖逐渐转换成以"市场本位"为核心,着力破除地区垄断、行业垄断。二是通过对内部过程和组织动力的持续关注,全面检视规制体系的设计、变更、实施全过程。利用法律、部门法规这些有形的禁令,同时塑造规制者以及被规制者双方的行为规范,构建各级政府和各种所有制类型企业平等、共赢的契约关系。三是对规制治理体系进行非强制性再塑造。规制政策环境要具有灵活性,可以给予企业更多的创新激励和创新空间,着力创设一个被规制主体尤其是民营经济主

① 参见[美]奥利·洛贝尔:《作为规制治理的新治理》,宋华琳、徐小琪译,冯中越:《社会性规制评论》第2辑,中国财政经济出版社2014年版,第127~145页。

体主动参与和对话的市场氛围。这就要求作为规制者的政府部门及时进行适应性调整，以回应市场需求，培育更有效率的可竞争性市场，探求最有效的规制方式，容许更灵活的规制。而作为被规制者的各经济主体也需要加强反思性规制，将自我规制作为核心要素纳入现代企业制度建设体系之中。

因此，实现政府规制治理体系的成功转型，一是要充分正视我国普遍存在的损害竞争的政府干预行为。这种对竞争的限制乃至扭曲在一定程度上是因为并未从制度设计的进路来考虑微观干预对竞争性市场秩序影响的合理性。二是要客观承认规制政策制定、执行上的不完备。由于认知上的局限性，以法律契约或以行政法规形式存在的规制合约在不同程度上存在着某种不完备性，并且规制者作为有限理性个体也面临着各种决策偏差。因此，实现政府规制体系的一般均衡状态，最为紧要的是创设一个公平竞争的市场环境，而不是歧视性政策的出台。

竞争可以带来发展和效率，是市场经济的核心秩序；而公平竞争则是中国特色社会主义市场经济的内在要求。营造公平竞争的市场环境，除了在指导思想上高度重视之外，更需要具体的实施细则来作制度保障。从 2015 年 3 月开始酝酿探索实施公平竞争审查制度，到 2016 年 7 月正式实施，仅历时 16 个月的时间，彰显了我国创设公平竞争的市场环境、规范政府行为、遏制市场扭曲的决心。公平竞争审查制度是在国家层面对公平性竞争市场秩序所作的一项顶层制度设计，更是基于国家治理结构安排的制度革新。维护公平性竞争市场秩序，意味着在市场规律和政府权力之间不是零和博弈的关系，而是要让市场和政府各归其位，明确竞争政策的优先地位，重要的是避免和减少政府的不当干预，充分发挥好政府和市场的合力，实现政府和市场这“两只手”的良性互动。公平竞争审查制度的推进旨在塑造市场和企业在资源配置中的基础性地位，这一改革目标是否顺利实现，关键在于理顺政府与企业的关系，重在约束政府在市场运行机制中的行为。具体而言，《意见》针对“市场准入和退出、商品和要素自由流动、具体的生产经营成本和行为”等领域划分了 4 大类 18 个小类，对政府行为进行审查，这些审查范围全覆盖了产业规制领域。从各项政策尤其是产业规制政策的制定之前入手进行公平竞争审查，充分考虑政策的执行对市场竞争秩序是否产生不良影响，对不具有限制竞争效果的相关政策可以允许制定实施，对那些具有限制竞争效果的则不予出台或调整至符合相关要求后出台。

公平竞争审查制度从尊重市场、维护公平竞争的视角来审视存续或即将出台的产业规制政策以及产业规制行为，力求创建竞争、包容、开放的市场环境。这与我国加强政府规制有效治理，并且力求体现出保护公共利益的初衷要求恰好吻合。公平竞争审查制度的实施将从制度制定的源头消除引致规制实施不公平的诱因，为政府规制治理转型提供了制度上的准备，注入了新动力。在公平竞争审查视野下进行政府规制治理体系的创建，第一，有助于明确并坚定竞争政策和政府规制共存共融的基本原则。[①] 在塑造竞争性市场环境的前提下加强政府规制治理体系建设，尤其是要加强社会性规制、反行政垄断规制的力度。这意味着要将规制治理体系回归至提高经济效率、增加消费者剩余、增进社会福利的理性框架中来，与之相悖的规制政策、规制措施、规制模式、规制工具，需要借助公平竞争审查的制度性排查坚决予以改进、撤销或废止，并作为一项长效制度纳入经济生态新体系建设中。第二，在规制设计、实施等操作层面切实引入公平竞争审查，有助于防止规制权力的滥用。在识别、清理阻碍竞争发展的传统规制措施的同时，要以市场化、法治化为原则，以提高产业发展质量和效率为导向，以公平竞争审查全过程介入为依托，加快规制治理新体系的建设。第三，借助公平竞争审查手段有利于激励性规制工具精准并且有效地选取。精准有效的激励性规制给予被规制企业竞争压力和提高生产或经营效率的正面诱因，激励企业主动降低成本、提高内部效率，促使各种类型的企业尤其是国有垄断企业在规制合同的激励强度和超额利润之间进行权衡。通过完善产权结构的激励、企业家行为的激励、技术创新的激励来提高政府规制治理绩效，以此抑制道德风险、逆向选择等市场失灵的出现，实现激励相容约束。第四，借助公平竞争审查手段有利于破除垄断行业的X-非效率。由于缺少市场竞争的约束，自然垄断以及行政垄断行业缺少外部压力，必然会放松企业内部管理和技术创新，出现X-非效率，这种生产和管理过程中的低效率都会增加企业成本。通过可以自由进入和退出的可竞争市场的有效塑造，高企的非正常成本很可能会吸引效率更高的潜在竞争者进入市场，提供更有竞争力的产品或服务，带来经济的繁荣和发展。

① 参见肖竹：《竞争政策与政府规制：关系、协调及竞争法的制度构建》，中国法制出版社2009年版，第28～29页。

五、以公平竞争审查手段为抓手推进政府规制治理体系的完善

以公平竞争审查制度为抓手推进政府规制治理体系的完善，最为根本的是为各类企业尤其是中小型民营企业塑造自主经营、公平竞争的经济环境。2017年始，公平竞争审查制度要在国家层面全面推开，值此改革契机，政府规制治理体系改造将取得实质性进展，有助于将规制权力真正约束至法律框架之内；有助于将传统的政府主导型经济发展模式引导至市场主导型经济发展模式；有助于通过外部规制制度环境的优化，促进各种类型企业提高内部治理水平，进而增强产业的国内以及国际竞争力。[①]

一是以公平竞争审查为抓手，督促政府机关在规制政策设计、实施过程中对是否存在市场失范行为首先进行自我审查，进而考虑是否设计了最优化的激励举措。重点审查在规制准行政立法、规制行政执法和规制准行政司法行为的过程中，是否存在诸如规制不作为、规制权力滥用、规制程序瑕疵、规制行为有失公正等行政违法行为，必要时付诸司法审查，强化责任追究。公平竞争审查将从法律规范意义上促使规制设计的改进，以此勾勒出政府与被规制市场主体的行动范围均限定在市场机制之内，并且置于动态监管之中。

二是以公平竞争审查为抓手，重点审查政府规制的公平性，多阶段全过程地贯穿于规制进路的转变。传统的命令控制型规制模式是建基于政府部门拥有完备的市场知识、信息技术、专业技能假设基础上的，但是这一假设与实际运行是相悖的，由于信息不对称、市场多样性、利益格局的变化等因素，政府对市场信息的捕捉是滞后的甚至是不完全的。应对经济生态新体系的建设新要求，提升政府规制的有效性，更需要加强规制主体的自我规制，塑造规制的合法秩序，这也是对不断变化的经济社会环境加以快速、灵活回应的需要。

三是以公平竞争审查制度为抓手，建立规制权力清单制度。对产业规制政策进行公平竞争审查，避免规制政策在政策制定、政策执行过程中的随意性和任意性，“有权不得任性”，要将政府对经济的微观规制权限理性收缩

---

① 参见赵惠芳等：《政府干预对地方国有企业内部控制有效性的影响研究》，《江西财经大学学报》2015年第2期。

至市场失灵地带，规制权力回归至维护市场公平竞争秩序的本位，在法律法规的边界内更好地完成保护市场主体私人利益以及社会公共利益的政策使命。[①] 在公平竞争审查制度强力推行的政策视野下，建立规制权力清单制度，促进政府在产业干预方面依法履行其微观规制职能、消除权力设租寻租空间。[②] 通过制度层面的精心构建以及政策执行层面的全链条贯彻，各级政府机关对内要清查和梳理好各自的规制权力，对企业、对社会更要作出有效力的承诺，维护好公平竞争的市场环境。

四是第三方评估应作为政府规制治理体系构建的必选项。在规制政策的制定、实施、修订过程中，要适时引入第三方评估，借助社会组织的专业性以及自觉担当治理经济社会的责任意识，增强各行业协会、非政府组织(NGO)、社会民众等各利益相关方的参与程度，增加规制政策实施全过程的公平性和公开性。第三方评估的实质性介入产业规制行为全过程，有助于将规制主体的承载者由政府这一唯一主体逐渐演变为多元化网络结构[③]，在政府发挥主导作用的基础下，各行业协会、非政府组织、社会民众将成为重要的规制参与力量；有助于将我国由强规制范式逐渐转向规制治理格局，在“规制治理”语境下，多元主体之间既具有资源上的相互依赖性，又具有沟通交流上的网络合作性[④]；并将有助于提高规制治理的有效性、协同性和透明度，有效监督消费者的利益少受或不受侵害，将经济效率的减损降到最低程度。

本文原载于《理论学刊》2017 年第 5 期，2018 年 12 月获全国党校系统第十二届优秀科研成果二等奖。

---

① 参见张秋华：《论政府经济管理权的理性收缩——以有限政府理论为分析框架》，《东北师范大学学报》（哲学社会科学版）2015 年第 6 期。

② 参见王彦明、王业辉：《旅游业规制视域下政府权力清单制度的完善》，《江汉论坛》2016 年第 6 期。

③ 参见楚迤斐：《政府职能的进化：逻辑与历史统一的维度》，《河南师范大学学报》（哲学社会科学版）2015 年第 1 期。

④ 参见颜佳华、欧叶荣：《有效的政府治理：基于行政文化创新视角的分析》，《河南师范大学学报》（哲学社会科学版）2016 年第 3 期。

中国货币政策对城乡收入结构的非对称影响

张蕴萍　陈　言　张明明

一、引言

新中国成立后，为了优先发展重工业，中国政府施行了“以农养工”“以乡养城”的政策，以实现快速工业化，从而形成了城乡二元经济结构。改革开放以来，政府继续沿用向工业和城市倾斜的政策，大力推进工业化和城市化发展，城乡之间在产业结构、投资状况和居民消费等方面差距进一步加大。城乡发展不平衡严重制约着中国当前和未来的经济发展，对此国家高度重视，近年来一直将“三农问题”作为政府工作的重中之重。中共中央和国务院多次提及统筹城乡协调发展问题。“十二五”规划提出促进社会主义新农村建设和城镇化健康发展。“十三五”规划又进一步提出推进农业现代化和新型城镇化建设，推动城乡协调发展。党的十八大报告指出，城乡发展一体化是解决“三农”问题的根本途径，要构建新型的城乡、工农关系。在此背景下研究中国的货币政策是否会在城乡之间产生不同的影响，具有重要的现实和政策意义。

在货币政策实践中，货币当局通常在一国范围内实行统一的货币政策，关注总量调控效果，但是不同地区存在资源禀赋、技术水平和经济发展水平等的差异，这可能导致不同地区会对统一货币政策产生不同的反应，也即货币政策的结构效应。近年来，货币政策的结构效应问题得到了广泛关注，国内外学者对货币政策的产业结构效应和区域结构效应的运行机理进行了深入研究①，但鲜有文献关注货币政策效果的城乡差异问题。因此本文使用中国1990～2014年的年度数据，构建结构向量自回归模型(Structural Vector Autoregression，SVAR)，分析货币政策冲击在城乡地区不同的反应深度和反应时滞，讨论中国货币政策效果的城乡差异问题，并针对当前二元经济结构下城乡经济发展失衡的难题给出统筹城乡经济发展的建议。

二、文献综述

货币政策不仅会产生总体效应，影响总产出、物价和就业水平，也会产生经济结构效应，对不同的经济部门产生异质性的影响②，我们将其称为货币政策的经济结构效应。这方面研究是比较新兴的领域，下面简要介绍该领域的研究进展。

(一)货币政策的产业结构效应

不同行业的价格黏性和融资需求不同，因此货币政策会影响产业结构。不少研究讨论了货币政策对产业结构影响的差异性以及作用机制。Raddatz和Rigobon(2003)通过研究美国的数据发现，货币政策在不同部门间影响程度不同，高利率敏感性部门与低利率敏感性部门相比，具有更大的周期性波动。③ Georgopoulos和Hejazi(2009)通过研究利率对加拿大不同行业产出的影响发现，货币政策存在着显著的行业效应，并且这种效应是由利率渠道和信用渠道形成的。④

国内学者分析了中国货币政策对三大产业、产业内部不同行业影响的差异性，并从货币政策不同传导渠道的角度进一步探究具体作用机制。戴金平等(2008)考察了1996～2004年三大产业对利率冲击的敏感程度，发现

---

① C. Raddatz, R. Rigobon, "Monetary Policy and Sectoral Shocks: Did the Federal Reserve React Properly to the High-Tech Crisis", *Social Science Electronic Publishing* (2003); Christina D. Romer, David H. Romer, "Monetary Policy and the Well-Being of the Poor", *Econometric Reviews*, vol. 84, no. 1 (1998), pp. 21-49.

② C. Raddatz, R. Rigobon, "Monetary Policy and Sectoral Shocks: Did the Federal Reserve React Properly to the High-Tech Crisis", *Social Science Electronic Publishing* (2003).

③ C. Raddatz, R. Rigobon, "Monetary Policy and Sectoral Shocks: Did the Federal Reserve React Properly to the High-Tech Crisis", *Social Science Electronic Publishing* (2003).

④ G. Georgopoulos, W. Hejazi, "Financial Structure and the Heterogeneous Impact of Monetary Policy across Industries", *Journal of Economics & Business*, vol. 61, no. 1 (2009), pp. 1-33.

第一、二产业敏感度较高，第三产业的敏感度较低，不同产业对货币政策冲击的反应程度的差异源自产业市场结构和要素密集度的差异。[①] 徐涛(2007)通过分析36个不同行业对货币政策的反应程度，指出中国货币政策存在明显的行业效应，不同行业对货币政策冲击的不同反应是由财务状况、企业规模和行业自身特征等因素造成的。[②] 吕光明(2013)采用1999～2011年的数据建立SVAR模型实证得出，三大产业对不同货币政策传导渠道冲击作用的反应程度是有差异的：第一产业在利率传导渠道中反应程度最小，在信贷传导渠道中反应程度居中；第二产业在两个渠道中反应程度均为最大；第三产业在利率渠道中反应程度居中，在信贷渠道中反应程度最小。[③]

目前，国内外学者对于货币政策的产业结构效应研究主要按产业类别展开，或按某一产业领域内具体的行业类别进行研究。货币政策的产业结构效应是通过货币政策传导机制实现的，对于货币政策传导机制的研究多集中于利率渠道，对于货币供应量这一中介目标以及信贷渠道进行的研究相对较少。

(二)货币政策的区域结构效应

众多研究表明，货币政策的确存在区域效应。那么，统一的货币政策是如何产生区域效应的呢？其作用机制如何？关于货币政策区域效应原因的研究主要集中于从货币政策传导的角度分析区域效应的作用机制。Arnold和Vrugt(2002)发现，荷兰产生货币政策区域效应的原因在于不同地区的行业构成不同，对利率敏感程度较高的行业集中的区域更易受到货币政策的冲击。[④] Owyang和Wall(2004)考察了美国的情况，认为利率渠道和信贷渠道同时造成了货币政策的区域效应。[⑤] 另有学者认为银行规模与信贷渠道关系密切，银行的规模大小决定了其资金获取能力，当遭遇货币政策冲击时，大银行更易获取资金，因而大银行聚集的地区对货币政策冲击的敏感程度低。

国内学者虽然对货币政策的区域效应关注较晚，但也开展了大量有价

---

① 参见戴金平、金永军、刘斌：《资本监管、银行信贷与货币政策非对称效应》，《经济学》2008年第2期。

② 参见徐涛：《中国货币政策的行业效应分析》，《世界经济》2007年第2期。

③ 参见吕光明：《中国货币政策产业非均衡效应实证研究》，《统计研究》2013年第4期。

④ M. Arnold, B. Vrugt, "Regional Effects of Monetary Policy in the Netherlands", *International Journal of Business & Economics*, vol. 1, no. 2 (2002), pp. 123-134.

⑤ T. Owyang, J. Piger, and J. Wall, "Business Cycle Phases in U. S. States", *Review of Economics & Statistics*, vol. 87, no. 4 (2004), pp. 604-616.

值的研究。不同地区产业的特征因素会对利率弹性造成影响，如产业的发展阶段、技术水平、产品的市场结构、生产要素的密集程度等，因此各区域产业结构对利率的敏感性存在差异，造成货币政策的区域效应。胡振华和胡绪红(2007)发现，中国中部的六省存在货币政策的区域效应，原因在于省际资本市场的完善程度有差异，并提议建立地区性的证券交易中心，以促进中部经济协调发展。[①] 蒋益民和陈璋(2009)运用1978～2006年的数据构建SVAR模型实证得出，中国货币政策存在明显的区域效应，并指出区域金融结构和生产力水平比区域产业结构更能解释货币政策区域效应产生的原因。[②]

综合来看，国内外学者对货币政策区域效应的存在性及原因进行了研究，基本都认同货币政策具有区域效应，学者们分别从货币政策传导渠道、不同地域的产业结构、金融环境等多方面探究了区域效应的原因。由于不同学者研究的货币政策传导渠道不同以及使用的分析方法不同，得出的结论不完全一致。

（三）货币政策的城乡结构效应

国外有关货币政策的城乡结构效应研究，多集中于探讨货币政策、金融发展与收入差距的关系。相关研究认为金融发展与收入差距呈“倒U”关系。经济发展初期由于财富门槛的存在，穷人无法跨越财富门槛享受金融服务，穷人与富人收入差距较大；而当经济发展到金融中介比较健全的阶段，穷人的财富积累能够跨越门槛享受金融服务，收入差距缩小。Wei和Wang(1997)发现，中国的国有银行存在信贷歧视，更倾向于向国有企业贷款，国有企业大多分布在城市，中国的金融资源配置具有明显的城市化倾向，导致城乡经济发展和城乡居民收入的差距。[③] Romeretal(1998)认为，货币政策在长期通过控制通胀水平和总需求的波动可以改善收入分配，永久性增加穷人的福利。

近期国内学者也对货币政策的城乡结构效应做了相关研究。李善燊和

---

① 参见胡振华、胡绪红：《金融结构差异与货币政策的区域效应——以中部六省为例》，《统计与决策》2007年第23期。

② 参见蒋益民、陈璋：《SVAR模型框架下货币政策区域效应的实证研究：1978—2006》，《金融研究》2009年第4期。

③ S. WEI, T. WANG, "The Siamese Twins: Do State-owned Banks Favor State-owned Enterprises in China?", *China Economic Review*, vol.8, no. 1 (1997), pp.19-29.

何炼成(2008)采用狭义货币供应量M1和城乡人均收入指标建立VAR模型,发现货币政策对城乡经济的影响方向大致一样,但对农村经济的影响程度较轻且具有明显的时滞性。[①] 姚德权和黄学军(2011)通过SVAR模型实证研究发现,货币供应量和银行信贷与城乡收入具有稳定关系,城镇收入比农村收入对货币政策的敏感程度更高,货币供应量对城镇收入的影响程度更大,而信贷规模对农村收入的影响程度更大。[②] 丁攀和李素芳(2011)对2001~2012年间131个变量构建FAVAR模型,发现价格型的货币政策对城乡居民收入没有显著影响,而数量型的货币政策有显著影响。[③]

国内外学者对于城乡问题的研究,落脚点多在收入差距上。尽管不同学者对于收入差距的研究方法不同,但一致认为金融发展和货币政策在长期都可以降低贫困比例,减少收入差距。

三、实证研究

(一)模型与数据

传统宏观计量经济学通过构建联立方程组等方法来研究宏观变量的动态关系,但该分析方法无法对变量间的动态关系提供严谨的说明,变量间的内生性问题使得方程的估计和推断变得困难。VAR模型则把整个系统中每个内生变量作为所有内生变量的滞后值的函数,常用来分析随机扰动对变量的动态冲击。但是VAR模型通常与宏观经济理论的联系比较松散,为了克服该问题,学者们提出了结构向量自回归模型(SVAR),该类模型在有关货币政策的研究文献中受到广泛应用。我们使用含有4个变量的p阶SVAR模型:

$$C_0 y_t = \Gamma_1 y_{t-1} + \Gamma_2 y_{t-2} + \cdots + \Gamma_p y_{t-p} + \mu_t, t=1,2\cdots T$$

C_0是主对角元素为1的矩阵,且$C_0 \neq I_K$。当C_0是一个下三角矩阵时,称SVAR模型为递归的SVAR模型,且当C_0是主对角元素为1的下三角矩阵

① 参见李善燊、何炼成:《我国货币政策效果的城乡差异——基于VAR模型分析》,《当代经济科学》2008年第6期。

② 参见姚德权、黄学军:《中国货币政策效果城乡差异性研究——基于SVAR计量模型分析》,《财经理论与实践》2011年第6期。

③ 参见丁攀、李素芳:《中国货币政策对城乡居民收入的有效性研究——FAVAR模型的全视角分析》,《经济科学》2014年第4期。

时，SVAR 模型恰好识别。

对于货币政策中介目标的选择与设定，一国会根据自身的经济运行状况来决定。在货币政策实践中，货币供应量、信贷规模、利率、汇率以及通货膨胀率等常被用来作为货币政策中介目标。中国长期以来实行利率管制，利率市场化改革进程缓慢，以利率作为中介目标存在缺陷。有学者证实了同业拆借利率、国债回购利率、储蓄存款利率等利率指标对经济缺乏解释能力，中国货币政策的中介目标实际上是信贷规模和货币供应量 M2。[①] 基于此，本文的货币政策变量选取实际广义货币供应量（记为 M2）和信贷规模（记为 l）两个指标。考虑到城乡人均 GDP 存在数据缺失以及城乡人口差异较大的现状，本文采用城镇居民人均可支配收入（记为 ui）和农村居民人均纯收入（记为 ri）分别度量城市与农村经济产出。根据数据可得性，本文选择 1990～2014 年的数据。信贷、货币供应量数据来自国家统计局，城镇居民人均可支配收入和农村居民家庭人均现金收入数据来自国泰安数据库。参考已有研究，对数据进行对数处理，处理后变量分别记为 ll、lm、lui、lri。

图 1 显示了货币政策的变动（以货币供给和信贷的增长率表示）和城乡人均收入之比。可以发现，面临紧缩的货币政策（货币供给和信贷增长率下降）时，城乡居民收入的比例会下降，而面临扩张的货币政策（货币供给和信贷增长率高于均值）时，城乡收入比例上升。

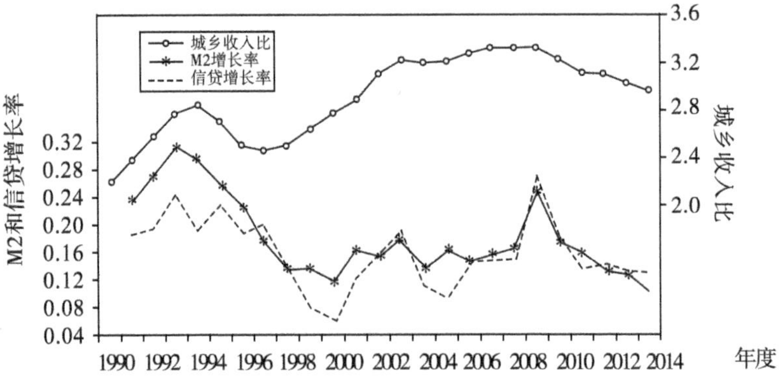

图 1　货币政策的变动与城乡收入的比例

① 参见蒋瑛琨、刘艳武、赵振全：《货币渠道与信贷渠道传导机制有效性的实证分析——兼论货币政策中介目标的选择》，《金融研究》2005 年第 5 期。

(二)平稳性与协整检验

VAR模型要求各变量序列必须是平稳序列,所以在建模前应对各对数序列进行平稳性检验。对各变量及一阶差分分别采用ADF检验法进行单位根检验,检验结果显示:变量lm、lc、lri和lui的ADF值并非全部大于临界值,lm和lri是非平稳序列;经一阶差分后,各变量的ADF值均小于10%统计显著性水平的临界值,各变量序列是平稳的,故原序列为I(1)序列。

为了考察货币变量(lm,ll)和经济变量(lui,lri)之间是否具有长期稳定的关系,需对其进行协整检验。实证结果显示,单个货币变量lm、lc分别和lri、lui在5%的显著性水平下存在2个协整方程,货币变量组合也和经济变量组合之间在5%的显著性水平下存在2个协整关系,故说明货币供应量、信贷和城乡人均收入之间存在长期稳定的均衡关系。

(三)格兰杰因果检验

在经济变量中一些变量显著相关,但未必都有经济学意义。判断一个变量的变化是否是另一个变量变化的原因,是经济计量学中的常见问题。检测经济变量之间动态影响关系的常用方法是格兰杰因果检验。

格兰杰因果检验结果表明:一是货币因素对城乡人均收入均构成很强的格兰杰因果关系。对于农村人均收入,货币供应量的解释力最强,信贷指标次之;对于城镇人均收入,信贷指标的解释力最强,货币供应量次之。二是城镇人均收入对农村人均收入构成较强的格兰杰因果关系,对应P值为0.07;反之不成立,P值为0.32。三是信贷对货币供应量构成较强的格兰杰因果关系,对应P值为0.08;反之不成立,P值为0.25。这些结果同姚德权和黄学军(2011)的分析相一致,即现阶段信贷规模仍然是中国实际上的货币政策中介目标,信贷规模独立于货币供应量,并引导货币供应量发挥对经济的调控作用。另外,城镇收入是农村收入变动的格兰杰原因,这与中国优先促进城市发展,城镇经济带动农村经济的非均衡发展道路是相吻合的。

(四)结构向量自回归的实证分析

协整检验分析表明,货币供应量、信贷和城乡人均收入之间存在长期稳定的均衡关系,且各变量的一阶差分序列均通过了稳定性检验,因此可以选择dlm、dll、dlui、dlri建立SVAR模型。SVAR模型的准确建立与滞后阶数的确定有密切关系。根据AIC和SIC最小的原则,模型的滞后期为2。

SVAR模型中矩阵C_0的设定关系到变量的顺序安排和模型的有效识别,根据前面格兰杰因果检验结果,对模型施加如下经济约束:当期货币供应量、城镇人均收入状况以及农村人均收入状况对当期的信贷规模没有影响；货币供应量只受信贷的影响，而不受城镇人均收入和农村人均收入的影响；同时，城镇人均收入不受农村人均收入的影响，农村人均收入受信贷、货币供应量和城镇收入三个因素的影响。

该模型中变量进入的顺序是信贷、货币供应量、城镇人均收入和农村人均收入，即当年的信贷规模会影响当年的货币供应量，而货币供应量又会直接影响城乡人均收入。此外，在当前中国二元经济结构下，城镇居民人均收入也会对农村居民人均收入造成一定影响。对 SVAR 模型进行估计，结果显示：信贷指标对货币供应量、城镇人均收入和农村人均收入的影响效果均具有统计显著性，货币供应量对城镇人均收入的影响效果具有统计显著性，但对农村人均收入的效果无统计显著性。城镇人均收入对农村人均收入的影响效果也具有统计显著性。总体上看，当期货币政策对城镇人均收入的影响比对农村更为有效，货币政策的城乡非对称效果具有统计显著性。

脉冲响应函数分析当模型受到某类结构冲击时，经济系统的动态变化。本文利用脉冲响应函数来考察在 10 个时间刻度的模拟下，给定某一货币政策变量一个标准差冲击，计算城镇人均收入与农村人均收入的不同反应深度和时滞，以及货币变量和城乡人均收入内部之间的脉冲响应变化情况(见图 2 和图 3)。我们可以得到如下结论：

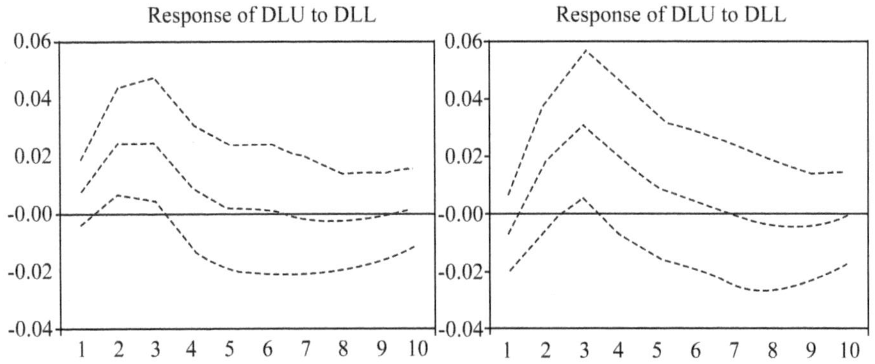

图 2　城乡人均收入对信贷规模的脉冲响应

图 2 城乡人均收入对信贷规模的脉冲响应显示，城镇人均收入对信贷规模一个标准差正向冲击的初期响应为 0.007，在第二期达到 0.025，在第三期达到最大值 0.026，随后响应逐渐减小并收敛于零值。农村人均收入对信贷规模一个标准差正向冲击的初始值为－0.007，随后响应不断增大，在第三

期达到峰值 0.031，随后响应不断下降并趋于零值。这表明，信贷政策的放松导致资金从农村流入城市，从而造成在第一期信贷冲击对城市经济产生正效应，而对农村经济产生负影响。另外，城镇人均收入对信贷冲击的响应更为平滑，恢复到稳态的速度更快。

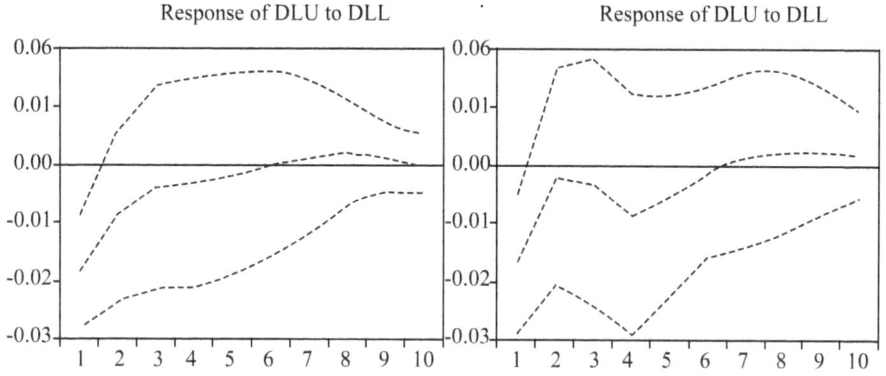

图 3　城乡人均收入对货币供应量的脉冲响应

图 3 表明，在前六期城乡人均收入对货币供应量单位正向冲击的响应均为负，随后出现正值并最终收敛于零，而农村由负变正的时间点略滞后于城市。总体来看，在前六期城乡人均收入对于货币供应量具有负响应，但城镇人均收入的响应是不断增加的，而农村人均收入的响应经历了先增加后减小随后又不断增加的过程。在第六期以后城镇与农村人均收入均经历了先增加后减少的过程。

城市和农村收入对两个货币政策工具的响应表明，货币政策对城镇和农村的收入结构具有显著的非对称影响：响应程度和响应时滞存在差别。信贷冲击对城市地区人均收入的正向作用时间要比农村地区长；对农村人均收入的影响存在时滞，初期是负作用，随后才具有正向作用。这可能与农村信贷市场不够完善，信贷传导机制与城市地区相比不够畅通有关。从城市与农村人均收入对货币供应量冲击的脉冲响应曲线可以看出，农村的脉冲响应曲线更加曲折，城市的脉冲响应曲线比较平滑。尽管城市与农村地区人均收入对于货币供应量的冲击反应均是由负变正，但农村人均收入变动由负变正的时间点略滞后于城市，说明货币供应量对于农村的影响具有滞后性，但影响程度更深。

SVAR 的方差分解可以衡量每一个结构冲击对内生变量的贡献度。对城镇收入指标的方差分解结果[①]显示：在第一期，城镇收入的变动主要来自自身的收入冲击和货币供应冲击，而信贷冲击对城镇收入的变动没有影响。从第二期开始，信贷冲击对城镇收入波动的贡献率逐渐增加，并在第四期达到最大值42.1%，随后一直是信贷冲击的贡献率最大；而从第二期开始，货币供应量的贡献率逐渐降低，最终趋于7.6%。对农村收入指标的方差分解结果显示：对于农村收入指标，在前两期是城市收入指标的贡献度最大，第3期至第6期后信贷指标的贡献率最大，随后一直是城市收入指标和信贷指标的贡献比较大，分别维持在30%以上。货币供应量指标的贡献率比较小，从第3期往后一直维持最低水平。

从货币政策效果来看，初期货币供应量对于城镇人均收入的影响效果较强，信贷规模对于农村人均收入的影响效果较强。后期信贷对于城乡人均收入的影响效果都比较大，这与前面理论分析相吻合，即信贷规模在中国货币政策传导过程中依然扮演重要角色。从城乡人均收入的关系来看，城镇人均收入对农村人均收入的作用较强，而农村人均收入对城镇人均收入的作用很小。

通过构建SVAR模型，建立脉冲响应函数以及进行方差分解，本文发现货币政策效果对于城市与农村的影响程度和影响时滞具有差异。总体来看，农村对于货币政策的反应程度具有滞后性，城市的反应程度较为灵敏。同时实证研究还表明城市经济发展的内生作用要强于农村地区，这也从另一个侧面反映了中国城乡二元经济结构体制下，产业、资本、技术、人才等生产要素向城市集聚，促进了城市经济的内生性增长。

四、总结与政策建议

货币政策产生城乡结构效应，主要是由于城乡二元经济结构下，中国金融资源城乡配置不均衡，尤其是城乡间信贷资源供求严重失衡。一方面，城市地区经济发展水平和金融市场环境均比较完善，融资来源和融资渠道多样；另一方面，农村地区经济和金融发展水平比较落后，金融结构不健全，融资方式单一。为了减少货币政策城乡结构效应带来的负面影响，提高货币政策传导和调控的有效性，统筹城乡协调发展，提出以下政策建议。

首先，要破除城乡二元结构，促进城乡一体化发展。货币政策城乡结构

① 由于篇幅所限，方差分解表略去，感兴趣的读者可向作者索取。

效应的根源在于城乡二元结构，城乡经济社会发展不均衡。因此，应努力破除城乡二元结构，改变城市化倾向的制度设计，促进户籍制度、教育制度、医疗和社会保障制度等方面的改革，积极推进城镇化进程，以促进生产要素在城乡间的合理自由流动，实现城乡均衡发展。

其次，提高货币政策调控方式的灵活性，实行城乡差别化的金融政策。中国人民银行在科学监控货币供给和信贷规模的同时，应该灵活运用差别化货币政策工具来缩小城乡经济发展差距，避免统一货币政策在城乡经济发展水平不同步的情况下进一步强化城乡二元经济结构。此外，央行还应加大再贷款、再贴现等工具对农村地区的倾斜力度，强化信贷对农业的扶持力度，提高农业生产效益，增加农民收入，促进城乡协调发展。

最后，要完善农村金融体系，提高农村金融发展水平。农村地区经济发展水平落后，信用制度不健全，金融机构单一，农村信用社是农村金融机构的核心。兼具商业性和政策性的农村信用社，由于自身在农村地区的垄断优势，面对贷款的高风险，只能提高放贷利率，从而加重了农民负担，抑制了农民的资金需求，不利于农村个体经济和农业生产的发展。因此，要搞活农村经济，提高农村金融发展水平。

本文原载于《学习与探索》2017 年第 10 期，2019 年 7 月获山东省第三十三次社会科学优秀科研成果二等奖。

“三大里程碑”重要论述的历史启示
——学习习近平总书记在庆祝改革开放40周年大会上的重要讲话精神

申富强　李良明

习近平总书记在庆祝改革开放40周年大会上的重要讲话中，用“十个始终坚持”高度概括了改革开放取得的伟大成就，以“九个必须坚持”对改革开放积累的宝贵经验进行了深入总结，明确提出了在新时代继续把改革开放推向前进的目标要求。习近平总书记指出：“建立中国共产党、成立中华人民共和国、推进改革开放和中国特色社会主义事业，是五四运动以来我国发生的三大历史性事件，是近代以来实现中华民族伟大复兴的三大里程碑。”“三大里程碑”的重要论述深刻总结了中国共产党成立以来团结带领全国各族人民进行革命、建设和改革的光辉历程及其伟大历史意义，从近代以来历史发展的视角雄辩地证明，改革开放是党和人民大踏步赶上时代的重要法宝，是坚持和发展中国特色社会主义的必由之路，是决定当代中国命运的关键一招，也是决定实现“两个一百年”奋斗目标、实现中华民族伟大复兴的关键一招。“三大里程碑”重要论述具有丰富的理论意涵和历史启示，能够为我们更好地从党的历史中吸取经验、推进新时代改革开放坚定信心，指明方向。

一

“三大里程碑”的重要论述，充分展现了中国共产党自成立以来始终为中国人民谋幸福、为中华民族谋复兴的初心与使命，我们党领导的革命、建设、改革伟大实践，是一个接续奋斗的历史过程，是一项救国、兴国、强国，进而实现中华民族伟大复兴的完整事业。鸦片战争以后，中国逐步沦为半殖民地半封建社会，国家积贫积弱，社会战乱不已，百姓生灵涂炭。中国人民面临着争取民族独立、人民解放和实现国家富强、人民幸福的两大历史任务。无数仁人志士奋起寻求救亡图存、振兴中华的道路，但都壮志未酬。谁能够带领人民完成前一个历史任务并不断实现后一个历史任务，谁就能够成为决定中国社会发展方向的领导力量。1917 年，在俄共(布)的领导下，十月革命取得了胜利，建立了世界上第一个社会主义国家。“十月革命一声炮响，给我们送来了马克思列宁主义。”在马列主义同中国工人运动相结合的进程中，中国共产党应运而生。1921 年 7 月，党的第一次全国代表大会召开，党的一大通过的纲领向世界宣布，“革命军队必须与无产阶级一起推翻资本家阶级的政权”，“消灭资本家私有制”，“没收机器、土地、厂房和半成品等生产资料，归社会公有”。这就是要在中国消灭阶级，消灭剥削，实现社会主义，使全体人民过上没有剥削、没有压迫的幸福生活，同时我们党还提出要反对帝国主义的侵略，实现国家独立和民族复兴的历史使命。自从有了中国共产党，中国革命就有了正确的前进方向，中国的面貌就焕然一新。

中国共产党团结带领全国人民进行 28 年浴血奋战，打败日本帝国主义，推翻国民党反动统治，完成新民主主义革命，建立了中华人民共和国，彻底结束了旧中国半殖民地半封建社会的历史，实现了中国从几千年封建专制政治向人民民主的伟大飞跃。新中国成立以后，我们党又紧紧依靠人民，完成了社会主义革命，建立了社会主义制度，开启了大规模社会主义建设，实行了改革开放，开辟了中国特色社会主义道路，从根本上改变了中国人民和中华民族的前途命运。社会主义建设和改革开放新的伟大革命，极大地激发了广大人民群众的创造性，极大地解放和发展了社会生产力，极大地增强了社会发展活力，人民生活显著改善，综合国力显著增强，国际地位显著提高。正如习近平总书记在党的十九大报告中指出的：“中国共产党人的初心和使命，就是为中国人民谋幸福，为中华民族谋复兴。”从成立以来，党的发展历史就是领导全国各族人民为争取民族独立、人民解放和实现国家富强、人民幸福不懈奋斗的历史；就是坚持把马克思主义基本原理同中国具体实际相结合、不断探索适合中国国情的革命和建设道路，推进改革开放和社会主义现代化建设的历史；就是加强和改进自身建设、保持和发展其先进性纯洁性，不断经受住各种风险和挑战考验的历史。在近百年的革命、建设与改革征程中，中国共产党人不畏艰险，勇于担负民族复兴重任，以生命与热血铸就了国家富强、民族振兴、人民幸福之路，带领人民迎来了从“站起来”

"富起来"到"强起来"的伟大飞跃，迎来了实现中华民族伟大复兴的光明前景。

二

"三大里程碑"的重要论述，深刻论证了在推进改革开放和中国特色社会主义事业、实现中华民族伟大复兴中国梦的进程中，必须始终坚持中国共产党的领导。历史反复告诉我们，没有先进理论的指导，没有用先进理论武装起来的先进政党的领导，没有先进政党顺应历史潮流、勇担历史重任、敢于作出巨大牺牲，中国人民就无法打败压在自己头上的各种反动派，中华民族就无法改变被压迫、被奴役的命运，我们的国家就无法团结统一、在社会主义道路上走向繁荣富强。新民主主义革命时期，毛泽东同志曾经指出："在中国，事情非常明白，谁能领导人民推翻帝国主义和封建势力，谁就能取得人民的信仰。"我们党以实事求是的科学态度，把马克思主义普遍真理同中国革命实践相结合，开创了中国特色的革命道路，把全国各族人民团结凝聚成万众一心的伟大力量，建立了中华人民共和国，并进行社会主义建设，为当代中国一切发展进步奠定了根本政治前提和制度基础，准备了物质条件。党的十一届三中全会开启了改革开放的伟大历史进程，我们党深刻总结我国社会主义建设正反两方面经验，借鉴世界社会主义历史经验，作出把党和国家工作中心转移到经济建设上来、实行改革开放的历史性决策，深刻揭示社会主义本质，确立社会主义初级阶段基本路线，明确提出走自己的路、建设中国特色社会主义。改革开放的过程，就是中国特色社会主义的成功探索和伟大实践的过程，就是党不断加强自身建设的过程。正是由于我们党毫不动摇地坚持党的基本路线，在推进中国特色社会主义伟大事业中实现"一个中心、两个基本点"的辩证统一和有机结合，才能有效地经受住国际国内各种风险和挑战考验，为中国特色社会主义事业注入勃勃生机。

党的十八大以来，以习近平同志为核心的党中央团结带领全党全国各族人民，全面审视国际国内新形势，将马克思主义与新时代中国特色社会主义实践相结合，形成了习近平新时代中国特色社会主义思想，使党和国家事业发生历史性变革，取得了历史性成就，中国特色社会主义进入新时代。习近平总书记指出："办好中国的事情，关键在党。"中国特色社会主义最本质的特征是中国共产党领导，中国特色社会主义制度的最大优势是中国共产党领导。坚持和完善党的领导，是党和国家的根本所在、命脉所在，是全国各族人民的利益所在、幸福所在。人民总是从历史活动的实践和比较中，不断寻找、选择和培育指导自己前进的力量。近代以来中国社会的历史发展表明，哪种政治力量能够承担起带领人民实现民族独立、人民解放、国家富强、人民幸福的历史性任务，它就能够成为引领中国发展进步的领导力量。中国共产党就是历史和人民的正确选择。历史和现实已经充分证明，没有共产党，就没有新中国；没有共产党，就没有中国特色社会主义和当代中国一切发展进步。当前，我们党要团结带领全国各族人民抓住和用好我国发展重要战略机遇期，坚持和发展中国特色社会主义，实现“两个一百年”奋斗目标、实现中华民族伟大复兴的中国梦，就要始终坚持党的领导，全面加强党的建设，保持党的先进性和纯洁性，着力提高执政能力和领导水平，着力增强抵御风险和拒腐防变能力，不断把党的建设新的伟大工程推向前进，确保党始终成为中国特色社会主义事业的坚强领导核心。

三

“三大里程碑”的重要论述，清晰地指明了实现中华民族伟大复兴是一场接力跑，要一棒接着一棒地跑下去，我们要立足当下，改革开放再出发。“一个国家、一个民族要振兴，就必须在历史前进的逻辑中前进、在时代发展的潮流中发展。”建立中国共产党、成立中华人民共和国、推进改革开放和中国特色社会主义事业是前后相继的奋斗历程。无论是在民族危亡之际举起救亡图存的大旗，还是在两个前途的命运抉择中引领广大人民寻求光明的前途，抑或作出把党和国家工作中心转移到经济建设上来、实行改革开放的历史性决策，都是为了实现中华民族伟大复兴，为了人民的幸福生活。为了这个伟大目标，一代代中国共产党人和英雄儿女顺应历史潮流、勇担历史重任、敢于作出巨大牺牲，战胜了一个个难以想象的困难和挑战，取得了一个个永载史册的胜利和成就，也铸就了我们党和中华民族与时俱进、不断改革创新的伟大精神。不论是人类的进步史，还是中国的发展历程，都一再证明只有变革创新才是推进社会发展进步的原动力。我们今天所取得的令世界瞩目的辉煌成就，都来自改革开放。改革开放作为我们党的一次伟大觉醒，孕育了我们党从理论到实践的伟大创造。改革开放是中国人民和中华民族发展史上一次伟大革命，推动了中国特色社会主义事业的伟大飞跃。改革开放是党和人民大踏步赶上时代的重要法宝，是坚持和发展中国特色社会主义的必由之路，是决定当代中国命运的关键一招，也是决定实现"两个一百年"奋斗目标、实现中华民族伟大复兴的关键一招。改革开放以来，中国共产党人团结带领全国各族人民，坚持"以人民为中心"，根据当代中国发展环境和发展条件变化，大胆地试，勇敢地改，干出了一片新天地，绘就了一幅波澜壮阔、气势恢宏的历史画卷，谱写了一曲感天动地、气壮山河的奋斗赞歌。改革开放极大地改变了中国的面貌、中华民族的面貌、中国人民的面貌、中国共产党的面貌。

实践告诉我们，只有顺应历史潮流，积极应变，主动求变，才能与时代同行。正如习近平总书记指出的："我们现在所处的，是一个船到中流浪更急、人到半山路更陡的时候，是一个愈进愈难、愈进愈险而又不进则退、非进不可的时候。"改革开放已走过千山万水，但仍需跋山涉水，摆在全党全国各族人民面前的使命更光荣、任务更艰巨、挑战更严峻、工作更伟大。今天，各种思想观念相互激荡，各种矛盾问题相互交织，各种利益诉求相互碰撞，前进道路上还有不少急流险滩。"在这个千帆竞发、百舸争流的时代，我们绝不能有半点骄傲自满、故步自封，也绝不能有丝毫犹豫不决、徘徊彷徨，必须统揽伟大斗争、伟大工程、伟大事业、伟大梦想，勇立潮头、奋勇搏击。"在前进道路上，我们要坚定不移地推进党的伟大自我革命，使党不断自我净化、自我完善、自我革新、自我提高，不断增强党的政治领导力、思想引领力、群众组织力、社会号召力。我们要坚定理想信念，增强"四个意识"，坚定"四个自信"，坚决维护习近平总书记党中央的核心、全党的核心地位，坚决维护党中央权威和集中统一领导。我们要深刻总结、大力弘扬改革开放铸就的伟大改革开放精神，让它在新时代熠熠生辉，为推进新时代中国特色社会主义伟大事业提供强大精神动力。我们要高举中国特色社会主义伟大旗帜，不忘初心，牢记使命，将改革开放进行到底。

本文原载于《光明日报》2019 年 4 月 9 日，2021 年 1 月获全国党校（行政学院）系统第十三届优秀科研成果二等奖。

新中国70年马克思主义话语体系建设的基本经验

吴荣生

新中国成立70年来，马克思主义话语体系在实践中发展，在发展中完善，历经“社会主义改造”为主旋律的探索话语体系、“和平发展”“改革开放”为主题的建设话语体系、“三个代表”为核心的价值话语体系、“科学发展”“和谐社会”为主线的发展话语体系和习近平新时代中国特色社会思想开启的新时代话语体系。在这一伟大历史进程中，中国共产党人深刻把握马克思主义话语体系建设的实践要求、理论逻辑和基本规律，按照“为谁说话，说什么样的话，怎么说话”的基本范式，逐步形成了一整套带有科学性、实践性、人民性、时代性的马克思主义话语体系。今天，总结马克思主义话语体系建设的若干基本经验，对新时代继续深化发展马克思主义话语体系，具有启迪意义。

一、为马克思主义代言：承载理论创新

为马克思主义代言是马克思主义话语体系的“天经地义”，马克思主义理论创新每推进一步，马克思主义话语体系建设就要跟进一步。在马克思主义理论创新的过程中加强马克思主义话语体系建设，既可以通过对马克思主义理论创新成果的直接承载得以实现，也可以通过马克思主义理论创新将既往的话语予以改造和转化，这都会推动马克思主义话语体系的创新与发展。

马克思主义具有与时俱进的理论品格，不断进行理论创新是马克思主义永葆生机和活力的根本原因。自马克思主义传入中国后，理论创新始终

伴随马克思主义中国化全部过程。为了满足理论创新的承载需要，马克思主义话语体系的建设往往呈现出多种情况，可谓是层出不穷。马克思、恩格斯等马克思主义经典作家只是基于对资本主义社会的分析和批判，描述了未来理想社会的基本特征，对共产主义社会的第一阶段即社会主义社会并未作出系统分析，也不可能有详细具体的话语表达，更不可能预见到中国这样由半殖民地半封建社会进入到社会主义社会的实践案例。因此，将传统意义上共产主义社会的具体特征直接等同于社会主义社会的具体特征并不科学，这就要求在马克思主义中国化理论创新的同时，呼唤与之相匹配的创新性马克思主义话语体系。而邓小平基于对中国国情和世界发展趋向的深刻把握，指明了社会主义的本质，使用了“社会主义初级阶段”“社会主义市场经济”等新话语，既是对马克思主义的理论创新，也有力地推动了马克思主义话语体系建设。

马克思主义话语体系建设与理论创新的良性互动关系，还体现在对既有话语体系的继承和发展，对不同话语体系之中话语内容、话语结构、话语逻辑的再组合，既实现了话语体系的创新，又是对既有理论体系的渐进性完善。这首先体现在马克思主义对于三大理论渊源——德国古典哲学、英国古典政治经济学、法国空想社会主义——的批判性继承与创新性发展上，又体现在十月革命道路对马克思主义经典作家共产主义理论的发展、新民主主义革命道路对于十月革命道路的超越上。从中不难看出，马克思主义话语体系建设与马克思主义理论创新有时是对不同话语体系、不同理论资源的重组再创造，符合马克思主义否定之否定的基本定律。邓小平理论的形成，就是基于对教条式的马克思主义——“本本主义”话语体系所竭力批判的资本主义因素的辩证认识和扬弃创新之上，如对“市场经济”“追求效率”“公平法治”等话语内容在一定层面的肯定，由此转化性建构出“社会主义市场经济”“经济社会又好又快发展”“社会主义法治”等话语。当然，话语及其体系建构更多地体现在对于已有科学马克思主义理论及其话语体系的坚持和发展方面，这也符合马克思主义话语体系建设的一般性规律，比较有代表性的话语有“坚持党的领导”“追求公平正义”“群众史观和群众路线”等。以“追求公平正义”的理论创新和话语体系建设为例，中国共产党人革命早期探索开展的农村“土地革命”，追求实现的是不同阶级在土地及其剩余产品分配方面的公平公正，到社会主义初级阶段坚持“按劳分配”原则、完善“按要素分配”，再到新时代中国特色社会主义的“精准扶贫”“全面建成小康社会”，尽管每一阶段的具体理论内容和话语承载形式发生了变化，但贯穿其中的马克思主义价值追求并未有根本性变化，从而保证了马克思主义理论创新与话语体系建设在深层次价值逻辑上的一致性。再以“三个代表”重要思想为例，“先进生产力”“先进文化”“人民群众利益”三个方面均是中国共产党自创建以来一再强调的高频话语，“三个代表”重要思想的提出既是对马克思主义理论认识的深化，又是对以往不同话语体系之中话语的再组合，由于契合了解决新世纪党的执政面临的考验，在实践中以马克思主义话语体系的表达，展现出马克思主义理论创新的磅礴伟力和马克思主义话语体系的感召力。

二、为党代言：宣示领导地位

中国共产党是以马克思主义为指导思想的无产阶级政党，马克思主义话语体系的不断更新发展是其赢得革命、巩固政权、宣示领导地位的重要手段。为党“代言”意味着马克思主义话语体系能够不断满足党夺取国家领导权、巩固党的全面领导的中心工作需要。

中国共产党建构起来的新民主主义革命话语体系，终极目标是夺取政权、建立新民主主义共和国。它是马克思主义话语体系的重要组成部分，是新中国成立70年来马克思主义话语体系建设的话语基础和逻辑起点。新中国成立前夕，毛泽东告诫全党：“巩固这个胜利，则是需要很久的时间和要花费很大的气力的事情”，全党要警惕“在糖弹面前要打败仗”。[①] 通过这些形象化的类比话语，体现的是拒腐防变的意识，目的是巩固党来之不易的执政地位。1957年，毛泽东在探讨“百花齐放、百家争鸣”及其政治主张时提出六条标准，并特别强调“最重要的是社会主义道路和党的领导两条”，而民主党派及人民群众对于中国共产党的监督有益于“长期共存”，“主要监督共产党的是劳动人民和党员群众。但是有了民主党派，对我们更为有益”。[②] 这一时期，诸如“糖衣炮弹”“百花齐放、百家争鸣”“长期共存”等在今天看来已是脍炙人口的话语表达，反映出新中国成立初期巩固政权的紧迫性和必要性，凸显了马克思主义话语体系建设紧跟党的中心工作，时刻为党“鼓”与

① 《毛泽东选集》第4卷，人民出版社1991年版，第1438页。

② 《毛泽东文集》第7卷，人民出版社1999年版，第234～235页。

“呼”的话语担当。

如果说新中国成立初期，关于“巩固党的执政地位”的马克思主义话语体系的建设还处于满足客观形势发展基本需要的初级阶段。那么，改革开放之后“巩固党的执政地位”的马克思主义话语体系建设更大程度上是一种未雨绸缪的自觉行为。邓小平指出：像中国这样的一个大国，各方面都要靠党的领导，“离开了中国共产党的领导，谁来组织社会主义的经济、政治、军事和文化？谁来组织中国的四个现代化？”至于削弱甚至取消党的领导的倾向，“这事实上只能导致无政府主义，导致社会主义事业的瓦解和覆灭”[①]。这些马克思主义话语对于加强党的领导的强调不可谓不坚决、不可谓不旗帜鲜明，集中体现在坚持改革开放的同时必须坚持四项基本原则。“三个代表”重要思想更是将马克思主义话语体系的中心议题聚焦于“建设什么样的党、怎样建设党”，提出“推进党的建设新的伟大工程”的重要战略，将加强党的执政能力建设作为重点，特别是提高“五项能力”。显而易见，“三个代表”重要思想这一简洁有力的马克思主义话语体系的提出就是直接对准“巩固党的执政地位”的目标要求，“为党代言”的话语价值取向不可谓不明显。党的十六大之后提出的“全面提高党的建设科学化水平”，同样具有深刻的问题意识，力图解决“党面临的执政考验、改革开放考验、市场经济考验、外部环境考验”，“精神懈怠危险、能力不足危险、脱离群众危险、消极腐败危险”[②]，用“四大考验”和“四大风险”的马克思主义话语体系提出了全面提高党的建设科学化水平的总要求。党的十八大以来，以习近平同志为核心的党中央提出“全面从严治党”的更高要求，并将其上升到“四个全面”战略布局的层面。以“党政军民学，东西南北中，党是领导一切的”“党的领导是中国特色社会主义最本质的特征”“政治建设”“自我革命”等极具现代性和感染力的话语，构成了马克思主义话语体系在新时代党的建设伟大工程中的最贴切表达，使关于党的建设的话语系统创新步入全新的发展阶段，带来中国共产党管党治党水平的跨越式提升。由此可以看出，从“坚持党的领导”到“推进党的建设新的伟大工程”，再到“全面提高党的建设科学化水平”，以及最新的“全面从严治党”，贯穿其中的一条主线始终是“巩固党的执政地位”。与此相适应，“为党代言”的马克思主义话语体系不断与时俱进，时刻

① 《邓小平文选》第2卷，人民出版社1994年版，第170～171页。

② 中共中央文献研究室编：《十八大以来重要文献选编》（上），中央文献出版社2014年版，第55页。

跟上党的中心工作和党的自身建设的需要。

三、为人民代言：回应人民关切

为人民说话是马克思主义话语体系根本的话语立场。毛泽东同志指出："为什么人的问题，是一个根本的问题，原则的问题。"①马克思主义是人民的理论，马克思主义理论和话语体系均来自广大人民群众的伟大实践。在马克思主义中国化进程中，马克思主义以人民为中心的政治立场，决定了马克思主义话语体系的建设必将始终围绕人民的关切。因此，马克思主义话语体系具有人民性的特质，为人民群众说话是马克思主义话语体系的根本立场，也是马克思主义话语体系不断生长的内在逻辑。

说人民群众的话是马克思主义话语体系的主要话语内容。为人民群众说话是话语立场问题，说人民群众的话便是话语内容的设置问题。新中国成立以来，马克思主义话语体系的内容设置始终围绕民生展开，积极回应百姓关注。以中国特色社会主义"五位一体"总体布局为例，它的形成过程就是马克思主义话语体系为人民群众说话、说人民群众的话的过程。"文革"是一个"左"倾错误泛滥的时期，马克思主义话语体系的内容设置也受到了不良冲击，此时的话语体系将"阶级斗争"作为中心话语，严重背离了马克思主义话语体系应有的发展轨道。拨乱反正后，我们党果断地将工作重心转移到经济建设上来，马克思主义话语体系的话语中心也随之转移到党的中心工作上来，"实践是检验真理的唯一标准""解放思想""实事求是"等话语在社会上逐渐占据主流，马克思主义话语体系再一次回到了正轨。随着精神文明建设的不断加强，文化建设呼之欲出，话语体系不断与时俱进，形成了经济建设、政治建设、文化建设"三位一体"的话语体系格局，进一步丰富发展了马克思主义话语体系的时代内容。处于新世纪的中国，社会问题的出现引起了党和国家的重视，社会建设被提上了日程，经济建设、政治建设、文化建设、社会建设"四位一体"布局的马克思主义话语体系旋即成型，"和谐社会"成为千家万户的日常话语。经济的发展突飞猛进，雾霾、水污染、土壤污染等生态环保问题成为我国社会发展中暴露出的新问题，此时"绿水青山就是金山银山"的深邃思想和响亮话语成为新时代的标签，经济建设、政

---

① 《毛泽东选集》第3卷，人民出版社1991年版，第857页。

治建设、文化建设、社会建设、生态文明建设“五位一体”总体布局的马克思主义话语体系在新时代诞生。综观马克思主义话语体系建设的整个过程，不难发现，坚持“说人民群众的话”是马克思主义话语体系设置话语内容的基本原则。

以人民群众的方式说话是马克思主义话语体系的应有话语方式。2018年8月，习近平总书记在全国宣传思想工作会议上强调，要加强传播手段和话语方式创新，让党的创新理论“飞入寻常百姓家”。话语方式能否创新及创新的程度，直接影响着广大人民群众接受党的创新理论的实际效果，最终决定着党的群众基础。首先，借鉴传统文化中的优秀话语，以借古喻今的话语方式保持马克思主义话语体系的历史性。习近平总书记善于用传统优秀话语来言说时代话题，用《管子·牧民》中的“政之所兴在顺民心，政之所废在逆民心”来论证“为民”的重要性，又用清代万斯大《周官辨非·天官》中的“利民之事，丝发必兴；厉民之事，毫末必去”来说明“为民”的方法，尤其是《平“语”近人——习近平总书记用典》在中央电视台播出后，引发广泛关注，首轮播出覆盖观众规模达4.41亿。其次，借助日常生活中的常用话语，以喜闻乐见的话语方式保持马克思主义话语体系的通俗性。无论是马克思主义经典作家的基本原理，还是党的理论创新，皆来源于人民群众所广泛参与的社会实践。因此，马克思主义话语体系以人民群众的说话方式来表达马克思主义的基本原理和中国化马克思主义，更容易为理论的大众化创造条件。三是借助网络新媒体中的新鲜话语，以与时俱进的话语方式保持马克思主义话语体系的时代性。在信息化推动下，人们积极拥抱互联网，中国已成为世界上网民数量最多的国家。据中国互联网络信息中心统计，截至2019年6月，中国网民高达8.54亿，互联网普及率达61.2%。在信息化大潮下，马克思主义话语体系努力探索“互联网+”各类话语的全新呈现模式，实现了“线上”话语与“线下”话语的灵活转换和优势互补。

四、为时代代言：回答新时代之问

马克思主义是时代的产物，也是时代的反映。与时俱进是马克思主义区别于其他理论的独特品格。作为话语承载的马克思主义话语体系同样是时代的产物，同时科学回答时代之问。中国特色社会主义进入新时代，这对马克思主义话语体系建设提出新要求。在回答“新时代坚持和发展什么样的中国特色社会主义、怎样坚持和发展中国特色社会主义”的重大时代课题的过程中，马克思主义话语体系紧紧抓住“中国特色社会主义”这一核心话语，以宏大的叙事线索和宽广的话语视域形成了“用数字言说”的话语体系特色。

用“四个伟大”的马克思主义话语立方位。“四个伟大”的表述是新时代的马克思主义话语，“伟大斗争”是具有许多新历史特点的伟大斗争，“伟大工程”是我们党正在深入推进的党的建设新的伟大工程，“伟大事业”是中国特色社会主义事业，“伟大梦想”是实现中华民族伟大复兴的伟大梦想，它们紧密联系、相互贯通、相互作用。党的十九大明确指出：实现伟大梦想，必须推进伟大事业。在马克思主义话语体系中，“伟大斗争”“伟大工程”“伟大事业”“伟大梦想”均以“伟大”领衔，这种话语表达既凸显了“斗争”“工程”“事业”“梦想”之于中国特色社会主义的历史方位，又深刻揭示了“四个伟大”在习近平新时代中国特色社会主义思想中的主体地位。

用“八个明确”的马克思主义话语定内涵。深刻地、清晰地展示中国特色社会主义的基本内涵是马克思主义话语体系的主要职能。党的十九大报告从八个方面分别明确了“总任务”“总体布局”“战略布局”“四个自信”等一系列关于中国特色社会主义的基本问题，可以简单概括为“八个明确”。特别是“八个明确”中的“五位一体”总体布局、“四个全面”战略布局及坚定“四个自信”的表达方式，以数字为索引，话语精炼但内容丰富，揭示了中国特色社会主义具体内涵的主要方面。更为重要的是，马克思主义话语体系明确了“五位一体”总体布局、“四个全面”战略布局和坚定“四个自信”之间的内在逻辑关系，认为它们是中国特色社会主义不同层面的构成要素，相辅相成、相互促进、缺一不可。其中，统筹推进“五位一体”的总体布局是发展基调，协调推进“四个全面”的战略布局是重点方向，坚定“四个自信”则是精神动力，三者共同统一于中国特色社会主义伟大事业之中。

用“十四个坚持”的马克思主义话语明方法。针对新时代重大问题的方法论之惑，习近平新时代中国特色社会主义思想从诸多重点领域进行了广泛而深入的探索，并将这些探索成果概括总结为“坚持党对一切工作的领导”“坚持以人民为中心”“坚持全面深化改革”“坚持新发展理念”“坚持人民当家作主”“坚持全面依法治国”“坚持社会主义核心价值体系”“坚持在发展中保障和改善民生”“坚持人与自然和谐共生”“坚持总体国家安全观”“坚持党对人民军队的绝对领导”“坚持‘一国两制’和推进祖国统一”“坚持推动构建人类命运共同体”“坚持全面从严治党”14 个方面的核心语句予以呈现，既全面准确，又重点突出，形成了科学系统的马克思主义话语体系，为全党全面贯彻党的基本理论、基本路线、基本方略提供了坚强的话语体系支撑。

五、为中国代言：讲好中国故事

就话语体系的基本功能而言，除了“对内言说”外，还有一个极为重要的方面，即“对外言说”的功能。柏拉图曾说过，谁会讲故事，谁就控制世界。马克思主义话语体系植根于中华优秀文化和中国话语体系之中，具有鲜明的中国特色和民族特色，“会讲中国故事”的马克思主义话语体系在“对外言说”中发挥了重要作用。

从历史视角出发，用史实阐释中国特色社会主义的科学性。鸦片战争以来，中国备受西方列强的欺凌，逐步沦为半殖民地半封建社会。面对“亡国灭种”的危险，有志之士开始了“救亡图存”的探索之路。在阐释中国特色社会主义科学性时，必须将史实作为核心话语，多讲中国的历史故事。一是用马克思主义话语体系讲好“师夷长技以制夷”的故事、“洋务运动”的故事、“义和团”的故事、“戊戌变法”的故事、“辛亥革命”的故事，让世人明白：无论是器物层面的“西学东渐”，还是思想文化层面的“全盘西化”，又或是效仿西方资产阶级的“民主革命”，这些政治力量均不能实现中国民族独立和人民解放。二是用马克思主义话语体系讲好中国共产党领导中国人民取得新民主主义革命胜利的故事、讲好新中国的故事、实行社会主义制度的故事，让世人明白：马克思主义和社会主义是历史的结论、实践的证明、人民的选择。三是用马克思主义话语体系讲好中国共产党独立探索社会主义发展道路的故事、改革开放后中国特色社会主义制度日臻完善的故事、第一个社会主义国家苏联亡党亡国的故事，历史故事的对比，同样让世人明白：中国特色社会主义同样是历史的结论、实践的证明、人民的选择。

从现实视角出发，用事实说明中国特色社会主义的优越性。1989 年，美国学者弗朗西斯·福山（Francis Fukuyama）抛出了著名的“历史终结论”，认为资本主义制度是“人类最后一种统治形式”。一时间，资本主义制度优于社会主义制度的论调甚嚣尘上。社会制度不能脱离特定社会发展条件和历史文化传统来抽象评判，不能定于一尊。马克思主义话语体系把制度建设的“故事”作为话语主线，用事实比较，凸显中国特色社会主义制度的优越性，为中国的制度自信和中国制度的世界信任赢得了主动权。时隔 20 年后，面对中国特色社会主义在发展中业已取得的诸多辉煌成就这一事实，弗朗西斯·福山在接受日本《中央公论》采访时曾深深“自检”，他明确表示：客观事实证明，西方自由民主可能并非人类历史进化的终点。随着中国崛起，所谓“历史终结论”有待进一步推敲和完善。

从世界视角出发，用发展诠释中国特色社会主义的开放性。在诠释中国特色社会主义制度开放性时，须将发展作为中国特色社会主义的核心话语，多讲中国的发展故事。作为最大的发展中国家，中国的发展进步本身就是一个“励志故事”，多用马克思主义话语体系呈现中国“励志故事”，达到全球性的示范效应。积极倡导“人类命运共同体”理念的中国特色社会主义，开辟了人类社会发展制度史的新时代和新空间，我们正在用马克思主义话语体系诠释“中国制度”的开放性，为广大发展中国家走向现代化开辟了另一条崭新的路径，给世界上那些既希望加快国家发展又希望保持民族独立性的国家和民族提供了全新选择，为解决人类发展中面临的共同问题贡献了中国智慧和中国方案。

本文原载于《社会主义研究》2019 年第 6 期，2021 年 1 月获全国党校（行政学院）系统第十三届优秀科研成果二等奖。